北大法律硕士实务丛书

# 海外并购基金

## 操作实务与图解

王以锦 编著

法律出版社 LAW PRESS·CHINA

本丛书编写获得
北京市中盛律师事务所
资助与专业支持

**教育部关于做好全日制硕士专业学位研究生培养工作的若干意见（教研［2009］1号）**

长期以来，我国硕士研究生教育主要是培养具有独立从事科学研究或教学工作能力的教学科研人才。但随着研究生规模的不断扩大和社会需求的不断变化，硕士研究生的就业去向已更多地从教学、科研岗位转向实际工作部门。从世界研究生教育发展状况来看，硕士研究生教育基本是以面向实际应用为主，教学科研人才更多是来源于博士研究生。为促进我国研究生教育的更好发展，必须重新审视和定位我国硕士研究生的培养目标，进一步调整和优化硕士研究生的类型结构，逐渐将硕士研究生教育从以培养学术型人才为主向以培养应用型人才为主转变，实现研究生教育在规模、质量、结构、效益等方面的协调、可持续发展。

**教育部等部门关于进一步加强高校实践育人工作的若干意见（教思政［2012］1号）**

进入本世纪以来，高校实践育人工作得到进一步重视，内容不断丰富，形式不断拓展，取得了很大成绩，积累了宝贵经验，但是实践育人特别是实践教学依然是高校人才培养中的薄弱环节，与培养拔尖创新人才的要求还有差距。要切实改变重理论轻实践、重知识传授轻能力培养的观念，注重学思结合，注重知行统一，注重因材施教，以强化实践教学有关要求为重点，以创新实践育人方法途径为基础，以加强实践育人基地建设为依托，以加大实践育人经费投入为保障，积极调动整合社会各方面资源，形成实践育人合力，着力构建长效机制，努力推动高校实践育人工作取得新成效、开创新局面。

## 丛书编辑组织者

**主编简介：**

隋平：北京大学法律硕士，香港城市大学法学博士，哈佛大学行为金融学博士后，曾经在北京德恒律师事务所从事律师工作，后在多家大型机构担任高层领导职务，长期致力于推动法学院模拟实务教学。

**副主编简介：**

刘宽：北京大学法律硕士研究生，第12届北大法律硕士联合会主席。

甘凯云：北京大学法律硕士研究生，第13届北大法律硕士联合会主席。

# 作者简介

**王以锦**

北京大学法律硕士，南开大学法律学士学位，天津外国语大学英语学士学位，先后在美国明尼苏达大学法学院和爱尔兰A&L Goodbody律师事务所进修学习。毕业后先后在知名律所以及大型私募基金、信托公司、保险公司等金融机构工作，长期从事金融、投融资实务工作，在PE业务、海外业务以及资本市场业务等实务领域具有丰富的项目经验和完善的知识体系。曾主办的海外投融资项目包括中国重型机械总公司柬埔寨水电项目、中广核立陶宛核电项目（交易金额达40亿欧元）、中国南车牵头的沙特阿拉伯哈拉曼高铁二期投标项目（2010年，交易金额70亿美元）、中广核风电公司泰国风电EPC项目、江苏中能香港“借壳上市”项目（交易金额263亿港元）、四川雅化集团收购新西兰红牛公司（民爆企业）项目、中广核铀业公司纳米比亚湖山矿产融资项目（融资金额约20亿美元）等。

现担任华澳信托基金发展部总经理，出版有《PE业务合规操作实务手册》等著作。

交流邮箱：wangyijinbd941@126.com

## 致谢

为推动本丛书的编写，北大法律硕士联合会现任领导班子成员专门组织了编辑委员会，为本丛书的顺利编写提供了鼎力支持和帮助，在此对以下人员表示感谢！

刘　宽　刘　坦　高至人　冯钰宸　李雨宸

吴　梅　郭蓬勃　郭慧阳　罗艺欣　谢舒婷

吴昕颖　王红媛　卢　苑　刘思琪

此外，本丛书的编写得到众多目前工作在金融实务届和法律实务界的北大法律硕士毕业生们（名单如下）的热心帮助和支持，在此致谢！

庞世之　北大法律硕士　中国保监会

金姗姗　北大法律硕士　中国银监会

景　燕　北大法律硕士　中国证监会

黎　亮　北大法律硕士　中国证监会

杨文静　北大法律硕士　中国证监会

孙　漪　北大法律硕士　中国人民银行

陈利强　北大法律硕士　上海证券交易所

张　炎　北大法律硕士　深圳证券交易所

毛剑锋　北大法律硕士　全国中小企业股份转让系统公司

庄海燕　北大法律硕士　北京金融资产交易所

张　浩　北大法律硕士　长城资产管理公司

蔡　鹏　北大法律硕士　信达资产管理公司

张　玥　北大法律硕士　东方资产管理公司

段　凯　北大法律硕士　中债增信

周　健　北大法律硕士　中投证券

周　俊　北大法律硕士　中信证券
张润潮　北大法律硕士　光大证券
刘　斌　北大法律硕士　长城证券
何辛欣　北大法律硕士　海通证券
杨　娇　北大法律硕士　国泰君安证券
安　宁　北大法律硕士　东北证券
李　军　北大法律硕士　宏源证券
张　建　北大法律硕士　银河证券
黄亚颖　北大法律硕士　安信证券
龚利娟　北大法律硕士　民生证券
陈　波　北大法律硕士　东方证券
黄亚颖　北大法律硕士　安信证券
赵英华　北大法律硕士　西部证券
邢　凯　北大法律硕士　招商证券
倪　军　北大法律硕士　申银万国证券
潘天永　北大法律硕士　金元证券
邓安民　北大法律硕士　华安证券
章龙平　北大法律硕士　东吴证券
刘　敏　北大法律硕士　中国银行
杨　涛　北大法律硕士　中国工商银行
杨艺宁　北大法律硕士　中国工商银行
刘永利　北大法律硕士　兴业银行
王军宝　北大法律硕士　光大银行
戴华祥　北大法律硕士　中国农业银行
方　冰　北大法律硕士　徽商银行
范常涛　北大法律硕士　包商银行
邵　菲　北大法律硕士　国家开发银行
张庆霞　北大法律硕士　中国进出口银行
饶　杨　北大法律硕士　中国建设银行
刘晓棠　北大法律硕士　中国邮政储蓄银行
孙玉洁　北大法律硕士　昆仑银行
杨　第　北大法律硕士　中国交通银行

古　村　北大法律硕士　汇丰银行
张　硕　北大法律硕士　中信银行
吴志刚　北大法律硕士　浙商银行
李　森　北大法律硕士　阳光保险资产管理公司
李世涛　北大法律硕士　光大永明保险公司
申筱然　北大法律硕士　安邦保险公司
郭婧然　北大法律硕士　泰康保险公司
王　嵘　北大法律硕士　长城寿险
黄贤明　北大法律硕士　中融信托
吴　政　北大法律硕士　中信信托
康　顺　北大法律硕士　平安信托
王大伟　北大法律硕士　中粮信托
李　敢　北大法律硕士　苏州信托
杨　帆　北大法律硕士　陆家嘴信托
黄建华　北大法律所示　大业信托
周　慧　北大法律硕士　云南信托
冯　博　北大法律硕士　民生证券
李冠宇　北大法律硕士　国投信托
于　佳　北大法律硕士　北京信托
薛显志　北大法律硕士　新华信托
何世军　北大法律硕士　渤海信托
平云旺　北大法律硕士　北京大成律师事务所
余祖丽　北大法律硕士　北京中盛律师事务所
林久初　北大法律硕士　北京金杜律师事务所
林海宁　北大法律硕士　北京君合律师事务所
刘月鹏　北大法律硕士　北京德恒律师事务所
林艳萍　北大法律硕士　北京中伦律师事务所
赵　琳　北大法律硕士　北京华税律师事务所
王大伟　北大法律硕士　北京中伦文德律师事务所
杨　帆　北大法律硕士　北京君泽君律师事务所
郭　治　北大法律硕士　北京通商律师事务所
高　巍　北大法律硕士　北京中银律师事务所

金明浩　北大法律硕士　北京时代九和律师事务所
雷春辉　北大法律硕士　北京金台律师事务所
武礼斌　北大法律硕士　北京明税律师事务所
朱东升　北大法律硕士　北京中闻律师事务所
聂　学　北大法律硕士　北京华卫律师事务所
段家星　北大法律硕士　最高人民检察院
王海南　北大法律硕士　吉林省高级人民法院
王翠竹　北大法律硕士　辽宁省高级人民法院
邢会丽　北大法律硕士　河北省高级人民法院
张一苇　北大法律硕士　北京西城区法院
李振武　北大法律硕士　上海市二中院
窦江涛　北大法律硕士　北京市二中院
郭　琳　北大法律硕士　北京市三中院
赵　奇　北大法律硕士　北京市四中院
江　溯　北大法律硕士　北京大学法学院副教授

# 总序

首先需要说明的是，本丛书中各书的作者主要是北京大学法学院法律硕士毕业生。我本人是2001级北大法律硕士。我们2001级北大法律硕士是北大法学院招收的第一届全日制本科专业为非法学的法律硕士研究生。我们毕业至今已经十年。在这十年里，我们经历了很多，也对法学院教学内容和方式有很多的思考。实际上，不止我们，后来毕业的师弟师妹们都有着和我一样的感受，甚至是目前在校的师弟师妹们也都渴望实务界的知识进入到法学院的课堂。遗憾的是，这种渴望一直是渴望，因为法学院的教师们一直坐在法学院舒适的办公室里，并不了解我们这些实务界打拼的毕业生们具体在做什么，所以他们尽管也想把实务知识引进课堂，但由于不了解外面有什么样的实务知识，所以也就无法引进。

北大法律硕士从2001级开始，至今已经有十几届了。令我感到很自豪的是，这个群体非常优秀，在实务界发展得非常出色，很多人已经身居高层领导职位或者在本单位中是业务中坚力量。这个群体更值得称道的一个方面是，他们很团结，社会责任感很强，愿意帮助别人。北大法律硕士从我们这一届起就组织了北大法硕联合会，为北大法律硕士在校和毕业生提供服务。法律硕士联合会经常组织毕业生们的聚会，交流感情和工作经验和举行慈善募捐活动。此外，在法律硕士联合会的组织下，为师弟师妹们提供实习机会，甚至是工作机会成为了北大法硕毕业生们一项经常性的活动。有感于课堂教育存在的局限性，我们北大法律硕士毕业生们从2007年开始就自发组织起来，经常为在校学生开办实务讲座，给他们提供实务知识，帮助他们了解学校围墙外面的世界。

2014年4月我们受北大法硕联合会时任主席刘宽的邀请，在北大法学院再次组织了一系列的金融实务讲座。很多同学感觉获益良多，但由于时间上的限制，我们的很多讲座没有展开，而且很多种类的业务也没有机会和师弟师妹们共享。鉴于此，有很多同学就问，是否有一些实务书可以推荐阅读？于是，启发了我们组织已经毕业了的北大法律硕士毕业生们在校北大法律硕士在校生编写一套实务丛书，把我们所了解到的业务操作知识告诉他们。这是一件很不容易的事情。要知道，在北京工作不是一件轻松的事情。尽管如此，很多人都愿意参与这个项目，在工作时间和休息时间中挤出时间来写书。

本丛书本来初衷是为北大法律硕士在校生而作，但也奉献给其他在校学生，特别是商学院、法学院这些实践性学科的在校学生和那些有志从事金融、法律职业的其他学科的在校生，帮助他们初步了解外面的世界。这套丛书为在校生们提供入门的知识，并不指望他们能够读了这些书而成为高手(当然，能成为更好！)，但是确实能够帮助他们了解各种业务操作的基本知识，而不至于在实习时和工作初期面对工作一脸茫然，不知从何下手。通过阅读这些实务书，他们可以知道各种业务操作的流程，了解这些业务的核心问题和解决方案，明白相关文件如何制作。如此，他们就能够在实习时不会因为对业务一无所知而被冷落去打杂。并且，相比其他的实习生，他们会因为能够尽早上手做业务而在职位获取方面更有竞争优势。客观上来说，这些实务书籍如果能够在高校内推广，也会推动实务界专业水平的提高。我们期待最好的社会效果！

**丛书主编　隋　平**

**2014年9月于金融街**

## 《北京大学法律硕士实务丛书》序言

从2014年9月开始在燕园攻读法律硕士，不知不觉已经过去十八个月。这十八个月是自己学生生涯最为充实，也是课业最为繁重的一段日子。整个研一期间，我修了17门课程，而且绝大数课程都是三个甚至四个课时。对于硕士研究生来说，这样的课程密度可能是绝无仅有的。但对于北大的法律硕士来说，这却是司空见惯。

作为无数学子心中的学术殿堂，北京大学对于全国各地的学生都有着无可比拟的吸引力。我相信绝大多数人从小便有一个北大梦，可现实是通过高考就实现了梦想的人毕竟是少数。不过让人欣慰的是很多学生并不因此就轻易地埋葬了自己的梦想：来到中国最好的法学院、攻读目前最热门的法律专业，就成了很多本科生更为真切的目标。所以每年各个高校的众多优秀学生都拼尽全力以求保送或考上北大法律硕士。以考研为例，自我国开始招收法律硕士以来，北大法学院的录取分数线一直稳居全国第一。就此我们可以想象竞争是多么的激烈，而能从中突围最后入读北大法硕的学生，其学习能力和精神毅力都算得上是出类拔萃的。

北大法学院也一直很注重对法律硕士的培养，尤其在学习方面的要求严格得近乎严苛。比如在课程安排上，因为北大法律硕士本科所学的都是法学以外的专业（北大法学院于2014年9月首次招收法学法硕，但人数很少，所以在一般观念中北大法硕主要指非法学法硕），为了夯实法律基础，北大法学院给研一学生安排了众多专业基础课程，意使法硕学生能通过一年的专业学习达到法学本科生四年的基础知识储备。这也就解释了为什么会出现我上文提到的一学年修17门课程的情况。除了量的积累，北大法学院对法硕学生的学习也有质的要求。如所有法硕专业课成绩及格线均为70分；挂科达到三门即强制退学等。根据这些情况，我们可以感受下北大法律硕士平时得在学习上得花费多少精力、时间。当然，这也意味着北大法律硕士在法学领域的学术理论、文本知识的学习上应该有着不错的造诣。

学以致用，再好的学理不能运用在实践中，也是水中月、镜中花。更何况国家招收、培养法律硕士的宗旨，就是以实务为导向，向立法、司法、行政执法与监督，以及经济管理等部门、行业输送高层次法律专业人才与管理人才。可以说衡量法律硕士是否合格，一个重要标准就是评断其在实务上取得的成就。所以如何最高效的将在北大法学院学到的知识运用在现实的社会工作中，这是北大法学院，也是北大法律硕士一直探索的问题。

以隋平师兄为首的各级已毕业北大法硕师兄师姐，作为不同行业的杰出人士，整合自身多年的实务工作经验，不遗余力、煞费心血，终于编撰出《北京大学法律硕士实务丛书》。这套丛书是北大法硕人凭借扎实的法学理论功底，根据真实的工作经历，经过审慎的推敲，最后做到质而不俚、辩而不华才予以面世。《北京大学法律硕士实务丛书》既是北大法硕已毕业师兄师姐留给我们这些在校师弟师妹们的精神财富，更反映了北大法硕人薪火相传的伟大传统。所以遇上这套书是我们的幸运，读好这套书是我们的责任。

**北大法律硕士联合会现任主席　甘凯云**

**2015年1月16日于北大法律图书馆**

# 《北京大学法律硕士实务丛书》序言

法律硕士在中国的发展可谓突飞猛进、一日千里。目前，一大批法律硕士出身的专业人才正活跃在中国立法、司法、律师、公证、审判、检察、监察、金融、经济管理等各个领域，他们依凭自己的专业知识、实践技能和法治信仰，为中国的法治进程贡献力量，为中国的市场经济添砖加瓦。

当然，法律硕士的发展与现状并不是只有成绩、没有遗憾。

作为专业硕士，法律硕士的对应概念是位列学术型硕士谱系的法学硕士。按照《关于设置法律专业硕士学位的报告》以及《关于开展法律硕士专业学位研究生试点工作的通知》这两个基本文件，法律专业硕士学位是具有特定法律职业背景的专业性学位，它以培养应用型高层次法律人才为培养目标，法律专业硕士与现行法学硕士在学位上处于同一层次，但规格不同、各有侧重，法律硕士专业要着力改变法学研究生教育尚存在的偏重学术性而对实务性注重不够，专业划分过细，培养规格单一的状况。由此，应用型、实务型、职业型是法律硕士区别于法学硕士的基本特征，这一特征决定了法律硕士的培养目标、培养计划和培养方式必须以实务为导向。

然而较为遗憾的是，当前各高等院校法律硕士的培养并没有很好的突出专业硕士的实务特色，而或多或少存在如下一些问题：（1）课程设置上借鉴法学本科，授课内容上参考法学硕士；（2）缺乏专职师资队伍，基本依靠学术型教师队伍；（3）教学方式仍以传统课堂讲授为主，案例教学、实践教学很少或基本没有；（4）学位论文选题偏重理论，较少关注司法实践问题的应用研究。（对于这些问题更为通俗、形象的诠释来自法律硕士学生一种较为普遍的感受：学生如果积极主动一些、跟老师接触多一些、学术能力强一些，老师会按法学硕士培养；对于一般的学生，就像在读法学本科，中规中矩地上课、写论文、毕业；总之，学校里学不到实务技能。）

之所以会产生法律硕士培养与实务导向背离的现象，是长期以来讲授式教学方式、缺乏具有实务经验的专职师资、未设置专门的实务课程体系和授课内容等多方面因素综合作用的结果。无怪乎一位泰斗级法学教授曾无奈的说过，给法律硕士上课不知道上什么。设立之初便以培养实务人才为目标的法律硕士，实际培养中却相去甚远，这对于每一位可能付出了非常多努力才读上法律硕士的学生无疑是一种悲哀。

问题需要解决，现状需要改变。北京大学法学院一直致力于探索法硕培养之道。经过十几年发展，北大法学院逐步形成一套比较完整的培养模式，具体包括分方向培养、开设专业中高级课程、双导师制等。与此同时，作为在读法律硕士研究生自治组织和已毕业法律硕士校友联谊组织的北京大学法律硕士联合会，也通过举办法律硕士成长成才论坛、未名金融实务论坛、协办职业发展训练营等多种形式提升法律硕士实务能力。

编写《北京大学法律硕士实务丛书》是北京大学法律硕士联合会为切实帮助法律硕士提高自身实务能力进行的又一努力，通过邀请法律硕士出身的各行业杰出人士就所在领域的业务实务进行系统、全面、深入浅出的讲解，希望能够向在读的法律硕士研究生传递实务知识和业务操作经验。丛书撰稿人均为所在领域经验丰富的代表人士，他们都将自己多年积累下来的实务经验在书中毫无保留的倾囊相授。本套丛书能够顺利出版，要特别感谢2001级北大法律硕士毕业生隋平师兄，隋平师兄承担了选题、联系作者、审稿等大量任务，没有他不知疲倦的付出和不遗余力的支持，这套丛书能呈现在读者面前是不可想象的。

此套丛书也是北大法律硕士联合会从自身的需求出发，在历届师兄、师姐们的帮助下自发搞的一次尝试，是一个法律硕士培养方案的“民间版本”，希望能够为官方法律硕士培养方案的官方版本提供一些思路和经验。

**第12届北京大学法律硕士联合会主席　刘　宽**

**2014年10月1日于北大万柳学区**

## 序言

时光荏苒，岁月如歌。今昔隋平师兄之托为书作序，方才觉自己毕业已数载，校园种种依稀就在昨日。数月前，闻知隋平师兄有编书之意，当即深感此事甚好，很有意义。反观自己在新三板市场工作多年，日积有余，岁积不足，未有所著，自叹弗如。而今作序，聊表对师兄主编丛书之敬佩，对后来人之寄托。

这套丛书汇聚了奋战在市场和业务一线朋友们的实践经验和聪明智慧，我认为至少在两个方面使其特别能够对同学们有所启迪：

其一，专注于为在校学生提供实务指导。一方面，现在实务类书籍林林总总、不计其数，但很多是为已经步入职场的人们服务，对在校学生针对性不强。另一方面，很多同学虽然也利用暑期等业余时间实习，但往往时间短、事务杂、边缘化，核心业务未接触、实习期限已结束，难以获得系统性的实务帮助。一头是意气风发的学生，一头是热火朝天的职场，中间隔着的确实碧海蓝天。怎么才能跨过去拥抱你们梦寐以求的事业，实现你们心比天高的理想？这套丛书就是要送你一条船、一双浆、一道帆，给你们多一些指导，让你们少一些阵痛，针对性很强，实用性很强。

其二，关注对金融市场提供实务说明。金融市场是充满魅力和机会的市场，像巨大的磁石，吸引着一批批应届毕业生前赴后继。这套丛书介绍了金融市场的诸多方面，有助于在校学生们系统了解和掌握金融市场。就新三板市场而言，2006年国务院批准中关村园区进入股份报价转让试点，到2011年只有几十家挂牌公司，挂牌公司股东不能超过200人，股份只允许协议转让，交易清淡，融资功能有限，市场规模小，市场关注少，无论是挂牌公司、投资者、中介机构参与的热情不高，社会各界对市场都不太了解。但就是这个在当时看起来名不见经传、在证券行业不起眼的一个探索，经过经验积累，经国务院批准，2012年7月试点扩大至武汉东湖、天津滨海、上海张江等四个园区，2013年国务院又专门出台《关于全国中小企业股份转让系统有关问题的决定》，将市场覆盖范围进一步扩大到全国，支持创新、创业、成长型企业发展。市场进入快速发展期，目前挂牌企业已达1000多家，市值总计1300多亿，覆盖17个行业、28个省份。市场功能不断完善，股票融资次数和规模大幅增长，机构参与程度日益增高；股权质押、知识产权质押融资逐渐增多；并购重组日趋活跃；做市交易平稳起步。市场各方积极参与，证监会、全国股份转让系统公司制定各项政策规则支持市场发展，各地政府出台各项优惠措施鼓励企业挂牌，主办券商等中介机构积极开拓市场，公司挂牌积极性明显提升。总体来说，新三板市场对经济结构调整和转型升级的支持作用初显成效。这套丛书关于新三板市场的内容丰富，许多见解精辟独到，值得研读，值得玩味。

少年智则国智，少年强则国强。希望这套丛书能为师弟、师妹们增智图强以帮助。

**第5届北大法律硕士联合会主席　毛剑锋**

**2014年10月于北京金融街金阳大厦**

## 致“金融派”的新生代

最近，经常会有人问我这样的问题：“你不是学法律吗？那为什么不愿意去律所和法院呢？”“学法律的在金融公司能做些什么啊？”“你现在在券商实习做的事和律师有区别吗？”

每次我都会回答：“因为我喜欢啊，其实金融行业也需要很多法律人才的，做的事嘛，券商比律所做的尽调要更全面……”我知道，这样泛泛的回答并不能释明对方的疑惑，因为甚至连我自己对即将迈入的行业以及未来职业规划都不是那么的明晰和笃定，一切的决定，似乎都是出于一腔热血和激情。

但是，这样一个占据行业链顶端、吸引着全球顶尖人才争相进入、改变着世界经济面貌的行业，不正是因为这样的热血激荡才不断生长繁衍的吗！

我是一名90后，在即将到来的2015年中，又会有一批我的同龄人将会离开校园、迈入职场，开始书写属于我们新生代的华彩篇章。而当下，随着前不久《证券法》的修改，新一轮资本市场改革已进入纵深化发展，可以预见，未来的金融行业必将大有作为，与国际接轨的步伐也会大大加快。

说来也巧，90后的成长轨迹与我国资本市场的发展竟十分一致，就如同一对双生花，互相见证着对方从稚嫩到成熟的蜕变。1990年，当我们刚刚落地、嗷嗷待哺时，上海、深圳两家证券交易所开始营业，资本市场雏形渐成；1992年，当我们开始蹒跚学步时，证监会成立了，我国开始有了统一的市场监管框架；1997年，当我们刚进入校园开始了十年寒窗路时，《证券法》开始实施，从此资本市场有了统一的法律规范；2004年、2005年，当我们迈入高中为人生第一次“战役”奋斗时，《国九条》、股权分置改革出台，大大拓展了资本市场的深度和广度、将资本市场的发展提升到了国民经济的战略高度……如今，我们即将迎来继高考后又一次的人生转折点，但与之前不同的是，这一次，我们会亲身参与到资本市场的这一轮改革新浪潮，体会它、认识它甚至改变它。

进入券商实习于我而言是一次偶然的邂逅，在此之前，我一直徘徊于律所、法院、企业法务中，做着一些说不上喜欢也说不上讨厌的工作，正是因为毫无感觉，所以更加不确定未来的发展方向。一直到隋平师兄有天跟我说：“为什么不去投行试试呢？你肯定会喜欢的。”我很讶异这一建议，因为我一直对自己进入金融业，尤其是投行这种被广泛认知为高大上、非名校MBA不得进入的行业是没有信心，甚至是不敢奢望的。就个人素质而言，我在北大这种最高学府也不是出类拔萃的，将近六年时间没有接触过数学，会计、审计等财务知识更是一窍不通，除了早早通过司法考试，貌似没有其他明显的优势了。但隋平师兄的一席话打消了我的顾虑：“没有基础不要紧，大家都是从什么都不会开始的。不懂投行业务也不要紧，求职前多攻读一些实务类书籍，入门并不难。”

此后几个月，我抱着“头悬梁，锥刺股”的心理准备开始了“啃书虫”的生活。从IPO实务操作、到企业并购重组、再到最近很火的新三板实务，通读了几本之后，我的心里很快就踏实了。因为我发现，金融业，并不完全是充满着艰涩的数学模型和计算公式的，尤其是对于投行业务而言，相当一部分业务内容是辅导项目公司的合规化治理，而这些对于学了几年法律的我来说并不陌生，看书的过程实际就是将以往的知识储备进行整合而已。后来进入券商投行部实习，凭借从书上获取的知识，虽然冒充不了内行，但也不会让前辈和合作的律师产生“这小孩什么也不懂也来投行实习”的感觉，有时候也能就项目过程中遇到的问题与他们进行激烈的探讨。

阅读实务类书籍带给我最大的感受是，我能清晰地在脑海中构建起整个项目的流程图：一个项目的完成有哪几个阶段；每个阶段的具体内容、大概时间、参与机构；监管部门的审查重点；公司与中介机构应对审查的规范化措施等。在很长的一段时间内，我之所以对投行望而生畏，原因就在于我一直都不清楚投行具体是做什么的，再加上大众、媒体对它的渲染和吹捧，不由得我不发憷。但是，一件事物，一旦刺破了它神秘的外纱，它立刻就会变得亲近、接地气了。隋平师兄的这套丛书，也许就能起到“刺破投行面纱”的作用。

如果说读书是给一幅图画勾勒了轮廓，那么实战就是给这幅画描绘细节、填充色彩。在实习过程中，我不止一次发现，明明已经发现了问题，但是却不知如何解决，书本并没有给我提供一个现成的答案。当然，这也正是投行业务的魅力：每个项目公司都有自身特点和问题，你参与的项目越多、越见多识广，就越能累积可贵的经验、提升工作的能力。这也许正是我愿意义无反顾投身于这个行业的原因吧，即使我会为此牺牲掉许多的个人生活（业界传说的“投行女难嫁”）和身体健康（高强度工作是投行一贯的风格）——试问：世上又有几份工作能像投行这样，能让你深入到各行各业、接触不同风格的精英、遇到接踵而至的挑战、并能在短短几年内就实现素质、能力的飞速提升呢？

投行是个需要复合型人才的地方，我深知自身的不足，需要学习的地方还太多太多。但我内心也为此激动地期待着，期待着见证自己在未来的成长和蜕变，在这个行业，我的未来有无数的可能性，让我忍不住去探寻。

说了这么多，似乎有负于隋平师兄让我写序的重托，实在惭愧。师兄可以说是我人生的一个导师，在我迷茫的时候给我指出了一条崭新的道路，他给我提出的很多建议我也都一一采纳，并收到了很好的效果。师兄给我列出的实务类书单中，有他本人著作，也有他经过大浪淘沙后筛选出的适合初学者、可读性较强的书籍，但由于数量太多、内容也较为分散，迄今为止我仍未能全部读完，颇为遗憾。此套丛书出版，于我而言实乃一大幸事，因为不用再纠结如何在众多实务类书籍中作出取舍，这样一套书籍，足以帮助我重新理清知识体系并补充新的知识储备。师兄已出版多本实务类畅销著作，其一直以来的梦想就是出版一套适合学生进入金融职场的实务类丛书，如今终于得偿所愿，实在是可喜可贺！希望更多对金融业有兴趣、愿意投身于此行业的“新生代”朋友们能通过此套丛书实现自身的目标和愿望！

**2012级北京大学法律硕士**

**国泰君安证券投资银行部实习生　谢舒婷**

**2014年9月14日于北大万柳学区**

# 本书序言

跟很多法学院学生一样，毕业，进律所，做律师。因为英语好一点，有机会更多接触海外项目，从翻译合同开始，慢慢开始在海外绿地投资、海外并购、海外上市、海外竞标项目、海外特许权项目、海外项目融资等业务中提供专业法律服务，并有机会与美国、爱尔兰、新西兰和立陶宛等地律师学习和沟通实务经验。正是这些年，从传统能源到新能源，从传统产业到新兴产业，从投资到投融资并行，我真切感受到中国企业“出海”的方式不断更新，民营企业对于海外投资的参与热情也是水涨船高。之后转向金融单位继续从事投融资实务，开始从金融和资本运作的角度理解项目的过程，也有机会细细研究经手案例和当下的一些经典案例。

在海外并购中提供法律服务，最基础的工作就是搞清楚海外并购的流程，尤其是境内外审批监管流程。就境内审批而言，中国企业的海外收购涉及发改委、商务部、外汇管理局等多个部门的监管，如果是上市公司还需要证监会，国有企业需要国资委审批，如果使用银行贷款融资还需银行审批，当然特殊行业还要遵守行业监管要求等。但海外并购多数都有竞争者，是有机会成本的，交易对方也是耐心有限的，按照之前的规定，整个项目走完，少则一年，多则两三年。

近期，制度改革明显加快，支持并购重组了，也支持跨境并购重组了，除了国资委和特殊行业的监管没有修订制度之外，发改委、商务部能备案就备案，外汇局能快点办登记就快点办，内外资制度尽量统一，跨境监管政策也尽量完善和明了，鼓励在海外并购中提供并购贷款，鼓励并购基金参与海外并购，鼓励境内上市公司通过海内外产业并购开展市值管理。

借着国务院并购重组意见及资本市场制度大范围改革之背景，以天堂硅谷为代表的参股型并购基金将基金与上市公司的合作作为“主营业务”，并制造出一个个经典案例。而另一边，以弘毅为代表的传统并购基金，则借助上海自贸区“绿色通道”和更为宽松的跨境资金流动监管制度，在海外市场频频出手。国内方面，“混合所有制”刺激着更多海内外并购基金在国资领用中找合作伙伴。

政策为海外并购基金铺了一条平坦的路，接下来就要看谁能找对路的方向。

并购基金的运作应该是金融领域对于从业者要求最高的部分，海外并购基金则要在这个要求上再加个“更”字。你要了解海内外金融和资本市场，而不能仅仅是国内市场；要了解海内外并购策略和架构，而不能只了解国内的；要懂得外国文化、知道怎么跟外国人谈判，而不能只懂得与中国人打交道；要懂得让外国人掏钱做LP，而不能只懂得找国内投资人；此外，有些大型项目还要顾及国际形象和外交关系。看看赵令欢、王世渝、陈明键等这些目前活跃在海外并购领域的知名人士，不管他们是来自华尔街、来自德隆系还是从炒股转行过来的，他们做海外并购或海外并购基金都是因为他们看得多、听得多、做得也多，也就是说海外并购基金，不实务不行，不务实更不行。

政策环境在变、市场在变、行业在变。但我总希望能找到一份规律。没有教科书，就在自己看过的、做过的项目中找规律。这就是自己写这本书的初衷。

受隋平师兄委托和要求，我在工作之余编写本书。本书有两个特点：第一，本书突出实务性。全书主要章节均穿插了典型案例，“以案说法”；此外，结合自己亲身经历的海外项目，我在海外并购流程等传统章节中毫无保留的将每一个环节进行讲解，并告知相关的难点和解决对策，再一次突出实务性；另外，我结合项目经验和海外游学中所学，对海外并购中重要的国际商事合同条款进行剖析，告知如何设置有关条款和可能存在的“谈判要点”，增加实操性。第二，本书对当前“并购”、“并购基金”、“上市公司+PE”、“海外收购”等金融和资本市场的热点问题和案例中的交易逻辑、操作手法进行深入剖析，紧跟时代步伐。

不过，我不得不承认，有关海外并购基金，我只知道些皮毛，但我想把这些皮毛理顺，为自己提供一份参考，也希望能帮助到对海外并购基金有兴趣的你。当然，随时欢迎你来信来邮，批评指正，也帮助我进步。

**王以锦**

**2014年9月于招商国际中心**

# 目　录

第一篇　海外并购基金的设立和募集 ……1
第一章　新的海外并购时代 ……1
第一节　时代特点 ……1
第二节　国家政策导向 ……2
第三节　PE 介入海外并购 ……7
第二章　海外并购基金的设立 ……11
第一节　设立形式 ……11
第二节　设立地 ……13
第三章　海外并购基金的募集 ……20
第一节　募集方式和来源 ……21
第二节　募集境外资金 ……23
第三节　募集保险资金 ……23
第四节　募集社保资金 ……25
第二篇　海外并购基金的运作 ……27
第一章　作为“共同收购方”协同并购 ……27
第二章　控股型并购基金(Buyout Fund) ……30
第一节　控股型并购的四种模式 ……31
第二节　红筹模式下的并购重组 ……32
第三节　上市公司“私有化”模式 ……42
第三章　“上市公司+PE”模式 ……46
第一节　原因和背景 ……47
第二节　寻找合适的上市公司和标的资产 ……49
第三节　“上市公司+PE”的三种运作模式 ……50
第四节　合规问题 ……60
第三篇　海外并购流程 ……64
第一章　海外并购的四大阶段 ……64
第一节　前期准备阶段 ……64
第二节　调查准备阶段 ……75

第三节　达成交易阶段 ……80
第四节　交割阶段 ……87
第五节　海外并购境内监管流程表 ……96
第二章　国外审批 ……102
第一节　外资并购审查 ……102
第二节　反垄断审查 ……105
第三节　国家安全审查 ……111
第四节　强制要约收购 ……112
**第四篇　海外并购合同条款 ……117**
第一章　协议的签署方（PARTIES） ……117
第一节　大股东“全权代表” ……117
第二节　标的股权“被信托” ……118
第三节　保证人（Warrantors）和担保人（Guarantors） ……119
第四节　其他签署方 ……123
第二章　先决条件（CONDITIONS） ……124
第一节　先决条件的种类和内容 ……124
第二节　“条件成就期限” ……125
第三节　条件成就“令收购方满意” ……125
第四节　重大不利变更 ……125
第五节　条件的放弃 ……126
第六节　通知义务 ……126
第七节　“交易完结日”（Completion） ……127
第八节　交割后义务 ……127
第九节　放弃优先购买权 ……127
第三章　价款的支付（PAYMENT） ……128
第一节　分期支付价款 ……128
第二节　共管账户 ……128
第三节　扣留部分价款 ……129
第四节　部分价款与未来盈利相联系 ……129
第五节　依据交割审计调整价格 ……132
第六节　其他情况 ……133
第四章　担保（GUARANTEE） ……136
第五章　承诺（UNDERTAKINGS） ……140
第一节　承诺、陈述和保证的区别 ……140

第二节 过渡期内的义务 ……141
第三节 出售方行为限制 ……142
第六章 保证（WARRANTIES） ……143
第一节 设定保证条款的目的和意义 ……143
第二节 保证的限制（Warranties Qualified） ……144
第三节 “基于保证的索赔”（Warranty Claim） ……148
第四节 违反保证所获赔偿（Damages）的计算依据 ……154
第五节 受限于“出售方所知”（Vendor's Knowledge）而作的保证 ……155
第六节 收购方的保证 ……159
第七节 重复保证（Warranties Repeated） ……159
第八节 “税收契据”（Tax Deed ） ……160
第七章 损失补偿（INDEMNITIES） ……161
第一节 制定本条款的目的 ……161
第二节 保证和损失补偿的区别 ……162
第三节 损失补偿的范围 ……162
第八章 解除权 ……165
第九章 转让 ……167
第十章 争议解决 ……168
附录一 案例资料 ……169
案例一 出海新路径——弘毅跨境投资PPTV ……169
案例二 破解“10号令”——山东兴盛香港上市 ……172
案例三 “上市公司+PE”模式的先行者——天堂硅谷与大康牧业 ……176
案例四 点燃“上市公司+PE”模式之火——博盈投资案例 ……181
案例五 上市公司股东出资设基金——京新药业案例 ……187
案例六 PE举牌上市公司——精伦电子案例 ……190
案例七 上市公司做GP——合兴包装与中兴融创合作案例 ……192
案例八 “大鱼吃小鱼”——四川雅化收购红牛公司案例 ……194
案例九 “蛇吞象”——金亚科技收购哈佛国际案例 ……199
附录二 参考文献 ……205

# 第一篇　海外并购基金的设立和募集

## 第一章　新的海外并购时代

新形势下，PE迎来了发展海外并购业务的良好机遇，这种机遇主要体现在国家政策的扶持、经济大环境以及PE自身的成熟等方面。

### 第一节　时代特点

海外并购区别于国内并购的重要方面是，并购前、并购中和并购后不仅要关心经济利益，还要注意民族、文化、政治、环境等方面的问题，而且要符合企业的总体规划，否则，就会陷入“便宜就是当”的怪圈。

综合考虑上述问题，我们正处于这样一个海外并购时代：

1. 冠“国”字头的中国企业海外并购受阻。国有企业由于之前的“掠夺性”投资，遭到更多西方政府的抵制，西方政客利用歧视性手段和法律解释为国有企业海外并购制造障碍。

2. 西方老牌企业，尤其是一些欧洲企业，消耗了几年之后，已经濒临关门，急需要新的资本和新的市场让其起死回生。

3. 一直靠内需发展壮大的中国大型企业，在贫富差距、物价飞速、经济放缓、市场化加速、国内市场缩小和竞争加剧等现实中国经济环境中感到了危机感，需要跨出国门寻求海外市场。

4. 中国的跨境交易和资本流动的法律制度更趋完善和市场化，大型民营企业也能获得政策性银行在海外并购上的资金支持，中国企业海外并购更加市场化。

5. 经过三十多年改革开放的经验以及十多年的海外并购经验积累，中国企业、中国政府、中国金融机构都比之前更清楚海外并购的风险和套路。

## 第二节　国家政策导向

新的海外并购时代还体现为政府给予的新的政策环境和扶持。

“走出去”和“引进来”本是中国改革开放的一对本质性要求，但2001年以前甚至在加入世贸组织以后的几年内，我国还是以“引进来”为对外开放的主线。我们引进外资、引进技术、引进设备、引进管理，把“中国加工”进化为“中国制造”，国民经济获得巨大发展。

2003年前后，随着我国外汇储备的增长和国民经济对贸易依赖的降低，国家开始强调“走出去”战略，鼓励大型企业走出国门整合资源、学习技术。但开始的几年，所谓的“走出去”更多的是央企、国企走出去，更多是以走出去服务于我国的资源战略，于是，海外并购并不再是完全市场化的交易。

2008年金融危机之后，以美国为首的西方国家经济疲软，很多上市公司股票价格低于其净资产额，大量拥有广泛市场、先进管理和技术的老牌企业经营状况恶化，内忧外患迫使他们寻求并购重组。越来越多的中国民营企业介入海外并购，并利用境外投行服务，顺利完成海外并购。

在原“走出去”战略的基础上，近期中国政府先后颁布了《关于金融支持经济结构调整和转型升级的指导意见》（国办发〔2013〕67号，“十条意见”）、《国务院关于进一步优化企业兼并重组市场环境的意见》（国发〔2014〕14号）和《国务院关于进一步促进资本市场健康发展的若干意见》（国发〔2014〕17号），明确政策导向、放宽审批、鼓励并购重组，并进一步强调对海外并购的鼓励政策。具体体现在以下方面：

### 一、简化跨境交易监管，为中企出海提供便利

跨境交易的国内监管主要体现在发改委对于境外项目的监管、商务部对于境外投资的监管、外汇局对于跨境资本流动的监管等方面。

在境外项目监管方面，在《政府核准的投资项目目录（2013年本）》的基础上，发改委于2014年4月颁布了新的《境外投资项目核准和备案管理办

法》，大幅度提高境外投资项目核准权限，缩小核准范围。

在境外投资监管方面，商务部于2014年4月颁布了《境外投资管理办法（修订）（征求意见稿）》，除涉及敏感国别（地区）和敏感行业的境外投资报商务部核准之外，企业其他情形的境外投资只需要报商务部和地方省级商务主管部门备案。

在跨境资本流动监管方面，随着2013年上半年外汇局对FDI外汇法规的梳理和重新颁布，以及2014年5月跨境担保外汇管理新规的实施，我国FDI、ODI（境外直接投资）、跨境担保等外汇管理以登记为主的政策框架基本形成。同时，借助近期推出的资本项目信息系统，强化了直接投资项下资金流出入的统计监测。

2013年12月，商务部颁布《关于跨境人民币直接投资有关问题的公告》，2014年4月外汇局颁布了《跨国公司外汇资金集中运营管理规定（试行）》，进一步深化了跨国公司外汇资金集中运营管理的改革试点。

**二、统一内外资法律，为吸引外资和中企返程投资提供便利**

在"放宽外资准入，统一内外资法规"方面，主要管辖外资事宜的发改委、商务部、外汇局等部门均修订了之前的规定。

发改委在《政府核准的投资项目目录（2013年本）》的基础上，于5月颁布了新的《外商投资项目核准和备案管理办法》，将外资项目全面核准制改为有限核准和普通备案相结合的方式。

商务部则没有大肆修订法规，而是以通知和公告的形式放松前期外资审批，将除外商投资直销项目之外所有外资项目纳入审批试点范围，简化申报文件，取消省以下转报环节，提高审批效率。

此外，如上文所述，外汇局在FDI等外汇管理方面也构架了以登记为主的政策框架。同时，随着2014年7月国家外汇管理局下发的《关于在部分地区开展外商投资企业外汇资本金结汇管理方式改革试点有关问题的通知》（以下简称"36号文"），外汇局推行外商投资企业"意愿结汇试点"（试点地区涵盖天津滨海新区、沈阳经济区、广州南沙、珠海横琴、深圳前海等16个区域），外资PE又迎来了新的机遇。根据"36号文"，试点地区外商投资企业外汇资本金结汇暂不适用《国家外汇管理局综合司关于完善外商投资企业外汇资本金支付结汇管理有关业务操作问题的通知》（以下简称"142号文"），允许以投资为主要业务的外商投资企业将外汇资本金直接结汇，划入被投资企业账户。

2014年7月外汇局出台的“37号文”取代了适用多年的“75号文”，在境外投融资和返程投资所涉及的外汇监管方面提供了更宽松的制度环境。而上海自贸区、深圳前海在外汇管理和跨境资本流动上也借助国家政策扶持颁布了有关的规定。

**三、支持跨境融资**

根据国务院发布《关于金融支持经济结构调整和转型升级的指导意见》（国办发〔2013〕67号，“十条意见”）的规定，“对合理向境外转移产能的企业，要通过内保外贷、外汇及人民币贷款、债权融资、股权融资等方式，积极支持增强跨境投资经营能力；适度放开小额外保内贷业务，扩大小微企业境内融资来源。鼓励政策性银行、商业银行等金融机构大力支持企业“走出去”。

中国人民银行通过发布《关于金融支持中国（上海）自由贸易试验区建设的意见》，从资本项目可兑换、利率市场化、人民币跨境使用等多方面支持跨境并购融资。

**四、鼓励多种并购手段、简化流程**

《国务院关于进一步优化企业兼并重组市场环境的意见》（国发〔2014〕14号）首次明确鼓励并购支付手段多样化，包括以自有资金、发行股份、过桥融资、可转债优先股、定向权证① 等作为支付手段等。

此外，《上市公司重大资产重组管理办法》正在修订，修订后的管理办法将在改革定价机制、丰富并购重组支付工具、简化行政许可等各方面予以松绑。新的办法的主要特点如借壳上市的审批政策趋严，产业并购的监管逐步宽松、审批流程加快，分道制的实施更加成熟和完善等。

**五、鼓励市值管理**

国务院发布的《关于进一步促进资本市场健康发展的若干意见》（即新国九条）中，首次明确提出了“鼓励上市公司建立市值管理制度”，而并购重组是上市公司市值管理方案的核心。目前证监会正在起草《上市公司市值管理制度指引》，拟定在2014年年底推出，以此鼓励和推动上市公司建立科学的市值管理制度。

所谓市值管理，简单理解就是上市公司通过多种有效的手段实现股东

---

① “定向权证”不上市流通，实际上就是一优先认购权，或者说股票期权。其认购价格低于公司目前股票市价依送股比例除权后的自然除权价。

价值的最大化。中国上市公司市值研究中心执行主任刘国芳博士称，目前资本市场上，市值管理主要有七种模式，包括：证券公司的市值管理模式、私募基金的市值管理模式、大宗交易商的市值管理模式、财经公关公司提供的市值管理服务、传统管理咨询公司提供的市值管理咨询服务、PE机构的市值管理模式与投资公司的市值管理模式等，各个模式提供市值管理的方式并不相同。

并购重组和市值管理是互相促进和相辅相成的。市值是并购的前提条件和基础，而通过并购重组有利于形成所谓的并购效应和业务协同，实现财务价值和业务价值的进一步发掘，也有利于提高公司的市值水平，达到市值管理的目的。

长期以来，市场上很多公司是以市值管理的幌子行坐庄之实，实质上就是资金方联合上市公司共同坐庄，通过释放一些概念、题材来炒作股价，再在股价、市值增长后进行套现获取收益，这也是市值管理常常被诟病的原因。

不管是证监会还是交易所，都希望上市公司的市值规模能够逐步提升，做大资本市场的版图，监管层亟须进一步厘清市值管理的概念及规范市值管理行为，敦促建立科学的市值管理体系。

除了证监会，上交所方面则在研究通过将再融资、管理层股权激励等方面的制度与市值管理更紧密结合。

**六、退市制度+注册制**

注册制改革的呼声由来已久，但近期政策和领导相关讲话密集提及“注册制”，预示着此次改革“箭在弦上”。2013年11月15日，中共中央下发《中共中央关于全面深化改革若干重大问题的决定》，并规定“健全多层次资本市场体系，推进股票发行注册制改革，多渠道推动股权融资，发展并规范债券市场，提高直接融资比重”。2013年11月30日，证监会发布《关于进一步推行新股发行体制改革的意见》，明确贯彻党的十八届三中全会决定中关于“推进股票发行注册制改革”的要求，必须进一步推进新股发行体制改革，厘清和理顺新股发行过程中政府与市场的关系，加快实现监管转型，提高信息披露质量，强化市场约束，促进市场参与各方归位尽责，为实行股票发行注册制奠定良好基础。改革的总体原则是：坚持市场化、法制化取向，综合施策、标本兼治，进一步理顺发行、定价、配售等环节的运行机制，发挥市场的决定性作用，加强市场监管，维护市场公平，切实保护投资者特别是中小投资者的合法权益。2014年3月5日，国务院总理李克强在全国人大会议上作政府工作报告，对于2014年资本市场的工作重点，李克强用31个字给予概括——“要加快发展多层次资本市场，推进股票发行注册制改革，规范发展债券市场”，推进股票发行注册制改革出现在报告中。2014年3月25日，国务院总理李克强主持召开国务院常务会议（国六条），表示一要积极稳妥推进股票发行注册制改革，加快多层次股权市场建设，鼓励市场化并购重组，完善退市制度，促进上市公司提高效益，增强持续回报投资者能力。2014年5月9日，国务院发布的“新国九条”第（四）条中规定，“积极稳妥推进股票发行注册制改革。建立和完善以信息披露为中心的股票发行制度。发行人是信息披露第一责任人，必须做到言行与信息披露的内容一致。发行人、中介机构对信息披露的真实性、准确性、完整性、充分性和及时性承担法律责任。投资者自行判断发行人的盈利能力和投资价值，自担投资风险。逐步探索符合我国实际的股票发行条件、上市标准和审核方式。证券监管部门依法监管发行和上市活动，严厉查处违法违规行为”。

在以国务院文件形式发布的新“国九条”中，把股票发行注册制和上市公司退市制度作为资本市场改革的“两大制度”而提出，因此注册制制度的设立与实施离不开退市制度的完善和确定。

上市公司退市制度是资本市场重要的基础性制度。自1993年《公司法》确立我国上市公司退市制度以来，特别是在2005年《证券法》修改，将退市决定权从证监会转交给证券交易所后，以《证券法》的规定为基础，以证券交易所的自律规则为主干的上市公司退市制度不断完善。迄今为止，我国证券市场累计已有78家上市公司的股票退出市场交易。但在退市制度实施过程中，也存在着退市情形规定不够全面、退市相关指标设定不够合理、退市后安排不够配套、投资者特别是中小投资者保护不够有效等问题。特别是由于具体的执法标准不够明确、具体，一些存在重大违法行为的上市公司不能及时退出市场，影响到退市制度的具体实施效果。为了贯彻“国九条”的上述要求，2014年10月15日正式意见公布 “市场化、法治化、常态化”的基本原则，严格依照现有法律规定，立足于证券交易所作为退市决定实施主体的法定地位，从促进资本市场健康稳定发展顶层设计的角度，对退市制度作了系统而集中的规范，特别是针对退市工作中较为突出、市场较为关注的现实问题，在既有法律制度框架下，作了明确和细化的规定。

根据目前的政策导向和计划，上市公司退市可能趋于常态化，与注册制一起，为并购基金私有化上市公司并重新上市等运作方式提供可能性。

## 第三节　PE介入海外并购

自2009年创业板开闸，中国PE行业获得蓬勃发展，但多以IPO为主要退出模式。IPO停摆及昂扬数年的投资回报率和IPO增速曲线掉头向下，以IPO为主要退出模式的PE行业顿时哀鸿遍野。IPO重新开闸，但却变得拥堵不堪。在这种情况下，再仅仅依靠IPO这条道路变得不现实。与此同时，中国经济面临转型机遇，国内企业从内生性增长进入到外延式扩张，再加上很多企业在上市后有大量资金趴在账上，企业并购意愿增强。

由此，国内PE在IPO退出渠道狭窄和企业经济转型的逼迫和引导下，PE开始考虑开辟新的退出渠道——并购。这个时代将发生更多的市场化海外并购案例，而市场化的海外并购更需要懂得融资，而PE参与的直接股权融资也将是必要的。

从PE的角度，参与海外并购寻求的是三次“增值”机会带给其回报：

第一次是低价收购海外资产带来的收益；

第二次是资产整合后带来的资产增值；

第三次是上市或被上市公司并购重组后带来的资本市场溢价。

而PE能为拟开展海外并购的中国企业带来什么呢？除了资金支持之外，PE直接对接海外收购将减少可能存在的“歧视”待遇，具有海外整合经验和专业素养的PE也能很好地为并购本身及日后企业发展铺平道路。

放眼全球，一个企业，如果想做大做强，成为行业老大，没有借助外部资金、没有对接资本市场、没有并购重组，可能吗？答案，几乎不可能。因为任何产业经济均有周期性，“卖披萨的”必胜客并不是因为几张“披萨”就驰骋国际，在产品上不断的添“新花样”的同时，他也是该上市上市，该收购收购。

既然需要资金、既然要并购重组，擅长资本运作和“见缝插针”的PE当然不会错过这单交易。

实际上，全球范围内，并购基金早已是私募股权投资基金领域中规模最大的基金类型。有数据显示，目前全球超过9000家私募机构管理超过1.9万亿美元的资金，其中并购基金占比达到63%。而在中国，并购基金的资金规模估计目前也达不到10%。在相关领域并购交易中，美国并购基金参与并购交易的比例高达19%，而中国仅1%左右。

我国本土PE主要开展参股性并购业务。我国PE起步晚，在IDG、KKR、黑石等大型外资PE早已通过设立办事处、外资企业等方式抢占中国股权投资市场的背景下，很多本土PE主要依靠IPO为自己获得一席之地，并获得国内LP的认可，像昆吾九鼎、中科招商、达晨投资等。这种惯性导致在转型做并购重组的过程中，本土PE参与的更多的是扮演“助力产业资本的角色”，不像国际PE巨头KKR、黑石、TPG、高盛、华平、淡马锡等设立的并购基金，只有少数PE如弘毅、复兴、鼎晖等开展了控股型并购业务。业内人士认为，短期内协同并购模式仍将是主流。

目前以渤海基金为代表的产业基金系、以中信为代表的券商系、以弘毅、复星为代表的实业背景的大PE、以前海股权交易中心为代表的地方平台PE以及以硅谷天堂为代表的转型PE等各路PE活跃在“并购重组”的大浪潮中，秉着PE业内人士普遍预期，我国并购基金将步入快速发展期，未来几年将成为我国私募股权投资市场重要的基金。不过，也有业内人士认为，我国并购基金要成为主导至少还需要10年时间。

PE在海外并购交易中主要发挥如下作用：

1. 提供资金

中国企业海外并购的融资主要依赖于银行贷款，由于我国金融体系的发展缓慢且不均衡，从商业银行获得贷款的标准和诸多限制使企业海外并购无法获得充足的资金保障。由于贷款实行终身负责制，从目前我国商业银行的综合业务能力来看，还难以胜任对企业并购业务实施有效的参与、监督和控制，即使是抵押贷款机制也难以有效地控制信贷风险。《贷款通则》第20条第3款明确规定：不得用贷款从事股本权益性投资。我国《商业银行法》也未明确是否可以为企业并购提供贷款。这些法律法规在保护很行贷款安全、防范市场风险的同时，也凸显出我国金融体系对海外并购融资力度的不足。

PE一方面可以向收购企业提供股权或长期负债融资，一般不需要企业提供担保，增加了并购企业获得融资的概率；另一方面，企业可以考虑借助PE进行杠杆收购。由于债务中的利息在纳税时可抵扣，而股利却不能，因而，通过PE融资进行杠杆收购可以发挥税盾效应。解决中国企业海外并购的资金问题。

2. 增值服务

PE在海外并购中的作用又根据他所处的角色有所不同。如果他本身是“操盘人”，作为整个并购交易的操盘手和 “业主”，他需要具备资本、资金、资源、融资能力、整合能力、公关能力等多面性，这也是国际化并购基金最典型的操作方式。但由于我国并购基金还处于初步阶段，并购基金更多还处于“服务”收购方的角色，这就需要其具有良好的增值服务能力。

PE虽然能够在海外并购交易中提供资金，但其在提供资金以外能做的事通常是企业家更看好的。PE不仅可以提供资金支持，还有很多增值服务，如开阔销售渠道、技术指导、专家引进等，这样，可以使企业借助PE获得更多的经营收益和更好的发展前景。

在联想并购IBM PC部门的案例中，TPG、GA、NC三大PE在此次并购中作用巨大。首先，在联想收购IBM消息传出之初，美国媒体并不看好这起收购，但随着三大私募基金的进入，美国媒体迅速转向，对收购战略给予肯定，三大PE加盟被他们称之为“信心的一票”，给了联想、IBM以及支持者极大的鼓舞；其次，当并购交易面临美国安全审查时，在美国政商两界威望甚高的TPG董事长吉姆·库尔特出面讲话为联想在议会中赢得了极高的支持，形势迅速逆转；最后，TPG注资后做的第一件事情就是派专人全职在联想工作了将近1年，帮助后者改善供应链等方面的效果，以及选择比较好的管理制度和管理人。在解决运营管理、团队文化、品牌建设、客户挽留、供应链、采购供应商等协同问题时，消除了联想与IBM、中方与美方因各种分歧可能导致的不良后果。其间为联想的6项整合关键领域提出了五十多项改进措施。据TPG估算，所节约的成本超过了10亿美元。[①] 当然，这些PE也最终成功退出并赚的盆满钵满。

在中信产业基金参与三一重工收购普茨迈斯特（PM）的案例中，总交易额为5.25亿欧元，包括三一德国和中信基金共同收购PM 100%股权（总价3.6亿欧元）和并购方需承担PM公司的1.65亿欧元的银行借款。在资金方面，三一德国出资额为3.24亿欧元（折合人民币26.54亿元）收购90%，中信产业基金出资3600万欧元（折合人民币2.95亿元）收购10%。银行贷款方面，2012年4月，国家开发银行湖南省分行和中国进出口银行湖南省分行向三一集团发放2.9亿美元并购贷款，支持三一并购PM完成资金交割；并购交割后，2013年底，三一国际又向工行湖南分行申请了1.6亿美元流动资金贷款。2013年7月1日，三一重工全资子公司三一国际发展有限公司出资5489.77万美元从中信手中回收了德国普茨迈斯特10%股权。整个交易中，

① 长江商学院：“联想：国际化长考”，载http://www.ckgsb.edu.cn/userfiles/doc/2012-11-1-247-1.pdf。

中信的出资只占整个交易的10%，中信最终获利也有限，但中信产业基金的进入成为整个交易的一个关键点，作为拥有10%股权的合作伙伴，其除了提供资金，还提供了三一集团最需要的管理经验。作为熟悉并购交易以及拥有大型企业管理经验的产业基金，PE的进入恰好能够有效弥补三一重工的短板，两者的合作是这期交易顺利完成的一个重要因素。

PE在海外并购中的增值服务主要体现在如下方面：

（1）做收购方的翻译官和顾问

不同国家甚至一国的不同地区由于地域差异或发展不平衡都会在制度、文化、企业管理等方面存在差异，长期从事跨境并购的并购基金可以帮助企业消除信息不对称和知识盲点带来的风险。在“金亚科技收购哈佛国际案例”（详见本书案例分析章节），陈明键实际控制的北京东方高圣投资顾问有限公司作为金亚科技的财务顾问，负责为金亚科技寻找目标公司、进行价格谈判及项目过程中的沟通与协调。虽然“东方高圣”不是并购基金，也只是在做一些财顾或投行投资的工作，但也侧面烘托出PE在海外并购中应有的作用。此外，海外并购对工作组提出更高的并购经验和专业性要求，而长期从事并购重组的并购基金显然具有优势。

（2）做前期收购人，规避东道国审查

近年来，随着中国、印度等发展中国家的逐渐强大，国家安全审查成为美国等西方发达国家过问甚至阻止这些国家的企业收购境内核心技术和资源企业的重要方式。而如果以PE（特别是有国际声誉的PE）作为收购方主导收购，收购完成一段时间再转让给真正的需求主体，可以有效避免被“带着有色眼镜”审查。

（3）资源整合

这里的“资源”不同于中国早期经济发展时期的“走后门”来的资源，而是强调丰富的市场资源。而“整合”则体现了PE丰富的经验和能力。国内并购专家，北京同鑫汇投资基金管理公司总裁王世渝在《中国重组》中提出“全球并购，中国整合”的思路，就是对中国并购基金发展的一个很好的引导。资源整合的第一部就是通过并购完成基础资源的积累，而PE可以作为这些资源的“保管人和教导员”，培育这些资源并使其平稳过渡，最终实现资产增值和资本增值。

（4）市值管理

资产的资本化运作是很多企业家最需要PE的地方，而以并购为核心的市值管理（股东价值管理）则是这些收购方最需要并购基金的地方。

（5）内部治理

越来越多的PE设立专门的机构、聘用专业的人员把投资企业的投后管理和增值服务做得更专业，为自身能如愿退出做足准备。而这也锻炼了PE善于为企业匹配人才和制度的专业能力。

（6）协助争取银行贷款

完成大型海外并购不用银行的钱是不可能的。银行的钱一是成本少，二是稳定。有些银行系并购基金就可以帮助企业争取银行贷款，当然这也是这些PE争取介入海外并购交易机会的砝码之一。

# 第二章　海外并购基金的设立

## 第一节　设立形式

### 一、有限合伙基金

海外并购基金通常设立为有限合伙基金。

有限合伙型基金由普通合伙人和若干有限合伙人通过签订合伙协议并依据合伙企业法设立。专业资产管理机构或人士担任普通合伙人（GP），负责基金资产的管理运营，并对管理运作所负债务承担无限责任；而投资人则担任有限合伙人（LP），不参与基金资产的管理，对运营资产所负债务以出资承担责任。

普通合伙人（GP）和有限合伙人之间（LP）法律结构明确，权利义务关系清晰，有利于实现资本与专业管理能力的有效结合。基金的管理人作为普通合伙人出现，承担更大的风险，但是享有比出资额大得多的投资收益，一般是以1%的投资享有20%的收益,从而有效地解决经理人的激励机制问题。普通合伙人负责合伙企业的全部经营管理事务，因此法律赋予其广泛的权利。而有限合伙人只在修改合伙协议、入伙和退伙、解除合伙协议等几个事项上拥有表决权。合伙企业不是法人企业，不作为独立的纳税主体，其净收益将直接分配给合伙人，然后由合伙人按照其适用的法律缴纳企业所得税或个人所得税,即“先分后税”，这也是有限合伙基金组织形式的最大优势之一。

### 二、平行基金

考虑到海外并购基金主要服务于跨境交易，海外并购基金还可以设立为“平行基金”。

（一）概念和特点

所谓平行基金就是在海外和国内分别募集两个规模相差不多的投资基金，通过有共同利益的管理公司把两个基金模拟成一个基金进行分配和清算。其主要特点在于：

（1）两个基金。平行基金实际为两个基金，两个基金为相互独立的企业。

（2）共同发起人。虽为两个基金，但具有相同的合伙人或股东，且持股比例基本相同。

（3）共同管理人。虽为两个基金，但一般由一个基金管理人管理（或交叉管理），这些基金管理人由双方出资设立，或在一个基金中由双方担任双GP。有些情况下，也分别由两个基金管理人管理，但两个基金管理人的合伙人或股东相似。

（4）协议控制和分配。两个基金之间通过协议约定业务模式、运作方式和利益分配方式。

（二）平行基金的运用

2003年《外商投资创业投资企业管理规定》生效之前，因外商投资企业在境内从事股权投资业务时，面临着经营范围和外汇的两大难题，为了解决这些难题，外资PE\VC尝试与中国本土PE\VC合作设立平行基金，实现外资PE\VC对中国资本市场的渗透。早期平行基金的代表，如2002年中新苏州工业园区创业投资有限公司与台湾怡和创业投资集团共同发起设立的6000万美元规模的“平行投资基金”。但平行基金只是从表面上解决了上述两大难题，实际上绕不过中国有关外资准入的限制，而互惠协议（下文述）的安排也有逃汇或套汇的违法性，因此，平行基金在这方面并没有存在的合理性。

2003年《外商投资创业投资企业管理规定》生效以后，外资PE\VC与中国本土PE\VC合资或合作设立股权投资企业已有法律依据，平行基金模式的适用也逐渐小众化。但由于在2006年之前，海外PE\VC还在分享着中国企业红筹上市的资本大餐，国内外资创投并没有形成规模。2006年以后，随着10号令、75号文、106号文等文件的出台，中国企业红筹上市的路径受阻，而中国境内资本市场日趋活跃和完善，外资PE\VC也陆续寻求以平行基金等迂回方式在中国境内落户人民币基金。例如2007年6月在天津滨海新区成立的规模1.5亿元的戈壁—海泰滨海高新创业投资基金以及2007年11月深圳市东方富海创业投资(有限合伙)旗下的平行基金。

2010年初，有关外资合伙企业的相关管理办法和注册程序陆续出台，外资PE\VC又找到了进入中国的更好的时机和理由，平型基金的作用逐渐淡化。

目前，外资PE落户中国已经没有实质障碍，因为QFLP额度等限制，有障碍的可能就是怎样让跟多的外资顺畅的流入中国设立基金。另一方面，平行基金逐步倾斜于为中国企业和中国本土PE“出海”拼市场、拼资金而服务。例如，近期北京同鑫汇投资基金管理公司与欧洲基金的联姻就是一个整合双方优势、创造更大价值的平行基金范本。

（三）平行基金的结构和运作流程

平行基金的基本结构如下：

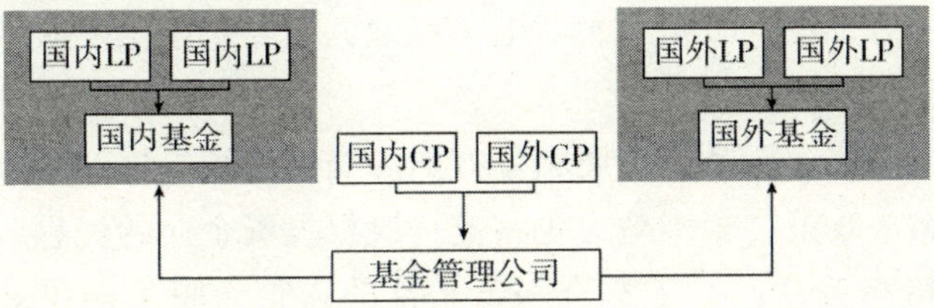


平行基金的运作流程主要是：

第一步：国内和国外两个GP就设立平行基金达成一致意向和协议；

第二步：设立国内基金和国外基金，并搭建组织架构，统一管理人；

第三步：国内基金和国外基金签署互惠协议或共同管理协议，就业务的开展、投资管理、项目决策、收益分配等事项进行约定；

第四步：国内和国外两个基金去寻找项目，并开展尽职调查等工作；

第五步：项目统一交给基金管理人决策，并设定退出方案国内外两个GP均有参与权；

第六步：根据管理人的决策由国内基金或国外基金分别或共同投资项目；

第七步：根据事先设定的方案退出项目或根据实际情况调整项目投资方、投资比例和退出方案；

第八步：按照之前的协议，在项目退出或清算后在两个基金之间进行利益的分配和损失的分担。

## 第二节　设立地

对于并购基金这一类股权投资企业而言，在选择落户地时，重点从四个方面考察注册地给予的扶持政策：

1. 税收优惠和财政补贴。这是企业选择注册地时首先要考虑的。

2. 业务便利。除税收优惠和财政补贴等，股权投资企业在选择注册地时，通常还应考虑基金落户后开展业务的便利。业务便利方面主要体现为：在国家政策扶持的特殊区域，股权投资企业开展特定业务的，可以享受政策福利。例如，如果希望开展境外并购业务，上海自贸区可以在跨境资金流动和境外项目备案等方面提供便利。例如主要从事拟上市公司的投资，可以在新疆注册基金并搭乘证监会审核的“绿色通道”，但随着IPO注册制的落实，这种优势将逐渐减退。

3. 引导基金。地方政府设立的引导基金具有成本低廉、持续稳定等优势。如果并购基金可以募集或使用这一类资金在业务中，将有效缓解基金的成本和募集压力，提升收益水平。但一般地方引导基金主要服务于投资当地企业甚至特定领域产业的要求。

4. 除上述税收优惠及业务便利等方面的扶持政策之外，地方层面一般还制定了人才引进政策。很多地方也将支持股权投资企业的优惠政策与该地区人才引进政策相关联，对于符合一定条件的高管或职工，在落户、子女入学、居住、人事等方面给予一定的政策。

整理而言，国家层面和地方层面目前针对股权投资企业的优惠政策主要为：

## 一、国家层面优惠政策

针对海外并购基金而言，国家层面的优惠政策主要为两类：一类是财税优惠；另一类是业务便利。财税优惠方面，主要包括三种情况：

1. 针对创业投资企业的优惠政策

国家制定了专门的创投企业管理办法。创业投资企业从事国家需要重点扶持和鼓励的创业投资，可以按投资额的一定比例抵扣应纳税所得额。所称抵扣应纳税所得额，是指创业投资企业采取股权投资方式投资于未上市的中小高新技术企业2年以上的，可以按照其投资额的70%在股权持有满2年的当年抵扣该创业投资企业的应纳税所得额；当年不足抵扣的，可以在以后纳税年度结转抵扣。

2. 西部大开发方面的优惠政策

对于注册在该区域内的鼓励类产业企业减按15%的税率征收企业所得税。但根据国家颁布的西部地区鼓励类产业目录，优惠也主要针对创投企业。但在西藏和新疆等地，上述税率适用于所有股权投资企业。

3. 特殊地区的优惠政策

横琴新区、平潭综合实验区和前海深港现代服务业合作区等地区，对于注册在该区域内的鼓励类产业企业减按15%的税率征收企业所得税。但股权投资企业没有列入优惠政策产业目录。

## 二、地方层面优惠政策

地方的优惠政策也主要体现在财政扶持政策和业务便利政策两方面。

在地方政策方面，就股权投资企业而言，很多地方均出台了促进金融业发展甚至直接针对股权投资企业的优惠政策。而这些地方具体的县市或开发区（或工业园区等）也根据省市的规定出台具体的政策实施细则。但并不是所有的股权投资企业均能享受政策上的优惠和扶持。各地政策中对扶持企业也设定了一些门槛：门槛的标准如注册资本、实收资本、注册地等。

在各地的政策中，扶持政策主要包括税收“返还”、落户补贴、购置或租房补贴、高管奖励、人才落户与子女教育等。

其中，所得税、营业税、增值税等税收优惠，一般采取“先征后返”的方式，即先按照国家政策和税率予以征缴，再然后以各种方式如发展金、财政奖励、高管奖励、人才奖励、财政补贴等方式返还地方留成部分，严格来讲，也是一种“先征后返”，但需要通过收支两条线来完成，一般也依据有关的市级文件，表示该等返还或奖励已由地方人大表决通过。

此外，这里的“返还”主要指地方留成部分税收的返还。地方留成部分也包括两个层次，一部分是按照国税和地税分成制度，补贴省市地方留成的部分的一定比例，这种一般需要由省市级政策予以明文规定和支持；另一部分的“地方留成”主要是指地税留成中扣除省市政府留成部分之后的市县部分的留成。

具体而言，各地政策主要是从如下几个方面给予企业财政扶持：

（1）企业所得税。除西藏和新疆等西部地区可以直接依据国家政策给予15%的优惠税率之外，其他地区均先按照25%征税，然后以各种名目就地方留成部分“先征后返”。西藏和新疆等西部地区一般也会在降低原税率的基础上，再给予一些“返还”奖励。

这部分留成一般不超过企业整体纳税额的30%，且一般市县返还比例不超过其留成部分的50%。

另外，对于投资当地项目的股权投资企业，在符合资金规模或纳税规模等条件的前提下，当项目退出时，就项目转让或退出纳税额，有些地方政府也会按照地方留成部分的一定比例给予返还或奖励。

（2）合伙人个人所得税。一般而言，个人合伙人取得的收益，按照“利息、股息、红利所得”或者“财产转让所得”项目征收个人所得税，税率为

20%。但各地执行中也存在三种情况：

第一，上述税率只适用于有限合伙人及普通合伙人投资收益所得部分；

第二，不论是普通合伙人还是有限合伙人，不论是“利息、股息、红利所得”或者“财产转让所得”，还是投资收益所得，均按照20%税率；

第三，在前述两项税率的基础上，地方留成部分还给予一定比例的“返还”。

业务便利方面，主要指有些地方已成立专门的工作小组对接服务股权投资企业，从企业的注册、落户到业务开展实施“绿色通道”。例如苏州工业园区内的东湖股权投资中心、新疆维吾尔自治区金融办、上海浦东新区等地区均提供了很好的配套便利服务。

此外，如上文所述，有些地区政府还通过引导基金、协调项目贷款等方面给予并购基金一定的支持。

**三、在深圳前海注册的好处**

在改革开放30周年之际，从国家战略全局和长远发展出发，为促进珠江三角洲地区增创新优势，更上一层楼，进一步发挥对全国的辐射带动作用和先行示范作用，国家发改委制定了《珠江三角洲地区改革发展规划纲要（2008~2020）》，“支持科技创新合作，建立港深、港穗、珠澳创新合作机制。规划建设广州南沙新区、深圳前后海地区、深港边界区、珠海横琴新区、珠澳跨境合作区等合作区域，作为加强与港澳服务业、高新技术产业等方面合作的载体”。

在《珠江三角洲地区改革发展规划纲要（2008~2020）》和《深圳市综合配套改革总体方案》中，要求深圳先行先试，以前海为载体，推进粤港澳现代服务业紧密合作。2010年，《前海深港现代服务业合作区总体发展规划》获得国务院的批复，上升为国家战略。2012年，国务院发布关于支持深圳前海深港现代服务合作区开发开放有关政策的批复，批准并支持深圳前海实行比经济特区更特殊的先行先试政策，从金融、财税、法制、人才、教育医疗及电信六个方面先行先试。

目前弘毅、鼎晖等行业知名PE机构均在深圳前海注册了管理企业。这些企业选择前海主要原因包括：

（1）根据《前海跨境人民币贷款管理暂行办法实施细则》，符合条件的境内企业从香港经营人民币业务的银行贷款得到许可。今后跨境贷款政策可能会对PE/VC放开，这是选择前海的重要原因。

（2）前海股权交易中心作为区域性股权交易市场在前海深港现代服务合作区建立，将为非上市股份公司提供股权托管、登记、交易、定向增资、清算、交割和其他金融增值服务，对挂牌企业实现转主板、中小板、创业板上市和到新三板挂牌起到培育、辅导和促进作用。股权交易中心可以为PE机构提供可选择项目，增加PE对企业判断准确度以及为PE提供退出平台。

（3）根据深圳发布的《关于本市开展外商投资股权投资企业试点工作的暂行办法》和《深圳市外商投资股权投资企业试点工作操作规程》，具有一定资质、业绩优良、管理规范及投资项目明确的外商投资股权投资企业，将作为QFLP、RQFLP以及QDLP等多项创新政策的试点，吸引香港的股权投资机构、资产管理公司、并购基金等，尤其是持有香港证监会牌照的各类资产管理公司。同时，对于符合条件的外商投资股权投资企业，不仅可以享受深圳市的落户奖励、税收奖励、住房补贴等优惠政策，同时还将享受前海深港现代服务业合作区的金融、财税、人才等各项优惠政策。

（4）对于一些产融结合的PE机构，深圳前海可以提供更为务实的整体服务方案和产业扶持政策。

**四、在上海自贸区注册的好处**

中国（上海）自由贸易试验区(简称上海自由贸易区或上海自贸区)，是中国政府设立在上海的区域性自由贸易园区，属中国自由贸易区范畴。该试验区于2013年8月22日经国务院正式批准设立，于9月29日上午10时正式挂牌开张。其主要任务是要探索我国对外开放的新路径和新模式，培育我国面向全球的竞争新优势。试验区总面积为28.78平方公里，相当于上海市面积的1/226，试验区范围涵盖上海市外高桥保税区、外高桥保税物流园区、洋山保税港区和上海浦东机场综合保税区4个海关特殊监管区域。

在国务院批准的《中国（上海）自由贸易试验区总体方案》（国发〔2013〕38号）、《全国人民代表大会常务委员会关于授权国务院在中国（上海）自由贸易试验区暂时调整有关法律规定的行政审批的决定》以及《国务院关于在中国（上海）自由贸易试验区内暂时调整有关行政法规和国务院文件规定的行政审批或者准入特别管理措施的决定》（国发〔2013〕51号）的基础上，上海市政府先后发布了自贸区管理办法、外商投资和境外投资管理办法、外资项目和境外项目备案办法，外汇局也专门制定了支持自贸区的外汇管理细则，央行也发布了支持自贸区的办法，财政部和国家税务总局也就“以非货币性资产对外投资等资产重组行为有关企业所得税政策”的问题发布了通知。根据这些法律规定，在上海自贸区注册的并购基金至少享受如下优惠待遇：

（1）自贸区管委会负责自贸区所有内资、外资、境外投资等投资工作，“一个窗口对外”，“并联模式管理”。

（2）同步申报项目备案和企业设立（变更）的，按照自贸试验区“一表申报、一口受理”机制办理。

（3）在开办外资企业方面，除国家制定的“负面清单”以内的行业投资及涉及反垄断、国家安全审查等国家监管之外，外资企业设立和变更一律实行备案制，管委会在在线收齐信息和材料后1个工作日内办结。

（4）在外资项目管理方面，除“负面清单”及国务院规定对国内投资项目保留核准的外资项目之外，自贸试验区内中外合资、中外合作、外商独资、外商投资合伙、外国投资者并购境内企业、外商投资企业增资等各类外商投资项目，管委会在收齐材料之日起10个工作日内出具备案意见。

（5）在境外投资开办企业方面：除涉及与我国未建交国家（地区）的境外投资、特定国家（地区）的境外投资、涉及多国（地区）利益的境外投资、设立境外特殊目的公司、能源矿产类境外投资、需在国内招商的境外投资仍需要按照《境外投资管理办法》办理商务部门境外投资审批之外，其他境外投资事宜一律实行备案管理。备案在收齐材料后5个工作日内办结。

（6）在境外项目核准方面，除前往未建交、受国际制裁国家，发生战争、动乱等国家和地区，或国家发展改革委认定的其他敏感国家和地区投资的项目；涉及基础电信运营，跨界水资源开发利用，大规模土地开发，输电干线、电网，新闻传媒，或国家发展改革委认定的其他敏感行业的境外投资项目，报国家发改委或国务院审核之外，其他项目一律实行备案制。管委会在收齐材料之日起5个工作日内出具备案意见。其他地区类似情形需要7个工作日。

（7）在跨境资本流动方面，央行同意按上海市有关规定与前置核准脱钩，直接向银行办理所涉及的跨境收付、兑换业务。外汇局同意，区内企业在获得境外投资备案证书后，可直接在商业银行办理外汇登记手续，无须前往外管局购汇。

（8）在跨境担保方面，外汇局同意区内企业提供对外担保，可自行办理担保合同签约，无须到外汇局申请办理事前行政审批手续。区内企业提供对外担保时，不受担保人和被担保人净资产比例、被担保人盈利状况及担保人和被担保人之间股权关联条件的限制。但区内企业签订对外担保合同，应当按规定办理对外担保登记和履约核准手续，并符合关于担保项下资金用途的限制性规定。

（9）获得优惠的跨境贷款。现代设计6000万美元全资控股美国威尔逊案例中，现代设计获得的并购贷款利息比其他地区有大幅优惠，且利用工商银行境内外分行的密切配合，直接获得外汇贷款，但考虑这家公司是国资背景企业，民营企业是否能效仿还是未知数。

以弘毅并购注册在英属维京群岛的PPTV项目为例，2013年12月中旬，弘毅在区内设立基金主体——弘毅创领（上海）股权投资基金合伙企业（有限合伙）并开始办理境外项目投资备案手续，于2014年春节前取得备案证书。2014年春节过后，弘毅在外汇局上海市分局办理了购汇核准，于2014年2月25日在招商银行办理购汇并汇出境外。本次投资金额为3039万美元。从基金设立至投资款汇出只经过了30个工作日左右。

在上海自贸区设立，虽然只享受上海浦东新区的财政扶持政策（而该政策在全国范围内与西藏、新疆等地相比并不算优惠），但由于上述独有的跨境投融资便利政策以及上海稳定的金融环境和品牌创造效应，很多大型内外资PE，特别是并购基金注册于此。

与上海自贸区的政策相比，深圳前海的政策具有明显的“地区性”，偏重粤港合作；而上海自贸区更具有“国际性”，在投融资便利性、金融服务等方面提供了更明确和宽松的环境。由于国家和地方政府在财税方面并没有给予股权投资企业明显的优惠政策（主要分别适用深圳和上海原针对股权投资企业的政策），就这两个地区而言，基金管理人及公司制或有限合伙基金在选择注册地时，应主要从业务便利性和其他方面进行考虑：

在业务便利性方便，如果基金更为“国际化”，涉足境内外跨境交易和往来更为频繁，尤其是实施跨境并购的基金，可以优先考虑在上海自贸区注册。当然，如果主要实施粤港之间的投融资，依靠深圳原管理模式和经验，前海将提供更为周到和便利的服务。

从其他方面考虑，如与地方政府扩大合作范围，配合基金关联方在该地区进行产业延伸、以优惠价格获得土地资源等，则需要视情况而定，但一般情况下，深圳前海将提供更多的可能性。

**五、海外并购基金注册地的建议**

从国际化运作和便利性角度，上海自贸区绝对是首选，但如果只专注于香港方面的业务，并需要境外人民币贷款，可以选择在深圳前海注册。

但随着法规的更新，上海自贸区在境外项目核准、境外投资、跨境资金流动等方面的优势将逐渐减弱，而其宽松的货币政策、贸易政策和金融扶持政策将成为有效的“软环境”。

例如，对并购基金的盈利和所享受的税收优惠有更高的要求，可选择在西藏和新疆等“税收洼地”注册基金。对于一般股权投资企业，可以先考虑在西藏，西藏适用15%的企业所得税，而且目前除关税、进口环节增值税和消费税之外，其他税收基本全留西藏。因此，从税收优惠角度选择西藏比较好。但考虑到“420号文”的政策导向，“税收全留”的政策可能会有所调整。对于股权由70%以上由自然人持有的股权投资企业以及创投企业（专注于中小高科技类企业投资），[①] 可以优先考虑在新疆注册，因为根据新疆的规定符合前述条件（还有其他条件）的股权投资企业可以享受企业所得税自盈利年度起“两免三减半”或“五免国家五免地方”等优惠政策，而综合比较而言，该等政策优惠幅度可能要大于西藏。因此，在具体注册时，应将新疆、西藏等享受国家允许的“15%税率”的地区再进行一次比较。

随着《深化财税体制改革总体方案》项下有关地方税收政策部分的具体细化和落实，地方“土政策”将进一步被打压，选择并购基金的注册地不能只看“眼前利益”，需要在税收、财政扶持、业务便利、稳定性、退出保证等多方面综合考虑。

## 第三章　海外并购基金的募集

在海外并购方面，产融结合的并购基金平台（如弘毅）、券商系并购基金（如中信产业基金）以及复合资本运作平台（如复星）等具有天然的优势，比较容易筹集资金，其次是大品牌但已本土化的外资基金如鼎晖、黑石等，他们可以使用境内外大型机构的资金。

根据清科集团2014年7月发布的最新数据，截至2014年上半年，中国股权投资市场LP收录数量为9589家。其中本土LP 8350家，外资LP 1174家，合资LP 65家，占比分别为87.1%、12.2%以及0.7%。整个LP市场数量的增长近九成来自本土LP数量的上升。可投资本量方面，市场上LP可投资本量共计8344.97亿美元，其中，本土LP可投资本量达到1894.22亿美元，占比为

① 新疆有专门针对创投企业的优惠政策，且该等政策在全国范围内领先。在新疆注册创投企业既能享受地区税收优惠政策，又能享受国家对于创业投资企业的扶持政策。

22.7%；外资LP可投资本量共计6403.45亿美元，占比为76.7%。本土机构可投资量的增幅占整个市场增幅的80%。本土LP数量和可投资本金额较2014年一季度分别增加了7.33%和2.34%，外资机构LP在数量和可投资本量上环比分别增加了1.29%和0.09%。外资LP无论是在数量还是在可投资本金额上，环比增速均小于本土机构的。这表明在可投资本量上，本土LP增长势头越发强劲，未来本土LP的发展相对比较乐观。

此外，机构投资者不够发达是我国资本市场的突出问题。“新国九条”提出，要支持全国社会保障基金积极参与资本市场投资，支持社会保险基金、企业年金、职业年金、商业保险资金、境外长期资金等机构投资者资金逐步扩大资本市场投资范围和规模。

## 第一节　募集方式和来源

PE的募集方式主要有两种：直接募集和间接募集。

### 一、直接募集

即由基金管理机构直接向合格投资者（LP）发行基金产品。这些投资者一般为：

（1）高净资产自然人。由于PE不能公开发售私募产品，一般情况下，银行、券商等掌握这些高净资产自然人信息的“渠道”会通过私人银行部与PE机构对接，甚至也有“私下销售”常态化合作。

（2）民营企业。例如深圳创新投资集团有限公司很多基金产品的投资人均为民营企业。

（3）国有企业。例如国家开发投资公司参与中国—比利时直接股权投资基金、国投创新基金、国投协力基金、国投陕煤基金、海峡产业投资基金等。

（4）上市公司。在“上市公司+PE”并购基金模式中，上市公司可以作为LP。目前越来越多的上市公司参与私募股权投资基金的设立。此外，TCL等产融结合的企业，很早就开始设立专业的私募股权投资机构。

（5）社保基金。但社保基金主要投资于产业基金或弘毅、鼎晖等大型私募股权投资基金，准入门槛较高，但稳定性好。

（6）保险公司。根据《保险资金投资股权暂行办法》等有关规定，保险公司可以通过做私募股权投资基金的LP间接参与股权投资。目前保险公司与大型PE机构的合作正在加速，相信之后很多的大型PE将有机会利用保险资金开展业务。

（7）PE FOF。即从母基金处募资。母基金又包括两种，一种是政府的引导基金，另一种是市场化的母基金，如国创开元股权投资基金、歌斐母基金、清科投资母基金。

比较而言，国有企业、上市公司、保险公司、社保基金等资金相对稳定，也符合长期投资的要求。

**二、间接募集**

即通过其他机构的渠道或服务向合格投资者（LP）发行基金产品并募资。这些“渠道”一般为：

（1）银行。自银行柜台销售私募产品叫停之后，目前主要通过内部私人银行部“私下”销售产品，银行不直接与LP签署合同，也不向他们收费，而是由基金管理机构与LP签署基金合同，并向私人银行部的有关人员提供“销售费用”。例如凯鹏华盈私募股权基金通过招商银行私人银行部募集、优势资本私募股权投资基金通过工商银行私人银行部募集等。

（2）证券公司。通过证券公司募集资金主要有两种方式：一种是对接资管计划项下的资金；另一种是上面“类银行销售”的做法。

（3）信托公司。通过“渠道”安排将信托计划募集的资金由基金管理机构管理并开展股权投资业务。

（4）公募基金子公司。通过上述“类信托”安排，将资金用于股权投资。

（5）保险公司资管公司。通过保险公司资管公司的不动产计划、基础设施计划等募集资金，开展股权投资业务。

（6）第三方机构。主要指第三方理财机构。例如诺亚财富管理中心、好买财富管理中心等机构。自2007年以来红杉资本、达晨创投、东方富海等基金通过诺亚财富募集资金。

间接募集方式，存在一定的缺点，例如：

1. 受政策影响，银行渠道资金的募集呈“地下化”，不利于私募市场的发展，也容易滋生违法犯罪行为。证券公司“类银行销售”的做法也容易发生前述问题。

2. 证券公司资管、公募基金子公司等“渠道”筹资，PE机构需要支付一笔管理费用和利润分成，降低了投资人的投资回报，也容易在出现兑付问题情况下，相互推诿责任。

3. 第三方机构销售费用较高。此外，由于第三方机构风险辨别能力不强，机构本身也缺乏监管，更容易产生风险隐患和违法犯罪行为。

## 第二节　募集境外资金

本土PE也可以向境外机构和个人募资，但需要遵守境内和境外两重法律，并需要搭建有关的架构。

通常情况下，本土PE募集境外资金可以搭建如下几个架构：

（1）平行基金。所谓平行基金就是在海外和国内分别募集两个规模相差不多的投资基金，通过有共同利益的管理公司把两个基金模拟成一个基金进行分配和清算。

这种模式下，本土PE主要借助境外合作方与其搭建的境内外两个平行的募集渠道，通过内部协议安排和交易设计，借助境内外商投资企业管理架构，将资金引入境内。近期国家深度放开跨境流动监管，“36号文”也明确外资创投和外商投资股权投资企业等可以用外币结汇资金直接划入被投资企业，平行基金在“绕开中国法律限制”方面的作用几乎为零。而其逐渐转为“优势整合”“储备和产业整合”等功能的主体。

（2）返程投资架构。即本土PE先在境外设立一个融资实体，借助“内保外贷”或境外关联方提供的增信，面向境外投资人募资，并通过已经搭建好的类“小红筹”架构，完成境内股权投资，并将收益汇出。这种模式也经常与平型基金模式混合使用，同时也给本土PE提供储备外汇和参与境外股权投资的机会。这种模式适合在境内外均有产业或业务，熟悉跨境交易和流通的企业。

（3）直接募集模式。即本土PE直接向境外投资人（根据目前外资股权投资企业试点办法，主要是机构投资人）募集资金，在上海、深圳等开展QFLP试点的地区设立外资合伙基金，开展境内股权投资业务。随着“36号文”的颁布，本土PE可以选择即开展了上述试点又属于“36号文”项下16个地区之一的地区以外资股权投资基金的名义向境外投资人募集资金。而这种方式主要适用于以开展中国境内股权投资业务为主又希望利用境外相对低廉资金的本土PE。

## 第三节　募集保险资金

保险资金的长期性，正好匹配股权投资的长周期投资模式。《保险资金投资股权暂行办法》首次放开了保险资金投资私募基金的投资途径，但由于保险资金 “稳健性”的资本属性，保监会对于可以使用保险资金的私募股权投资管理机构设定了较高的门槛，符合保监会规定的私募基金屈指可数。按照2012年7月保监会的规定，保险机构10%的总资产可用于投资未上市企业股权、股权投资基金等相关金融产品，但由于保险资金与PE的合作起步晚、门槛高等原因，实践中保险资金投资于未上市股权或股权基金的比例远低于10%。2012年初，中国人寿出资16亿元参投弘毅投资的“二期人民币基金”，这是在保监会放行保险资金投资PE政策满1年后，险资对PE的首例投资。其他险资也大多在2012年之后才陆续拿到PE牌照。2013年11月，保监会副主席陈文辉在公开场合透露，推动保险资金投资股权具有重要作用，今后保险资金股权投资比例的监管限制或将从现在的10%进一步放松到20%或30%。

2014年5月9日，在刚刚颁布的“新国九条”中，将培育私募市场单列一条，并提出研究制定保险资金投资创业投资基金的相关政策。随着证监会将PE/VC纳入监管范围，PE/VC行业的发展也越来越规范，行业规范有利于吸引保险等机构资金。

根据《保险资金投资股权暂行办法》（保监发〔2010〕79号）、《关于保险资金投资股权和不动产有关问题的通知》（保监发〔2012〕59号）、《关于加强和改进保险机构投资管理能力建设有关事项的通知》等规定，保险资金可以投资专业股权投资机构发起设立的股权投资基金，但不得投资创投基金和风险投资基金。虽然募集保险资金是法律允许的，但在目前体制下，对于提供保险资金的保险公司、募资的PE及其管理人等都有严格的约束，对于管理公司管理规模30亿的要求，对于基金募集规模5亿元的要求以及具体投向限制等都限制了保险资金在更大范围内投向PE及获得PE超额收益。

此外，根据《保险资金境外投资管理暂行办法》（保监会、中国人民银行、外汇局令2007年第2号）以及《保险资金境外投资管理暂行办法实施细则》（保监发〔2012〕93号）等规定，在保险资金境外投资总额不超过保险公司上年末总资产的15%的情况下，保险公司可以投资境外私募股权投资基金。该规定将改变美元PE基金将仅拥有国家开发银行、中投、外管局等少数大型机构类LP的局面，可开始将保险公司作为其又一大资金来源。已获得社保基金投资或国家发改委备案，并拥有美元基金管理经验的PE机构，如弘毅、鼎晖等，将尤其值得险资关注。需要注意的是，与保监会此前对险资从事国内PE投资的要求一致，险资“出海”细则也禁止投资于境外金融机构实际控制的PE基金，因此业内人士预计，大型国际投行如摩根士丹利、高盛、摩根大通等机构管理的PE基金，将暂时难以获得险资支持。

经格上理财统计，目前获得“PE投资牌照”的保险公司有中国人寿、中国平安、中国太保、中国太平、泰康人寿、新华保险、生命人寿、中再保险、安邦保险、阳光保险等；而投资过PE基金的保险公司有约十家。获得“PE投资牌照”即保险公司可在监管规定的额度内进行自主投资；否则保险公司的股权投资要通过“一事一议”的方式，逐一报送保监会审批。

经格上理财统计，截至2014年7月23日，符合保监会管理资本量(30亿元)、退出个数(3个以上)要求的投资机构约有一百二十家(剔除非保险类金融机构背景的投资机构)，包括弘毅、硅谷天堂、江苏高科、深创投、达晨投资等。截至2013年底，我国保险业总资产已达到8.3万亿元，按上述规定，整个保险业可配置于股权投资领域的资金额在8000亿元以上；而目前中国PE行业的资产管理规模为4万亿元。

### 第四节 募集社保资金

2010年10月28日第十一届全国人民代表大会常务委员会第十七次会议通过的《社会保险法》第71条规定：国家设立全国社会保障基金，由中央财政预算拨款以及国务院批准的其他方式筹集的资金构成，用于社会保障支出的补充、调剂。全国社会保障基金由全国社会保障基金管理运营机构负责管理运营，在保证安全的前提下实现保值增值。

为扭转社会保险基金收益率低下的问题，同时保障今后人口老龄化高峰时期的社会保障需要，在保证基金资产安全性、流动性的前提下，经国务院批准，2008年4月，财政部、人力资源和社会保障部同意全国社保基金投资经发展改革委批准的产业基金和在发展改革委备案的市场化股权投资基金，总体投资比例不超过全国社保基金总资产（按成本计）的10%。

社保基金从2004年开始投资股权投资基金，从2008年开始大规模的开展股权基金投资。截至2012年底，全国社会保险基金已投资12家股权投资基金管理机构管理的16只PE基金。16只基金包括中比基金、渤海产业基金、弘毅一期基金、鼎晖一期基金、绵阳产业基金、和谐成长基金、联想一期基金等。据格上理财统计，截至目前，社保基金一共投了19次，规模280亿元，社保基金总的PE基金投资比例现在只有2.26%，还远未达到10%的上限额度。社保基金2013年年报显示社保基金会管理的基金资产总额为12,415.64亿元，即目前有超过1000亿元的社保基金可以用来投资私募股权基金。

国家有关部门和社保基金并没有明文确定筛选所投资PE的条件，但总结而言，社保基金筛选PE机构时，至少考虑如下几方面条件：实际控制人或主要管理人具有雄厚的产业背景和行业背景；机构过往业绩中管理基金规模庞大，收益稳定、良好，尤其是大型投资项目；主要管理人员资历深厚，资源丰富，行业口碑好；所投项目符合国家的产业政策和发展方向，收益较高且稳定；能够满足社保基金其他要求和条件。

# 第二篇　海外并购基金的运作

## 第一章　作为"共同收购方"协同并购

并购通常可以分为两类：一类是产业型并购，另一类是重组型并购。

产业型并购主要由产业龙头企业为了同业或上下游的产业整合进行横向或纵向的产业并购，以便实现"增量"，进而实现"增值"。通常情况下，产业并购是上市公司向独立第三方的并购，具有非关联交易、市场化交易和产业协同性等特点。弘毅对中国玻璃的收购和整合就是一个很好的产业并购案例。目前，随着并购融资手段的丰富和经验的积累，有了一些"蛇吞象"产业并购案例。例如，双汇收购成立于1936年的史密斯菲尔德食品公司（全球规模最大的生猪生产商及猪肉供应商）。

而重组型并购主要是通过注入优质资产使公司实现业务优化或转型，而不是在原有产业链上进行延伸和升级整合。金叶珠宝并购美国油田、湘鄂情并购TMT标的等就是典型的重组型并购案例。

海外并购基金重点参与的产业型并购，尤其是那些产业投资基金。产业型并购也是市值管理最有效的手段。本章主要介绍三类海外并购基金的运作模式，章节中涉及的部分案例详见本书附录一。

这种模式下，并购基金不是海外并购的发起方，而是参与方，其作为海外并购项目的投资方，协同实体收购方进行交易。在TPG、GA、NC配合联想并购IBM PC部门、弘毅联合苏宁投资跨境投资PPTV、弘毅投资协助中联重科并联合高盛和曼达林收购CIFA、中信产业基金参与三一重工收购普茨迈斯特等案例中，均体现了为基金作为实体收购方的协同方和共同投资人。

基金参与实体收购方的海外并购，又可以分为三种情况：

第一种，参股实体收购方的“老公司”。

在TPG、GA、NC配合联想并购IBM PC部门的案例中，TPG、GA、NC三大券商合计向联想提供了3.5亿美元的战略投资（1.5亿元作为收购资金，2亿元作为日常营运之用）。联想集团以每股1000港元的价格向这三家公司发行总共273万股非上市A类累积可换股优先股和可认购2.4亿股联想股份的非上市认股权证，三大战略投资者因而获得新联想12.4%股份。这些优先股将获得每年4.5%的固定累积优先现金股息（每季度支付），并且在交易完成后的第七年起，联想或优先股持有人可随时赎回。2007年11月至2010年11月，三大基金股东通过大宗交易、向市场投资者配售等方式分四次套现退出，实现总收益超200%，年化收益超过40%。

这种方式可以使双方的合作更为紧密，并购基金也能享受实体收购方资产重组后所带来的资本市场溢价。但这种方式取决于实体收购方是否为海外公司，且最好为海外上市公司。

第二种，与实体收购方共同收购标的公司股权。

在中信产业基金参与三一重工收购普茨迈斯特（PM）案例中，三一重工控股子公司三一德国有限公司联合中信产业投资基金（香港）顾问有限公司与PM股东Karl Schlecht Stiftung（持99%股份）和Karl Schlecht Familienstiftung（持1%股份）签署了《转让及购买协议》，三一德国和中信基金共同收购PM 100%股权，总价3.6亿欧元。其中，三一德国收购90%，出资额为3.24亿欧元（折合人民币26.54亿元），中信产业基金出资3600万欧元（折合人民币2.95亿元），收购10%。如下图所示。

时隔一年多以后，三一重工全资子公司三一国际发展有限公司出资5489.77万美元收购中信产业基金公司下属卢森堡公司CP Machinery Limited 100%股权，从而获得中信持有的德国普茨迈斯特10%股权。中信产业基金除了提供资金，还提供三一集团最需要的管理经验。但最终中信产业基金只获得了年化10%左右的收益，说明这种方式并不是最佳的盈利模式，而不“合资合体”也不利于PE与融资方的紧密合作。

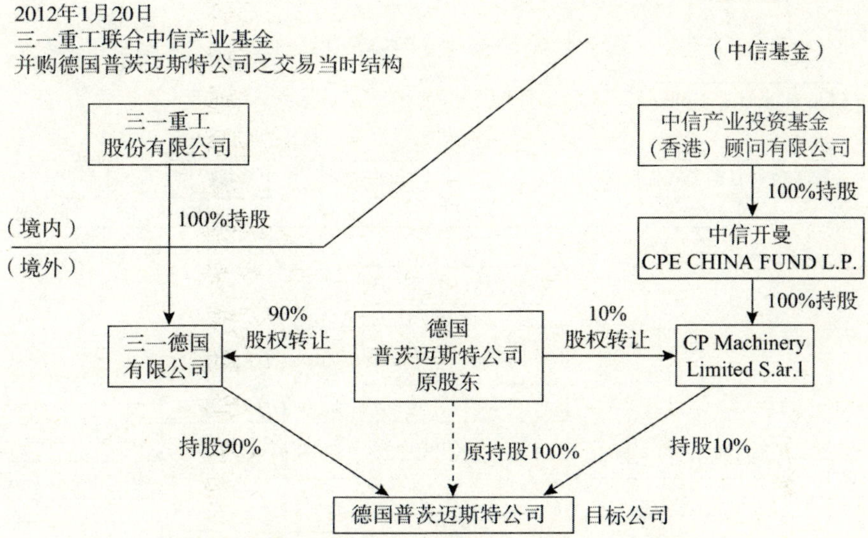


**三一重工联合中信产业基金并购普茨迈斯特交易结构图**[①]

第三种，与实体收购方合资设立SPV。

在弘毅投资协助中联重科并联合高盛和曼达林收购CIFA案例中，收购的具体方式为，中联重科在香港设立一家全资控股子公司——中联重科（香港）控股有限公司（Zoomlion H.K. Holding Co. Ltd.），然后由中联香港控股公司在香港设立一家全资子公司——香港特殊目的公司，该香港特殊目的公司与共同投资方在香港合作设立一家香港特殊目的公司B（其中香港特殊目的公司A持股60%，共同投资方曼达林持股9.04%，弘毅持股18.04%，高盛持股12.92%）。交易完成后，香港特殊目的公司B间接持有CIFA100%股权，中联和共同投资方合计出资2.71亿欧元，其中2.515亿欧元为支付给卖方的股权转让价款，0.195亿欧元为应支付的交易费用。1年以后，中联重科香港通过以2.36亿美元的价格受让PE持有的香港特殊目的公司B的股权，实现对CIFA的全资控股，而PE获得年化60%左右的收益。交易结构如下。

上述模式中PE与融资方在海外合资设立SPV，既有助于双方建立紧密合作，又方便灵活地开展海外股权融资，可以说是前两种模式的折中方案。但这种方式中PE主要享受了资产溢价，而没有享受资本市场的资本溢价，主要原因也可能是中联重科的上市主体在国内，对于外资PE来说不太好操作。

① 吴明：“联合投资模式研究：私募基金与中国企业在海外的联合并购”，载http://www.westlaw-china.com/NewsLetter/view.php?id=29。

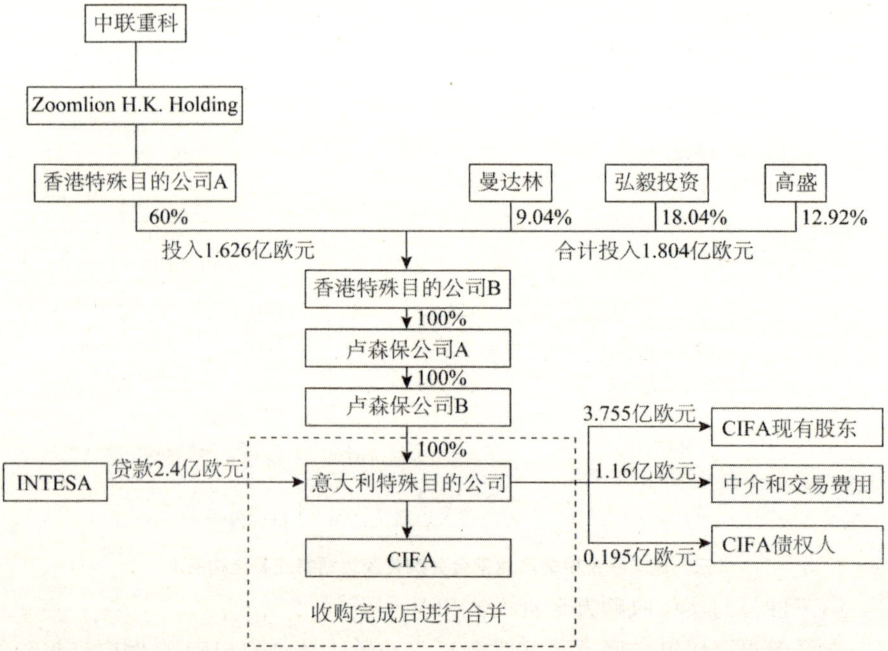


通过对上述三种模式的比较，可以发现：

1. 海外并购基金参与实体并购方（融资方）的海外并购以合资设立实体并“成为一家”为第一步。

2. 如果实体收购方（融资方）是海外上市公司或海外拟上市公司，可以通过海外PE以股权融资或夹层融资的方式直接向上市主体融资或获得上市主体认股权或股票，这样既可以获得资产收益，又可以有机会享受资本市场资本溢价。但PE投资期会延长。为了有效享受资本溢价，应充分利用海外优先股、认股权等资本手段，把握恰当的时机完成退出。

3. 如果实体收购方（融资方）是国内上市公司或拟上市公司，且没有就并购标的单独海外上市的打算，则可以通过共同设立海外SPV方式实现“合资合体”，也方便利用海外优先股等制度开展海外股权融资和退出。

4. 上述中信产业基金参与三一重工收购普茨迈斯特（PM）的案例体现的并不是一个好的盈利模式，可能中信产业基金在这一交易中所图的更多是长期合作或品牌效应。

## 第二章　控股型并购基金(Buyout Fund)

早期KKR主导的一场恶意的杠杆收购（收购RJR Nabisco），让人们看到了金融家以资本运作操盘实业的能力，这也是传统的国际控股型并购基金(Buyout Fund)的运作模式之一。但这种并购基金运作方式至今还不能完全适用于本土并购基金的运作，主要原因包括国内“杠杆”手段的单一、PE自身发展不足、审批程序繁琐、资本市场政策“朝令夕改”等。

弘毅操作中国玻璃的案例，虽然有众多非议，但为这种运作方式的本土化提供了一个很好的借鉴范本。弘毅投资运作的基金类似国际收购基金(Buyout Fund),和国际风靡的收购基金一样，其目标是成熟企业及其控制权。但和国际收购基金对深发展、哈药集团等公司收购的旷日持久的拉锯战相比，弘毅投资收购中国玻璃在政府审批和地方支持等环节尤为顺畅。整个交易经历了托管标的资产、收购标的资产、搭建红筹架构、香港上市、资产重组、退出等多个环节，耗时七八年，整个交易过程中既体现了基金的运作，又体现了弘毅对于实业投资的功力，更体现了弘毅在红筹架构搭建和冲击海外资本市场的经验优势。当然，这一切也离不开联想带给它的背景和“产融结合”带给它的优势。

除对杠杆收购（LBO）、管理层收购（MBO）、股权融资等操作手段熟悉之外，Buyout Fund运作中有两项技能是必备的：

第一，懂得重组。重组主要是三个内容：一是业务重组，进行业务的合并分离的分拆，然后进行业务结构的调整，这是内在调整；二是资产重组，把有效资产进行整合，剥离一些低效资产或者调整业务后剥离不相关的资产；三是治理机构重组，必要时进行组织结构的调整、人力资源的优化等。

第二，懂得融资。中国玻璃的案例是特定政策环境和人物下的产物，不可复制。Buyout需要动用大量的资金，并购基金需要整合多方面的资金，包括自有资金、募集资金、海内外银行贷款、过桥贷款、夹层资本（Mezzanine Capital）、联合其他PE或债权人等。

从上述案例也可以看出，在国内运作并购基金，PE也可以控制整个交易，但不能太“野蛮”，要与管理层、政府、债权人等进行善意的合作，当然也要学会适应中国经济政策和环境的变化。但如上所述，由于内因和外因，PE作为“半实业投资人”开展类似国际收购基金(Buyout Fund)业务的案例，也只是凤毛鳞角，目前更多的所谓并购基金都去搞“市值管理”去了（详见下文）。

## 第一节 控股型并购的四种模式

Buyout Fund的模式体现了PE实业投资、资本运作、资源整合等多重能力，也不容易将这种模式进行简单的概括，但通过整理，这种模式也存在四种不同特色的操作方式：

（1）并购境内资产、境外间接上市。像中国玻璃的案例，弘毅首先控制境内苏玻集团的核心资产，然后通过红筹架构将资产“转移至”海外，并上市，上市后还进一步运作对外资产收购，实现资产的进一步完善和增值。

（2）并购基金先收购境外企业，再反向收购境内企业，最后选择海外上市或转让退出。这是“德隆系”并购专家王世渝提出的一种操作方式。但这种方式在当下可能缺乏实践意义。

（3）并购基金先收购境内企业（一般有行业优势），然后全球范围内整合资产进入这个企业，在境内上市。这是弘毅运作中国玻璃案例的一个内地上市版本。随着国内资本市场政策的逐步完善、注册制的实施、“上市公司+PE”模式（详见下文）的演变以及跨境并购的监管更简化，相信这种操作方式也将在实践中得以应用。

（4）并购基金先私有化境内外上市公司，然后重整后重新上市（以下简称上市公司“私有化”模式）。PE参与私有化最早盛行于前两年“红筹回归A股”大潮中的海外上市公司私有化交易，中信资本等本土PE也参与了分众传媒等私有化交易，但并没有作为本土并购基金的业务模式。但相信随着A股注册制和主动退市“两端制度”的落地和完善，这种操作方式同样也可以为并购基金所用，且可以实现跨境资本市场的转化。这一模式的相关分析，详见下文。

## 第二节　红筹模式下的并购重组

很多并购基金最终借助“红筹上市”模式实现控制资产的海外上市。所谓的“红筹上市”，也称“间接海外上市”，是指中国企业在境外设立了控股公司，将境内资产装入，以该控股公司的名义到境外交易所去发行、上市、融资。“红筹上市”按照在海外上市的境内企业的实际控制人是否有政府背景又可以分为“红筹”上市和“小红筹”上市。

如果不考虑特定情形下的股市状况，外资PE或者有外汇储备的本土PE更希望扶持目标公司在海外上市，主要原因除了A股排队现状之外，更重要的原因是美国、香港、新加坡等完善和活跃的资本市场上市周期短、程序简便、成功性高，而且国外成熟的金融和资本市场制度可以方便PE做各种保证和扩大收益的权利义务安排。除之前很多“大红筹”外，近些年来境内互联网公司选择在海外上市的案例逐渐增多，主要考虑的是国内上市财务门槛以及海外投资人对互联网企业的接受度等。外资PE更多的是以“两头在外”模式参与红筹上市。

随着企业海外上市和私募融资成功个案的逐渐增多，企业与境外资本各服务中介的接触越来越频繁，企业对海外资本市场、海外上市成本、上市程序等渐渐熟悉。而来自中国政府金融、外汇等方面的对返程投资的法律监管及中国利用外资政策的变化却越来越被控制境外上市的诸多并购基金重视，甚至成为决定这些基金能否使自己的企业在境外募集到基金进而实现境外上市的关键。

目前红筹上市主要适用的中国法律规定包括：《国务院关于进一步加强在境外发行股票和上市管理的通知》（国发〔1997〕21号，“九七红筹指引”），《关于外国投资者并购境内企业的规定》（商务部、国务院国资委、国家税务总局、国家工商总局、证监会、国家外汇局令2006年第10号，“10号令”），《国家外汇管理局关于境内居民通过特殊目的公司境外投融资及返程投资外汇管理有关问题的通知》（汇发〔2014〕37号，“37号文”）等规定。

**一、红筹上市的四个阶段**

红筹上市的架构设计和操作离不开设立特殊目的公司（SPV）、SPV融资、返程收购境内资产、SPV海外上市这四个关键步骤。而中国法律的监管贯穿于这四个步骤之中，也就是说，中国法律主要监管的是SPV的设立、SPV的融资、SPV返程并购境内资产以及SPV海外上市四个行为。其中最为复杂的监管主要集中在SPV返程收购环节。

**二、返程收购方式**

根据“37号文”，“返程投资”是指境内居民直接或间接通过特殊目的公司对境内开展的直接投资活动，即通过新设、并购等方式在境内设立外商投资企业或项目，并取得所有权、控制权、经营管理权等权益的行为。返程投资有两个重要特征：一是资本的实际控制者为境内居民；二是返程投资的路径往往都是境内的资本通过威尔京群岛、开曼群岛、香港等国际避税地设立特殊目的公司，然后以该特殊目的公司对境内开展直接投资活动。

返程投资主要是SPV对境内的直接投资活动，主要表现为新设外资企业或并购境内企业。具体而言，可能体现为如下几种操作模式：

（一）股权并购

即购买或置换境内企业中方股权。根据收购目标的不同，分为以下两种情况：

第一，购买该境内居民自己控制的中方股东的股权。这种投资属于“10号令”项下的“关联并购”，应该向商务部门披露实际控制人，并购活动需经过商务部的审批。这种情况适用于并购的境内目标公司为内资企业的情况，不包括外商投资企业（详见下文）。

第二，购买非该境内居民自己控制的中方股东的股权。这种投资与国家有关鼓励引入外资的政策相符合，应当按照一般外商投资企业的规定办理有关的手续。

根据并购支付手段的不同，上述两种活动又可以分为现金收购和股权置换收购。从外汇管理的角度，这种分类对外汇管理并没有什么影响，但根据“10号令”的有关规定和理解，如离岸公司以股权置换的方式完成境内企业重组收购，此离岸公司又将成为海外上市主体的，海外上市应经过证监会审批，而现金收购的则无此项审批要求（但证监会国际司答复，该等上市情况仍应经过证监会审批，详见下文）。

（二）资产并购

即在境内设立外商投资企业并通过该企业购买或协议控制境内居民控制的境内资产，或协议购买境内居民控制的境内资产并以该项资产投资设立外商投资企业。

根据资产购买和企业设立的先后顺序不同，又可分为先买资产再设立外商投资企业及先设立外商投资企业再买资产的两种情况。

由于特殊目的公司作为外国投资者购买境内资产需要符合外汇、税收等方面的法律规定，所以，先买资产再设立外商投资企业的投资安排并不经常被境内居民使用。而先设立外商投资企业再买资产的情况也通常不作为境内居民境内重组的主要方式。同时，设立一外商投资企业并通过这一外商投资企业去购买和协议控制该境内居民所控制的境内资产，而非通过该外商投资企业的对外股权性投资控制境内居民的权益，这主要是考虑到：

第一，如果所设立的外商投资企业本身不具有投资经营范围，可能不能直接从事投资活动。

第二，根据国家近期有关规定，除试点地区外，离岸公司注资给此外商投资企业的资金只能用于自身，通常不可以作为对外股权投资资金，但可以用于购买资产。如果特殊目的公司在此企业中的投资达到一定的比例，也能享受到外商投资企业优惠待遇。

（三）向境内企业增资

这种投资活动的特点是特殊目的公司通过认缴境内企业的增资来实现对境内企业的控制，并可以借此将内资企业转变成为外商投资企业。例如增资额占所设企业注册资本比例达到25%以上的，该境内企业可以享受外商投资企业待遇。

### 三、返程收购的监管

特殊目的公司依法设立并完成收购所需的融资事项之后，就进入实质重组阶段，开展“返程收购”，而这一阶段的关键步骤就是获得相关商务部门针对并购或境内企业股权变更出具的批复文件（有了相应的批复文件，即使不能完全确定该等批复文件是否完全符合法律规定，但可以作为向境外证券监管机构解释的依据）。

（一）关联并购

根据收购方与被收购方是否存在关联关系，法律设定了不同的审批程序和批准条件。

根据《外商投资准入管理指引手册》（2008年版）（《指引手册》）第五部分第五点（关于并购审批的说明），并购审批适用对象为：外国投资者购买境内非外商投资企业股东股权或认购公司增资，或外国投资者购买境内非外商投资企业资产并以该资产设立外商投资企业运营；或外国投资者设立外商投资企业协议购买境内非外商投资企业资产运营。

上述外商投资企业应界定为：外国投资者及外商投资性公司在我国境内依法设立并取得外商投资企业批准证书和营业执照的企业，不论外资比例是否达到25%，不论何时设立。

根据“10号令”的有关规定，境内公司、企业或自然人以其在境外合法设立或控制的公司名义并购与其有关联关系的境内的公司，属于“关联并购”。这里的境外公司应当为特殊目的公司。这种并购应报商务部审批。

根据《指引手册》第五部分第五点（关于并购审批的说明），目前关联并购的受理范围仅限于：第一，境外公司为上市公司；第二，经批准在境外设立且已实际运行并以利润返程投资的。

（二）外资并购安全审查

自2011年初，国务院及商务部先后制定了《国务院办公厅关于建立外国投资者并购境内企业安全审查制度的通知》（国办发〔2011〕6号）、《商务部实施外国投资者并购境内企业安全审查制度有关事项的暂行规定》（商务部公告2011年第8号，已失效）以及《商务部实施外国投资者并购境内企业安全审查制度的规定》（商务部公告2011年第53号）等文件，确立了我国的外资并购安全审查制度。

安全审查工作由安全审查部际联席会议（以下简称联席会议）来执行。联席会议在国务院领导下，由发展改革委、商务部牵头，根据外资并购所涉及的行业和领域，会同相关部门组成。

安全审查的范围为：外国投资者并购境内军工及军工配套企业，重点、敏感军事设施周边企业，以及关系国防安全的其他单位；外国投资者并购境内关系国家安全的重要农产品、重要能源和资源、重要基础设施、重要运输服务、关键技术、重大装备制造等企业，且实际控制权可能被外国投资者取得。外资并购方式可以为股权并购、资产并购、增资、外资企业境内再投资等。外国投资者不得以任何方式实质规避并购安全审查，包括但不限于代持、信托、多层次再投资、租赁、贷款、协议控制、境外交易等方式。

安全审查的内容包括：

（1）并购交易对国防安全，包括对国防需要的国内产品生产能力、国内服务提供能力和有关设备设施的影响。

（2）并购交易对国家经济稳定运行的影响。

（3）并购交易对社会基本生活秩序的影响。

（4）并购交易对涉及国家安全关键技术研发能力的影响。

为了避免外资并购绕道地方商务局办理审批进而规避国家安全审查的情况，上述文件规定，地方商务主管部门在按照《关于外国投资者并购境内企业的规定》、《外商投资企业投资者股权变更的若干规定》、《关于外商投资企业境内投资的暂行规定》等有关规定受理并购交易申请时，对于属于并购安全审查范围，但申请人未向商务部提出并购安全审查申请的，应暂停办理，并在5个工作日内书面要求申请人向商务部提交并购安全审查申请，同时将有关情况报商务部。实践中，商务部通过“安全审查行业列表”及电脑系统应用等方式规范地方商务局的自由裁量行为。

上述安全审查制度对部分行业红筹架构的搭建将造成一定的影响。但实践中，除涉及军工、农业、中华老字号等敏感字眼的项目之外，商务部一般不会主动干涉红筹架构的搭建和返程投资等事宜，而境外证券监管机构一般看到中国地方商务部门针对并购出具的核准或备案文件并在发行人合理解释之后，也不会深究国家安全审批可能存在的合规瑕疵。

### （三）外汇登记

关联并购获得审批之后，应首先为被并购企业办理外汇登记或变更登记手续，而后办理与转股款交割有关的外资外汇登记手续。

根据“37号文”中的《返程投资外汇管理所涉业务操作指引》，外国投资者并购境内企业应办理外商投资企业基本信息登记，特殊目的公司以关联并购形式返程投资的，应出具商务部批准设立的文件。申请人应如实披露其外国投资者是否直接或间接被境内居民持股或控制。如果外国投资者被境内居民直接或间接持股或控制，外汇局在为该外商投资企业办理外汇登记时应在资本项目信息系统中将其标识为“返程投资”。外资设立、并购、变更阶段都需要。

被并购境内企业若取得的是依据《关于外国投资者并购境内企业的规定》加注的批准证书和营业执照，应在资本项目信息系统中加注“自颁发之日起14个月内有效”字样。

外国投资者（股权出资人）以其持有的境内企业（股权企业）股权对境内企业（被投资企业）出资的，应按如下顺序办理：首先，股权企业所在地外汇局在查验股权企业出资到位后，为股权企业办理变更登记；然后被投资企业方可根据自身股权结构变化情况向所在地外汇局申请办理设立登记、增资或转股变更登记及股权出资确认手续。

**四、规避“关联并购”审批**

根据“10号令”第11条的规定，“境内公司、企业或自然人以其在境外合法设立或控制的公司名义并购与其有关联关系的境内的公司，应报商务部审批。当事人不得以外商投资企业境内投资或其他方式规避前述要求”。由于“关联并购”需要商务部审批（尚无先例），且根据《指引手册》，目前商务部只受理境外上市公司发起的关联并购或以境外利润为资金来源的并购，因此，很多红筹上市案例中，当事方均采用一定的架构设计来避免被认定为“10号令”监管的“关联并购”。本部分介绍一些主要适用的情况。

（一）利用“关联并购”中的“豁免”情形

从字面意思来理解“关联并购”，其实很简单，就是收购方和被收购方是关联方且实际控制人是境内公司或个人的并购。但《指引手册》等规定也在这一字面意思之外，给予了一个“豁免”情况。

根据《指引手册》第五部分第五点（关于并购审批的说明），“关联并购”审批只适用于并购的标的公司只包括内资企业，不包括已设立的外商投资企业，主要监管使内资企业转变成外资企业的并购行为。因此，如果特殊目的公司操控的关联并购中的并购目标公司是已设立的外商投资企业，不论外方是原有股东还是新进投资者，则可以不报商务部进行关联并购审批，也不再要求按照“10号令”第55条的规定“参照”“10号令”，而只需要按照一般外商投资企业并购规定，进行审批和登记注册。

很显然，要利用这一“豁免”条件，就要保证直接参与“关联并购”的被并购方本身是个外资企业（包括外商独资企业或中外合资企业）。如果实际控制人在重组之前已控制境内的外资企业，则相对简单一些。如果之前在控制体系内没有外资企业，则经过总结之前的案例，实践中利用这一“豁免”条件的“手法”有如下几种：

第一种，引入境外合作方，将内资变外资。

基本做法是引入境外“合作方”或“战略投资者”，并由该合作方收购境内企业股权，将境内企业变更为外商投资企业，然后再实施收购，在完成“返程收购”后，在境外回购对应的全部或部分股权或进行换股（如涉及）。典型的案例如中盛资源（HK2623）上市案例。

在山东兴盛（通过其海外母公司中盛资源）（HK2623）上市案例中，境内实际控制人为李运德，其通过引进境外人士朗伟国为合作方，将境内实体“山东兴盛”转换为外资企业，进而符合“10号令”豁免条件，不适用关联并购审批。

在2011年1月14日之前，山东兴盛还是一家纯内资企业，其变更为中外合资企业和外资企业完全是发生在“10号令”生效之后。山东兴盛红筹架构的搭建过程有三个关键的步骤：

第一步：引进境外投资者朗伟国及其控制的Fortuneshine Investment和SMI，并由朗伟国透过SMI收购了山东兴盛的25%的股本权益，使山东兴盛从一家纯内资企业转变为中外合资企业。朗伟国在2010年12月通过实际控制的SMI香港离岸公司从李运德和李庚和处收购其持有的山东兴盛20%、5%股权。收购完成后，山东兴盛由内资企业变更为中外合资企业，即李运德持有75%股权，SMI香港离岸公司持有25%股权。山东省商务厅在2011年1月7日批准股权转让，山东省工商行政管理局于2011年1月14日授予中外合资企业营业执照。

第二步：李运德透过其间接控制的香港公司Ishine Mining收购剩余的75%境内股本权益并转移到境外。2011年2月20日，也就是在中外合资公司成立后的一个月，Ishine Mining与李运德签订股权转让协议，收购李运德持有的山东兴盛75%的股权。最终，Ishine Mining持有山东东盛75%股权；SMI香港离岸公司持有25%股权。通过上述运作，山东兴盛的股权全部转为境外公司持有，完成合资公司向外资公司的转换。

第三步：境外换股。2011年9月2日，朗伟国与李运德控制的Alliance

Worldwide签订股权转让协议，郎伟国将其持有的Fortuneshine Investment的股份转让给Alliance Worldwide，对价为上市主体中盛资源发行给郎伟国控制的Novi Holding及All Five Capital的200 000股和50 000股股份。

对于上述各项交易，该上市项目的中国法律顾问出具法律意见认为：对于SMI向李运德及李庚和收购山东兴盛的25%权益须受“10号令”约束，而对于Ishine Mining向李运德收购山东兴盛的75%权益，由于李运德于山东兴盛转变为中外合资企业后向Ishine Mining转让其于山东兴盛的75%股权，上述收购为收购外商投资企业的股本，因此，“10号令”并不适用，以及并不需要从中国证券监督管理委员会获取批核。该收购须遵守的是《外商投资企业投资者股权变更的若干规定》，并取得原有批准机关（即山东省商务厅）的批文。

第二种，收购境内外资企业，通过“再投资方式”重组境内资产。

基本做法是先收购一家境内的外资企业（一般为“10号令”颁布前设立的外资企业，且同上市企业有相同的产业背景），然后通过该等外资企业直接或间接收购并控制其他境内资产和权益，之后再以该外资企业为被并购方开展“关联并购”。这种做法在瑞金矿业（00246）上市案例中被应用。

但这种方式很可能被认定为属于“10号令”第11条第2款规定的禁止情形（即当事人不得以外商投资企业境内投资或其他方式规避关联并购审批），因此不建议优先选择使用。

（二）先卖后买，切断“关联关系”

上述两种利用“豁免”条件的操作模式实际上仍属于“关联并购”的范畴，只不过是适用了法律规定的“豁免”条件，而“先卖后买”模式则是为了切断这种“关联”关系。这种模式的基本做法是：首先也是寻找外方合作方，然后由外方合作方受让内资企业大部分甚至全部股权，成为“实际控制人”，切断“关联关系”，然后实施境内资产和权益的收购，收购完成后再通过境外回购或换股等方式重新获得境内权益的控制权，这种“先卖后买”方式，在《指引手册》出台之前即被使用。如这种操作在江苏中能美国上市等案例就被得以应用。①

2006年3月，江苏中能（JZPTD）成立，注册资本为20 000万元人民币，其中苏源集团有限公司以现金出资3000万元人民币，占15%的股份；徐

---

① 2008年7月江苏中能首先通过境外的协鑫硅业母公司向美国SEC提出申请，之后转战香港借用关联上市公司保利协鑫（HK3800）实现“借壳上市”。

州苏源集团有限公司以现金出资2000万元人民币，占10%的股份；河北晶龙实业集团有限公司以现金出资1000万元人民币，占5%的股份；南京林洋电力投资有限公司以现金出资1000万元人民币，占5%的股份；国泰能源投资有限公司以现金出资11 000万元人民币，占55%的股份，北京中能联合再生能源投资有限公司以现金出资2000万元人民币，占10%的股份。国泰能源和北京中能由实际控制人朱共山控制。

2006年11月，协鑫硅业（香港）公司设立，该公司由BVI公司Happy Genius 100%持有，而Happy Genius由境外人士张颂义控制。根据SEC网站的招股文件记载，张颂义与朱共山之间没有任何关联关系和代持关系。

2006年12月13日，张颂义控制的协鑫硅业（香港）从朱共山控制的国泰能源和北京中能手中购买了其持有的江苏中能的64%的股权。

2007年5月，Happy Genius在开曼设立境外上市主体协鑫硅业（开曼），控制人为张颂义。

2007年8月到9月，张颂义将Happy Genius的控股权出售给了Boulina Investments Limited，一个朱共山控制的离岸公司。之后通过换股安排，朱共山间接持有协鑫硅业（开曼）75%的股份，张颂义间接持有了协鑫硅业（开曼）15%的股份，其他投资人持有剩余10%的股份。

经过上述“境内出售江苏中能内资股权，境外回购离岸公司外资股份”的安排，江苏中能64%的权益顺利转移至境外。

2007年12月，朱共山和Moonchu通过其控制的离岸公司Sun Wave和Greatest Joy收购了江苏中能剩余36%的股权（公开发行申报前2008年6月付清），自此，江苏中能100%的股权被境外上市主体控制。

根据招股资料，公开发行后的股权结构将为：

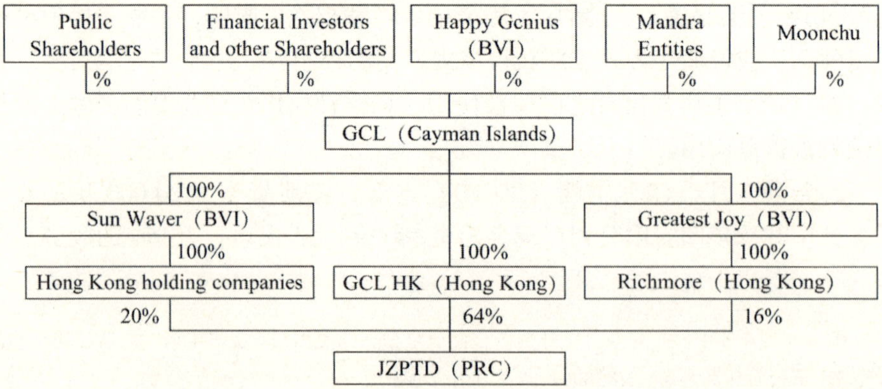

但这种方式也存在如下弊端：

第一，由于存在“卖”和“买”两个交易，很可能被监管机关认定为这两个交易是“事先安排好的”进而被认定为是规避“关联并购”审批的做法，因此，这种做法存在一定的合规风险。

第二，由于实际控制人可能被认定为发生了变动，进而影响业绩连续计算。化解这一风险的通常的做法可能是保留原实际控制人通过境外董事会架构控制内资权益的经营、限制“过渡期”内的分红和资产转让，并就相关内容向境外证券监管部门作出解释。

第三，这种操作还存在外方合作方“不认账”的风险。

（三）利用协议控制（VIE）等模式，让“并购”化为无形

协议控制（VIE）模式，又称“新浪模式”，其通常做法是：

（1）Founder在境外设立一个离岸公司A。

（2）这个A公司与外资VC/PE及其他股东，再共同成立一个开曼公司，作为融资、拟上市的主体。

（3）拟上市公司的主体再在BVI或者是香港全资设立离岸公司B。

（4）离岸公司B再以外商投资的身份，在国内全资设立一个外商独资企业（WFOE）。

（5）该WFOE与Founder在国内设立的原内资企业运营实体签订一系列协议，以达到完全控制国内实体企业之目的。这一系列协议主要包括：

① 贷款协议（WFOE贷款给内资股东）；

② 股权质押协议（内资股东将其持有的内资企业的股权完全质押给WFOE）；

③ 独家顾问服务协议（协议规定由WFOE向内资企业提供排他性的知识产权及技术顾问服务，通过该协议实现利润转移）；

④ 资产运营控制协议（通过该协议，由WFOE实质控制内资企业的资产和运营）、认股权协议（即当法律政策允许外资进入所在的领域时，WFOE可收购股权）；

⑤ 投票权协议（参与董事会）。

通过这一系列的控制协议，内资企业实质上已经等同于WFOE的全资子公司。

这种模式产生起初是解决互联网企业“外资准入”问题和境内A股无法实现的“亏损企业”上市问题，但随着中国秦发（民营煤炭经营企业）等案

例的出现，这一模式又进一步演变成规避“10号令”关联并购审批（进而规避证监会监管）的工具。

“10号令”第11条规定，“境外公司在我国进行了关联并购应报商务部审批；当事人不得以外商投资企业境内投资或其他方式规避前述要求”。2011年证监会内部制定了一份《关于土豆网等互联网企业境外上市的情况汇报》的报告书，报告中明确列举了中国秦发等案例，并认为这明显违反了这一条（同时，也违反了我国外资准入、外汇和税收等监管法律规定）。此外，根据《国务院办公厅关于建立外国投资者并购境内企业安全审查制度的通知》（国办发〔2011〕6号），在“10号令”规定的“股权并购”和“资产并购”两种并购方式之外，并购安全审查制度已经将协议控制方式认定为“外国投资者取得实际控制权”的一种并购方式。这说明境外资本通过协议控制方式进入我国限制性行业的做法属于并购的一种模式。此外，据了解，“10号令”将来可能会将VIE的监管明确修订在法条中。

因此，VIE模式作为规避“关联并购”审批的手段已存在明显的合规风险。[①] 而这些合规问题也是在境外上市过程中必须向境外证券监管机构进行解释的。但在相关监管未实际介入之前，如果VIE模式主要应用于帮助互联网企业“迂回”海外上市融资，并保证经营控制权在中国企业手中，则监管部门可能会继续“睁一只眼闭一只眼”，直至A股大门向这些企业敞开。

## 第三节　上市公司“私有化”模式

随着资本市场政策的逐步完善和市值管理操作的“深入人心”，上市公司“私有化”模式将可能在A股市场盛行。

（一）国内政策背景

同注册制改革一样，作为资本市场制度改革的“两大制度”之一，上市公司退市制度的“常态化改革”也是“箭在弦上”。

上市公司退市制度是资本市场重要的基础性制度。自1993年《公司法》确立我国上市公司退市制度以来，特别是在2005年《证券法》修改，将退市决定权从证监会转交给证券交易所后，以《证券法》的规定为基础，以证券

① 目前京东、阿里等美国上市案例证实美国SEC等机构仍对互联网企业（或在中国有外资准入限制的企业）以VIE模式上市。而香港联交所在随后修改的《05上市决策》亦表明香港联交所仍将在未来以个案处理方式继续允许中国企业通过VIE架构在香港联交所上市。

交易所的自律规则为主干的上市公司退市制度不断完善。迄今为止，我国证券市场累计已有78家上市公司的股票退出市场交易。但在退市制度实施过程中，也存在着退市情形规定不够全面、退市相关指标设定不够合理、退市后安排不够配套、投资者特别是中小投资者保护不够有效等问题。特别是由于具体的执法标准不够明确、具体，一些存在重大违法行为的上市公司不能及时退出市场，影响到退市制度的具体实施效果。

2014年5月9日，国务院发布《关于进一步促进资本市场健康发展的若干意见》（“国九条”），在强调发展“注册制”之外，第（八）条中规定，要完善退市制度。构建符合我国实际并有利于投资者保护的退市制度，建立健全市场化、多元化退市指标体系并严格执行。支持上市公司根据自身发展战略，在确保公众投资者权益的前提下以吸收合并、股东收购、转板等形式实施主动退市。对欺诈发行的上市公司实行强制退市。明确退市公司重新上市的标准和程序。逐步形成公司进退有序、市场转板顺畅的良性循环机制。

为了贯彻“国九条”的上述要求，2014年7月4日，证监会起草并对外公布了《关于改革完善并严格实施上市公司退市制度的若干意见（征求意见稿)》（以下简称《退市意见》），按照“市场化、法治化、常态化”的基本原则，严格依照现有法律规定，立足于证券交易所作为退市决定实施主体的法定地位，从促进资本市场健康稳定发展顶层设计的角度，对退市制度作了系统而集中的规范，特别是针对退市工作中较为突出、市场较为关注的现实问题，在既有法律制度框架下，作了明确和细化的规定。

虽然我国退市制度已有十余年的历史，但之前主要规制“强制退市”情形，目前PE实施该等业务的政策环境仍尚不成熟，主要表现在：

第一，相关法律制度，尤其是主动退市的配套制度还严重缺乏。

第二，强制退市制度长期执法不力，制造了“说的比做的好”的不严格执法印象，不利于新政策的推施。

第三，对于保护中小投资者的制度（如退市中的信息披露、主动退市异议股东保护问题，重大违法公司及有关责任人员的民事赔偿责任等）还有待完善。

第四，上市公司收购制度方面，包括触发条件、救济程序等内容的余股强制挤出制度尚未完全建立，目前《证券法》第97条只规定了在股东提出要求时收购方的收购义务。

第五，上市公司股份回购制度方面还有诸多空白，并购、回购和重组的支付手段还较为单一，在这方面，《退市意见》率先提出允许上市公司公开发行优先股以回购发行在外的普通股。

第六，目前上市地位仍是稀缺资源，IPO排队现象突出，“注册制”的改革及社会影响也未完全明晰。

（二）操作步骤

上市公司“私有化”模式有三个关键步骤：

第一，“私有化”上市公司；

第二，对退市后的公司进行重整；

第三，推动退市公司重新上市。

这里主要讨论第一和第三步。

1.主动退市

PE“私有化”上市公司的方式就是促使上市公司“主动退市”。上市公司主动退市的原因有很多，例如大股东为了巩固控制权和话语权，为了充分利用不同证券交易场所的比较优势，或者为便捷、高效地对公司治理结构、股权结构、资产结构、人员结构等实施调整等。PE寻找的“私有化”标的通常为如下情况下的上市公司：

第一，经营出现困难，甚至濒临破产。这种情况下，上市公司不仅面临被强制退市的风险，而且生存堪忧，急需要被“借壳”或重整，而存在强制退市可能的上市公司主动退市，在消除可能导致强制退市的情形后，可以重新申请上市。

第二，存在严重违反监管规定的行为，已经“臭名昭著”。这种情况下，需要重新“包装”和“洗白”。而且根据《退市意见》，涉嫌欺诈发行的公司或其控股股东、实际控制人，在受到证监会行政处罚前，按照公开承诺回购或者收购全部新股，赔偿中小投资者经济损失，主动退市，可以从轻或者减轻处罚。

第三，维持上市地位所花费的成本远超过收益。

但目前情况下，由于上市公司还有稀缺性，能获得如超发、超募、超募后改变投资方向等大量经济利益，因为第一种和第三种情况主动退市的可能性不大。而因为第二种情况主动退市的上市公司可能会有一些。

根据《关于改革完善并严格实施上市公司退市制度的若干意见(征求意见稿)》，主动退市包括如下七种情形：

（1）申请退市：上市公司在履行必要的决策程序后，可以主动向证券交易所提出申请，撤回其股票在该交易所的交易，并决定不再在交易所交易。

（2）申请转其他交易所：上市公司在履行必要的决策程序后，可以主动向证券交易所提出申请，撤回其股票在该交易所的交易，并转而申请在其他交易场所交易或者转让。

（3）上市公司回购：上市公司向所有股东发出回购全部股份或者部分股份的要约，导致公司股本总额、股权分布等发生变化不再具备上市条件的，其股票按照证券交易所规则退出市场交易。

（4）上市公司股东收购：上市公司股东向所有其他股东发出收购全部股份或者部分股份的要约，导致公司股本总额、股权分布等发生变化不再具备上市条件的，其股票按照证券交易所规则退出市场交易。

（5）其他收购人收购：除上市公司股东外的其他收购人向所有股东发出收购全部股份或者部分股份的要约，导致公司股本总额、股权分布等发生变化不再具备上市条件的，其股票按照证券交易所规则退出市场交易。

（6）吸收合并：上市公司因新设合并或者吸收合并，不再具有独立主体资格并被注销，其股票按照证券交易所规则退出市场交易。

（7）决议解散：上市公司股东大会决议解散的，其股票按照证券交易所规则退出市场交易。

PE“私有化”的方式可以是上述（1）至（7）项中的一项或多项，较明显的做法是对上市公司股份展开全面收购但由于目前《上市公司收购管理办法》中缺乏触发条件、救济程序等内容的余股强制挤出制度，这种方式也鲜有实施。

2. 重新上市

“私有化”上市公司只是PE开展这类业务的第一步，PE最后的退出途径仍然要借助于公开交易市场，因此就要在对上市公司重整和“包装”之后，再重新上市。

根据《退市意见》，主动退市公司可以随时向其选择的证券交易所提出重新上市申请，而强制退市公司在证券交易所规定的间隔期届满后，才可以向其选择的证券交易所提出重新上市申请。

公司重新上市有两种选择：一是在原交易所上市；二是在其他交易所上市。在目前法律体制项下，两种选择的还是有所差别：

第一，明确的法律制度。目前上交所和深交所均出台了自家平台退市的上市公司在自家平台再申请上市的管理办法，但对于“转所”或“转板”情况下的重新上市，并没有明确的规定。

第二，是否需要证监会批准。如上文所述，在原交易所重新上市，交易所依据上述规定自行审查批准，但如果转到其他交易所上市，则是否仍不需要证监会审批，《退市意见》并没有明确。目前交易所《重新上市办法》主要针对在原交易所退市又在同一交易所重新上市的情况。

第三，审查内容和范围。如果在原交易所重新上市，交易所在审查核准时，除一般上市条件之外，对于公司（尤其是一直在退市公司股份转让系统中的公司）在退市（重整）期间的信息披露，退市期间实施的重大资产重组、权益变动、破产重整等事项的合规性说明，退市期间公司股本及股东持股变动情况，公司股东所持股票的流通限制和自愿锁定承诺情况等也需要进行审查，公司在申请重新上市前进行重大资产重组且实际控制人发生变更的，也要符合中国证监会《上市公司重大资产重组管理办法》规定的借壳上市条件。而去其他交易所上市，则主要审查是否符合《IPO办法》规定的条件。此外，同一交易所重新上市，由于公司与交易所之前存在“契约服务关系”，上市审查范围可能更明确。

重新上市也要经过一个程序，并需要经过股东大会决议通过。股东大会决议须经出席股东大会的股东所持表决权的2/3以上通过。根据交易所的有关规定，交易所自受理公司重新上市申请之日起的60个交易日内，作出是否同意其股票重新上市的决定（补充材料的期间不计入上述期限，但补充材料的期限累计不得超过30个交易日）。交易所在作出同意或者不同意公司重新上市决定后的两个交易日内通知公司，并报证监会备案。

综上，借助中国当下政策环境，PE可以先“私有化”A股上市公司，然后通过海内外并购重组，整合该公司，之后再实现A股重新上市，通过“新瓶子装老药”，实现资本增值。这种业务模式也是并购重组业务类型中的一种，但需要PE更娴熟地运用场内和场外资源和资本市场制度。

## 第三章　“上市公司+PE”模式

“上市公司+PE”的并购基金运作模式，简单而言，就是并购基金直接联手上市公司“量身定做”并购标的，培育后再由上市公司接盘。

与其他并购模式相比，“上市公司+PE”的运作模式是最适合当前政策环境和经济环境、最容易实现上市公司和并购基金双赢的模式。

据不完全统计，2014年以来已有超过20家公司宣布设立或参与并购基金的设立与投资，其中仅6月份设立的并购基金规模就超过70亿元。随着这一模式的盛行和演变，合作公司也由上市公司逐渐延伸至非上市公司。①

## 第一节　原因和背景

“上市公司+PE”模式的出现有其特定的环境和背景。

### 一、经济转型下的上市公司产业并购

根据2013年有关的统计，国内并购市场中，A股上市公司的并购重组约占全部市场的三分之一。中国上市公司市值管理研究中心与华泰联合证券共同发布了名为《并购创造大价值 创新打通微循环》的主题报告。该报告指出，中国经济经过三十多年的高速发展正面临着从速度型升华到质量型的现实挑战，而并购重组是促进传统产业结构升级最有效的途径。报告指出，并购重组是企业通过外延式扩张实现跨越发展的捷径，是推动产业结构优化的重要路径，也是提升股东价值的重要推手。中国资本市场并购重组在经过分别以借壳上市和以整体上市为主要特征的两大阶段后，正在进入以产业并购为主要特征的全新阶段，上市公司进一步推动产业并购的时机已相对成熟。

### 二、PE业务转型

由于2012~2013年IPO关闸一年多，“上市公司+PE”型并购基金模式逐渐兴起。尽管现在IPO已经开闸，但存量公司太多，要想IPO退出并不容易。去年IPO的停摆已经使得机构领教了行业的寒冬，不能再把风险放到一个篮子里。通过与上市公司的合作，一来可以锁定退出渠道；二来可以据此和上市公司达成长期的合作，这对于双方来说都是利大于弊。

### 三、PE与上市公司合作是一个双赢的模式

“上市公司+PE”并购模式的兴起，反映了当前资本和产业的融合开始以一种新的“双赢”模式在进行。这种“双赢”体现在：

第一，从上市公司角度来说。

1. 并购基金扩充了上市公司融资渠道，增加了融资的及时性，放大了杠杆。上市公司独立开展的并购活动中通常通过定向增发等再融资方式以及银行贷款等方式募集资金，相应的融资条件高、程序繁琐并且存在诸多不确定性。“上市公司+PE”模式项下，由于很多并购标的都是基金推荐给上市公司或上市公司委托基金寻找的，因此，基金对并购标的比较了解，配资及时，

① 2013年9月，天堂硅谷联合中洲地产发起6.5亿元的并购基金，用于收购深长城（000042.SZ）。

加快了上市公司的产业整合、结构升级，基金在募资段也会尽量通过各种金融手段放大杠杆，提升双方收益。

2. 并购基金为上市公司储备并购标的，对其进行孵化和整合，降低上市公司并购风险；由于并购基金广泛的资源和渠道，以及自身作为“甲方”的优势，可以迅速聚敛潜在并购标的，供上市公司选择。随着并购基金产业化团队的建设和分工的更加细化，具有金融、资本和产业发展等多重眼光的并购基金将更容易寻找到优质的并购标的，也更容易在装入上市公司前作为“减震带”避免并购风险对资本市场的冲击。

3. 基金利用其专业和经验优势，帮助上市公司整合产业链上资源，发挥协同效应。在近期的一系列案例中，PE的募资能力普遍不是上市公司考虑的因素，专业和自身的团队、经验才是双方达成合作的最主要原因。并购基金长期从事产业并购活动，深知并购活动中的问题和对策，并在估值和商业谈判等方面为上市公司提供优势支持。

4. 提升股票价值，实现市值管理。“上市公司+PE”并购模式下，最显著的收益就是股价上涨或者说获得超额收益。海通证券统计了A股14家与天堂硅谷发生合作或入股等资本运作关系的上市公司情况，以天堂硅谷与上市公司签订资本运作服务协议或入股等首次向二级市场传递信号的公告日为基期，计算基期前后不同时间段的超额收益率情况（超额收益率=公司股价收益率-公司所在行业指数的收益率）。除了京新药业和立思辰这两家在公告与天堂硅谷合作后超额收益十分显著的公司外，海通证券通过对其他12家公司的分析，得到大致以下结论：（1）合作或入股公告时点后超额收益率显著；（2）公告日后短期和长期超额收益更为显著，中期超额收益相对较低也在一定程度上说明合作或入股公告出来后往往存在一个运作的真空期；（3）合作的上市公司普遍流通市值在十几亿元的规模，同时公告前一个月上市公司股价无超额收益，为后续股价上涨提供了必要条件。

第二，从并购基金角度来说。

1. 上市公司扩大了LP的范围，稳定了资金来源。根据清科集团2014年7月18日发布的统计数据，2014年上半年上市公司LP同收录了399家，可投资本量共2176.15亿美元，领跑其他LP。每家LP平均投资本量约5亿~6亿美元。根据清科集团旗下私募通数据显示，2014年上市公司依然是中国股权投资市场最大的资金来源，并保持较快增长趋势。

2. 锁定退出渠道。去年IPO的停摆已经使得机构领教了行业的寒冬，不能再把风险放到一个篮子里。通过与上市公司的合作，利用上市公司资本市场平台，锁定顺畅的退出渠道。

3. 寻求长期合作伙伴。与上市公司的合作是可以不断进化和延伸的，并购基金不停地找项目，不如与上市公司这样的合作伙伴开展长期合作，实现共赢。

4. 实现收益最大化。PE获取到的收益有可能有三部分：一部分是帮助上市公司进行并购业务的财务顾问费；另一部分是并购标的若是PE所孵化，其将从并购标的身上获得资产增值收益；还有一部分是PE所持有上市公司的股份经过上市公司并购整合之后往往能带来的股权增值。

**四、案例示范效应**

虽然2011年天堂硅谷与大康牧业的合作已经开始，但真正让资本市场嗅到这一模式的是2012年天堂硅谷主导的博盈投资的案例（虽然案例中天堂硅谷与上市公司的事先合作安排只是一种想象）。收购仅1年的斯太尔动力，被天堂硅谷以超过90%的评估溢价卖给了上市公司。这一资本和产业新的结合形式得到了市场和业内双重认可。在案例示范效应的带动下，资源整合的并购时代已经到来，A股股东积极主义也开始有抬头之势。

## 第二节　寻找合适的上市公司和标的资产

### 一、基金寻找上市公司的标准

很多同行见面就说，“我手上有很多上市公司资源”。对于经常为上市公司服务的券商、资产管理公司等确实可以笼络很多的上市公司资源，但PE寻找的上市公司通常要达到如下几个标准：

第一，从行业方面来看，上市公司主营业务所处的行业不是高度垄断的行业。如果行业高度垄断，并购行为本身将缺乏市场化，PE没有更多的机会和优势。如果行业集中度较低、中小企业居多，企业价值普遍被低估，上市公司又是一个行业内排名靠前企业（最好为前十），则是处于这种情况的上市公司是首选。此外，所处行应业符合国家产业政策导向。

第二，从上市公司大股东态度来看，大股东通常有（或被说服）强烈的“市值管理”动机，有些情况下，大股东往往股权被质押或有套现冲动。

第三，从上市公司现状来看，上市公司一般为低股价、低市值的企业，需要通过重组提升价值或“解套”。此外，目前还是与民营企业上市公司合作比较灵活。

### 二、基金如何选择标的资产

当前情况下，这个模式的关键就在并购标的项目的寻找。得益于灵活运作模式和多维度专业经验，PE在项目的挑选、培育和跟踪上具有先天的优势。而伴随着上市公司并购重组风浪的兴起，“卖方市场”逐渐凸显，优质的并购资源变得稀缺，对PE并购效率也要求更高。

并购标的寻找通常需要围绕上市公司战略去进行，横向并购同行，或者纵向并购上下游，以期在价值链改变、采购环节、销售环节等方面产生协同效益。考虑到中国资本市场的特殊情况，并购标的尽量集中在“符合市场投资人胃口”的行业，如当下大消费、大医疗、TMT领域，互联网、环保、食品、农业等领域，而不能只关注标的资产的财务数据和并表后对股东权益的影响。当然，也要研究经济周期和企业发展周期，恰当时机配备恰当资产。

如果上市公司寻求多元化发展，寻求“重组型并购”而不是“产业型并购”，PE则要综合考虑是否愿意跟着上市公司一起“画大饼”、“找概念”，但从市值管理角度考虑，产业型并购仍应是安全、有效的手段。并购标的的寻找应在国内、海外全面开展，尤其延伸至经济疲软或尚未完全复苏的国家或地区，但这进一步测试了PE的资源渠道范围和国际化程度。

## 第三节　“上市公司+PE”的三种运作模式

“上市公司+PE”的模式实际上是上文提及的作为“共同收购方”协同并购模式中的一种，也是当下主流，其并购手法和战术与弘毅、鼎晖等“野蛮人”的做法大不相同，他们通常都是上市公司和并购标的“媒人”，也可能只服务于一方。而“野蛮人”更多的是将其投资的企业喂养成熟后去吞食其他企业，然后找人接盘退出。“上市公司+PE”的模式两个主要特点在于：第一，并购基金合作的实体收购方是上市公司；第二，沾了“资本市场”的便宜。

天堂硅谷自2011年开始并购转型以来率先提出“上市公司+PE”模式，并已参与多起国内外企业并购，之后又不断改革和变化这一模式，使这种模式又被冠上以“私人定制”的标签。笔者在这一部分将有关的案例进行梳理，以期从中发现一些基本原理和发展逻辑。通过上述梳理可以发现，在与上市公司合作过程中，PE主要采用了如下几种模式：

第一种，PE与上市公司合作设立并购基金；

第二种，PE入股上市公司+财务顾问；

第三种，协议约定+资产“二传手”。

每一种模式的具体情况详见本章节下文。

在具体操作上，PE与上市公司的合作通常也有如下几个特点：

第一，事先约定。

PE与上市公司通常会通过基金协议（共同设立并购基金情况下）、框架协议预先就标的资产的范围、“装入”上市公司的时间和条件等进行约定。例如，在天堂硅谷与京新药业案例中，并购基金与上市公司签订协议，约定“天堂元金作为京新药业产业整合的平台，专门服务于京新药业。天堂元金、天堂硅谷承诺在约定的期限内，除各方另有约定的外，不得向除京新药业以外的任何第三方转让所投资的并购对象；京新药业亦承诺在达到约定的条件后依照法律、法规和公司章程规定的程序收购并购对象”。但在有些情况下，为了避免披露或规避部分海内外监管，PE与上市公司之间也可能不形成书面的约定或只形成“抽屉协议”，如博盈投资案例。

PE应与上市公司之间就此问题作出详细的约定，涉及以什么条件和价格收购、收购的时间和条件，上市公司优先收购权的行使条件和期限（期满后应允许PE自由处置），目标资产独立上市，以及相关的违约责任等。

第二，赋予上市公司购买优先权。

PE与上市公司不仅有事先约定，而且上市公司对并购基金持有的标的资产也有优先购买权，不管上市公司是否出资参与设立基金。在合兴包装与中兴融创合作案例中，上市公司合兴包装全资子公司新疆裕荣股权投资管理有限公司（简称裕荣投资）已与中新融创签署《合作框架协议》中约定：“基金通过股权收购、资产收购和增资等收购方式，控股质地优良、盈利能力强、发展前景良好的标的企业/资产。基金将在并购标的整合成功、培育成熟后通过转让、出售等方式实现投资退出。若并购标的符合合兴包装的战略方向及并购条件时，合兴包装对并购标的有优先收购权，其将依照法律、法规以及合兴包装章程规定的程序收购基金所持有的并购标的”。

第三，上市公司通常通过定向增发等再融资方式从并购基金手中购买或回购标的资产。

### 一、PE与上市公司设立并购基金

这一模式的通常情况为：PE与上市公司（或其子公司、股东）作为GP、LP联合设立并购基金，二者各自出资一些资金（如10%），其他资金需要募集。在基金运作上，主要利用PE的渠道寻找并购标的，并进行控股型收购。在收购决策中上市公司拥有一票否决权（有时会有否决次数限制）。

并购标的在约定的时间和条件下“装”入上市公司。

并购基金通常设立为有限合伙制基金，其中的普通合伙人（GP）代表基金对外行使民事权利，合伙企业具体事务由GP负责执行和管理，GP对基金事务拥有充分的管理和控制权，可获得其所管理的合伙基金总额2%左右的管理费，并享有基金投资利润分成的权利，并对基金债务承担无限连带责任。有限合伙人（LP）不执行合伙事务，不对外代表有限合伙企业，不参与基金的具体管理，以其认缴的出资额为限对基金债务承担连带责任。

PE与上市公司设立的并购基金，一般为三类：

第一类：上市公司做LP，PE做GP，向其他LP募资；

第二类：上市公司股东做LP，PE做GP，向其他LP募资；

第三类：上市公司子公司和PE做GP（双GP），向其他LP募资。

PE与上市公司设立的并购基金通常有以下几个特点：

（1）上市公司和PE都出资，但出资少，主要资金靠募集，配杠杆。

（2）PE必然是管理人，但在具体合作上，PE负责项目寻找、谈判、评估、交易结构设计等，上市公司也派人参与其中，主要从产业方面进行把控。收购目标资产后，在收购完成后，并购基金将会联合上市公司来共同管理。

（3）基金有时在GP和LP的基础上再将LP“结构化”，分优先劣后，上市公司的出资通常作为劣后资金。例如在上市公司合兴包装与中新融创设立并购基金的案例中，“资产管理计划份额将分为优先级及劣后级，份额比例为80%：20%。其中，由裕荣投资作为次级委托人认购劣后级份额，由中新融创募集推介的外部投资人作为优先级委托人认购优先级份额”。

（4）并购基金投资方向的限制：并购基金设立的主要目的为实现上市公司对相关产业并购及产业上下游进行整合，为保障产业并购基金目的的有效实现，上市公司在参与设立的产业并购基金时（在合伙协议中）通常会设置一些对基金的资金用途进行限制的条款。例如在天堂硅谷与京新药业合作的案例中，并购基金主要服务于京新药业的核心业务，以与京新药业的主营业务相关的中药、生物制药领域为主要的投资方向。在合众思壮与天堂硅谷合作案例中，众实投资以卫星导航定位行业及相关领域企业项目为主要投资方向。而天堂大康基金则以畜牧业及相关领域企业项目为主要投资方向。

（5）并购基金的管理：如果上市公司可以直接或间接通过其关联方成为基金的GP，则可以直接参与基金的决策和管理。

但对于只是LP的上市公司，虽然上市公司只是基金的LP，不能执行基金（合伙企业）事务，但为了增强对基金的控制力，上市公司通常采取如下手段：

第一，通过合伙人大会参与重大事项的决策。

第二，通过委派投资决策委员会委员的方式直接参与投资决策，但委派人数少于PE。例如，天堂大康基金的7名决策委员会委员中，天堂硅谷委派5名委员，大康牧业委派2名委员。众实投资基金设立投资与退出决策委员会，由7名委员组成，其中天堂硅谷委派5名委员，合众思壮委派2名委员。天堂元金基金成立专门投资与退出决策委员会，决策委员会由7名委员组成，其中天堂硅谷委派4人，京新药业或元金投资委派3人。

第三，委派监事长。部分上市公司通过向并购基金委派监事长的方式来增强对基金的控制力，在该种方式下，监事长由上市公司委派，负责对拟投项目是否符合产业并购基金设定的投资方向进行审查，并享有一票否决权，对不符合的拟投项目，监事长有权决定该项目不提交投资决策委员会审议，从而加强对并购基金投资决策的影响力。在合众思壮与天堂硅谷合作案例中，众实投资另设监事长一人，由合众思壮委派，负责对投资项目是否符合双方约定的投资方向进行审查，享有一票否决权：对不符合的项目，监事长有权决定该项目不提交合伙企业的投资与退出决策委员会审议。在天堂硅谷与京新药业合作案例中，双方约定："并购基金另设监事长一人，由京新药业委派，负责对拟投项目是否符合有关投资方向的约定内容进行审查，并享有一票否决权：对不符合的拟投项目，监事长有权决定该项目不提交投资与退出决策委员会审议"。

第四，限制出资转让及限制出资转让对象。例如，在天堂硅谷和大康牧业案例中，双方约定："在合伙企业存续期内，大康牧业和恒裕创投实缴出资部分均不得转让"。合众思壮与天堂硅谷合作案例中，双方约定："在合伙企业存续期内，恒裕创投和合众思壮实缴出资部分均不得转让"，并约定"恒裕创投不得将其持有众实投资中的权益转让给合众思壮的竞争者"。

（一）上市公司做LP，PE做GP，向其他LP募资

典型案例如大康牧业与天堂硅谷的合作。

2011年9月19日，大康牧业公告称，拟与天堂硅谷控股的杭州子公司浙江天堂硅谷股权投资管理集团有限公司（以下简称天堂硅谷）共同发起设立专门从事产业并购服务的合伙企业，通过利用天堂硅谷的资源优势及各种专业金融工具放大大康牧业的投资能力，推动该合伙企业去收购或参股符合大康牧业

发展战略需要的上下游企业，以产业整合与并购重组等方式，借助天堂硅谷等专业机构的力量，提高大康牧业实力，巩固其在行业内的龙头地位。

11月16日，由天堂硅谷和大康牧业共同设立的长沙天堂硅谷大康股权投资合伙企业（有限合伙）（以下简称长沙天堂大康）完成工商注册登记手续，成为大康牧业并购整合的平台。

根据大康牧业此前通过的《关于与浙江天堂硅谷股权投资管理集团进行产业整合的议案》，长沙天堂大康的出资总额为人民币3亿元，存续期为5年。其中，大康牧业作为长沙天堂大康的有限合伙人（LP）出资人民币3000万元，占长沙天堂大康出资总额的10%；天堂硅谷指定其全资子公司天堂硅谷恒裕创业投资有限公司（以下简称恒裕创投）作为长沙天堂大康的出资人，并由恒裕创投担任长沙天堂大康的普通合伙人（GP），出资人民币3000万元，占长沙天堂大康出资总额的10%。长沙天堂大康其余80%的出资（人民币2.4亿元），由天堂硅谷负责对外募集，并根据项目实际投资进度分期到位。

2012年8月23日，《湖南大康牧业股份有限公司关于参股公司分期向社会公众募集资金的公告》显示，为了提高募集资金的使用效率和加快项目投资进度，长沙天堂大康将原募集规模拆分为两期募集，即由长沙天堂大康负责募集第一期资金，再新设一个合伙企业负责募集第二期资金。由长沙天堂大康负责募集的第一期资金总规模为1.188亿元，由新设立的浙江天堂硅谷大康股权投资合伙企业（有限合伙）（以下简称浙江天堂大康）负责募集的第二期资金募集总规模为1.212亿元，均已募集完毕，且共计3亿元的资金也全部用于项目投资。

基金结构如下所示：

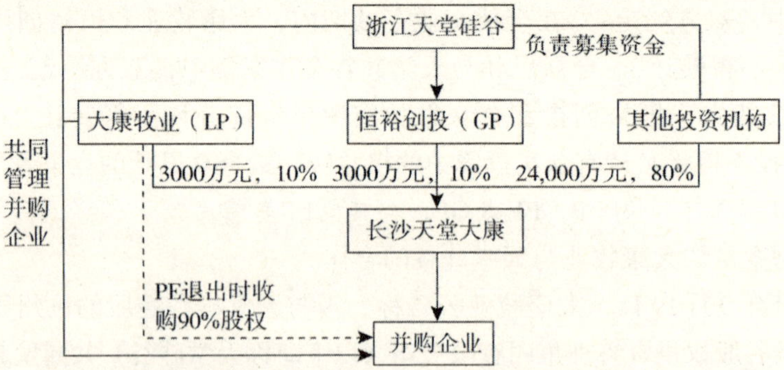


（二）上市公司股东做LP，PE做GP，向其他LP募资

这种模式的典型案例是：天堂硅谷与京新药业合作案例。

2013年1月31日，京新药业发布《关于拟与并购基金合作进行产业整合的公告》。根据各方约定，天堂硅谷和元金投资共同发起设立专门服务于京新药业产业整合的并购基金，基金总规模不超过10亿元人民币。其中，元金投资为有限合伙人（LP），出资占并购基金规模的10%~20%；天堂硅谷和社会投资者出资占并购基金规模的80%~90%，其中，天堂硅谷指定其全资子公司浙江天堂硅谷恒通创业投资有限公司（以下简称恒通创投）作为普通合伙人（GP）出资500万元，剩余部分由天堂硅谷负责向社会投资者募集。

首期由天堂硅谷和元金投资发起设立浙江天堂硅谷元金创业投资合伙企业（有限合伙）（以下简称天堂元金），规模为1亿元，存续期为4年。其中，恒通创投和元金投资分别出资500万元和1000万元。

并购基金的具体投资管理业务委托天堂硅谷管理，由天堂硅谷任管理人。天堂硅谷负责其日常经营管理事务，由京新药业、元金投资协助天堂硅谷进行投资项目的筛选、立项、组织实施及投资后的监督、管理及投资项目退出等工作。对所投资的并购对象，由天堂硅谷和京新药业及元金投资共同管理，天堂硅谷主要负责并购对象战略规划、行业研究分析、资源整合优化等方面；京新药业和元金投资主要负责并购对象经营方案制定和并购对象的日常经营和管理，并负责建立健全并购对象内部控制管理体系和制度。

基金结构如下图所示：

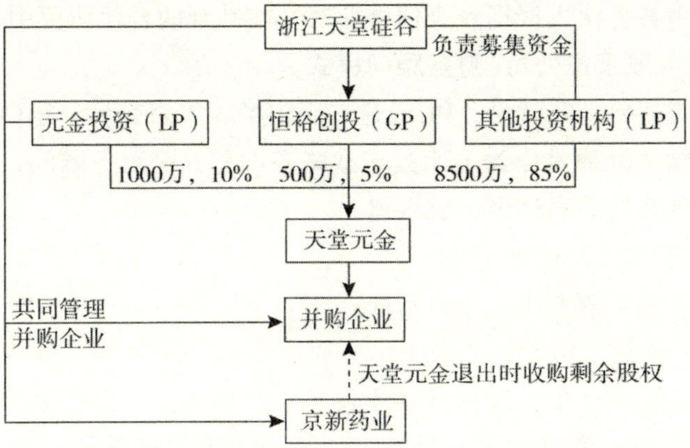


（三）上市公司子公司和PE做GP（双GP），向其他LP募资

根据《合伙企业法》的规定，上市公司不能成为普通合伙人，因此，上市公司通过设立控股子公司以GP身份参与设立产业并购基金，合理规避了《合伙企业法》对于上市公司作为普通合伙人的限制性规定，实现对并购基

金的管理和控制。但也正因如此，并购基金可能被认定为是上市公司的关联方，而增加了资本市场方面的监管成本和风险（详见下文）。

这种类型基金的典型案例是：合兴包装与中兴融创合作的案例。

2014年6月30日，合兴包装发布公告称，其全资子公司新疆裕荣股权投资管理有限公司（以下简称裕荣投资）已与中新融创签署《合作框架协议》，拟在包装领域及其上下游进行合作（不涉及风险投资）。各方将按照协议约定的方式设立一家有限责任公司形式的并购基金管理公司，并以管理公司作为管理人发起设立和管理基金，主要从事股权收购业务的并购基金，实现各方利益的最大化。

管理公司注册资本为人民币200万元，由裕荣投资和中新融创以现金方式出资。基金暂定名为“产业并购基金（有限合伙）”，募集规模为人民币4亿元，存续期间2年，首期募集2亿元，裕荣投资拟用自有资金4000万元人民币认购首期20%份额。

基金将根据《合伙企业法》以有限合伙企业之组织形式设立，由管理公司担任普通合伙人（GP）及执行事务合伙人。管理公司对基金事务享有充分的管理和控制权，有权根据基金的合伙协议决策、执行基金的投资、业务开展及日常管理事务，有权代表基金对外签署法律文件。管理公司每年收取基金总认缴出资额的2%作为管理费，管理费每季度提取一次。管理公司在基金中的权限由各合伙人根据《合伙企业法》在基金的合伙协议中具体约定。

**二、PE入股上市公司+财务顾问模式**

这种模式简单理解就是，PE通过二级市场、大宗交易、定向增发等方式入股上市公司，并通常作为上市公司战略咨询和并购财务顾问，协助收购目标企业，实现升值后通过出售股票退出。

（一）入股上市公司的方式

入股上市公司的方式又分为两种：

第一种：通过二级市场入股上市公司。

在长城集团案件中，2013年9月11日，长城集团实际控制人吴淡珠以每股7.15元的价格，通过大宗交易卖出所持公司无限售条件流通股198万股，占公司总股本的1.32%。受让方为硅谷天堂控股的深圳前海硅谷天堂恒嘉股权投资基金合伙企业（有限合伙）（以下简称恒嘉投资），标志着硅谷天堂成为长城集团战略股东。根据11日长城集团的大宗交易信息，当日共发生三笔大宗交易，其中一笔为198万股，应为吴淡珠减持，减持营业部为西南证券徐州二环西路营业部，接盘方为广发证券深圳民田路营业部，即硅谷天堂托管营业部。此外，广发证券深圳民田路营业部还接盘了另外两笔合计502万股，价格为7.14元，卖方营业部均为兴业证券北京马甸南路营业部。据推测，502万股应为硅谷天堂所接，卖方应为2013年二季度新进入前十大股东的江阴海澜投资管理公司。经过承接股份，前海硅谷天堂持有长城集团的股份达到700万股，持股比例达到近4.7%，接近5%的举牌红线，并将成为长城集团第四大股东。[①] 在精伦电子案中，2014年3月14日开始，硅谷恒通（硅谷天堂关联方）以6.0～6.25元/股的价格从二级市场上买入精伦电子90.87万股股票，随后又分别在3月17~21日、3月27日、3月31日等多个交易日增持精伦电子股份，合计持有精伦电子1201.54万股，占股份总额的4.88%。4月9日，硅谷恒通再次增持28.66万股。此次权益变动完成后，硅谷恒通合计持有精伦电子股份1230.2万股A股（均为无限售流通股），占精伦电子总股本的5.000017%，首次达到并超过精伦电子总股本的5%，突破举牌线成为公司第三大股东。

第二种：通过认购定向增发股票入股上市公司。

在立思辰案中，2014年3月4日，立思辰发布公告，宣布重大资产重组方案。根据立思辰与威肯北美等3名法人和龙彧等6名自然人签署的附条件生效的《发行股份及支付现金购买资产协议》和《盈利预测补偿协议》以及与硅谷恒智签署的附条件生效的《股份认购协议》，立思辰拟以发行股份和支付现金相结合的方式购买汇金科技全体股东所持100%股权，并募集配套资金，交易总额为5.33亿元。其中，汇金科技股权交易价格为4亿元，交易配套融资金额1.33亿元。为支付本次交易的现金对价及支付本次重组整合费用和中介机构费用，立思辰拟以13.93元/股的价格向硅谷恒智定向发行A股股份共9,571,665股，募集1.33亿元配套资金，用于支付本次收购的现金对价。其中，1.15亿元用于支付本次重组的现金对价，其余用于支付重组整合费用及中介机构费用。硅谷恒智通过本次交易取得的立思辰股份自本次发行结束之日起36个月内不得以任何方式进行转让，包括但不限于通过证券市场公开转让或通过协议方式转让。

从PE角度而言，上述两种方式的主要差别在于：通过二级市场入股一

---

① 参见“硅谷天堂近举牌长城集团红线，通过大宗交易吃进4.7%股权”，载http://finance.sina.com.cn/stock/zldx/20130913/032616750076.shtml。

般没有锁定期的限制，但为了“避嫌”或“稳定军心”，也可能主动承诺锁定半年或1年。而通过定增入股，至少锁定1年，如果想拿一个好的价格（或者大股东要求），还要锁定3年。

（二）基金选择这种方式的原因和存在的问题

并购基金选择这种方式与上市公司合作的原因在于：

第一，“成为盟友”。为增加“共进退”信任感和增加收益，PE通过各种方式先成为上市公司的战略投资者。

第二，谋求一二级联动。所谓一二级市场联动是指先是在二级市场买入股票，再通过并购推动股价上涨。这是短期获取股票溢价最有效的方式。

第三，避开“估值”限制。这种模式中，PE只是作为上市公司的财务顾问或提供配套资金，但不是标的资产的“二传手”。如上文所述，天堂硅谷为代表的并购基金并不是传统意义的并购基金，不同于弘毅在“中国玻璃”等案件中的做法，更多的是为上市公司做“市值管理”服务而已。根据有关重大资产重组监管规定，往上市公司装资产一般都需要资产评估，即使不评估也需要董事会、独立董事、财务顾问详细说明理由，因此，资产价值的提升并不是PE主要关注的，其主要关注资本市场溢价。因此，利用这种模式，省去“资产”收购和“喂养”所需的募资和运作过程，靠“财顾费”和“股票溢价”盈利，也是不错的选择。

第四，为大股东谋利。有些情况下，上市公司大股东通过大宗交易向PE减持股票作为这种模式的第一步，主要原因在于：“大小非”减持需要缴纳收益部分的20%作为个人所得税，大股东为了少纳税，在并购前减持，按照较少收益纳税（后期通过资管计划等安排递延税收或规避代扣代缴），股票转给PE。但这并非真正意义的卖出，而只是由PE安排过桥资金代持或“共持”，双方商量在并购后找合适的时机从“出货”。但医药、电子、信息技术等热门行业的上市公司股东，看好行业发展和上市公司股票增值的，也会选择在并购前先增持股权。

但不可否认，上述模式也制造出不可回避的新问题：

第一，股市“被套”风险。如上文所述，选择上市公司也有“门道”，首先要寻找低股价、低估值的上市公司，像TMT行业很多企业估值偏高，PE如果高价入股，就会增加“被套”的风险。其次，应尽量缩短锁定期，锁定期内虽然可以通过“权益互换”、“抽屉协议”等进行操作，但越来越严格“托管”、“分户管理”、“固有资产和资管资产分开”、“信息公开”等PE监管制度导致有些行规并不一定一直能有效使用。

第二，合规问题。PE提前入股上市公司，最大的风险莫过于被证监会认定为“操纵股价”或“内幕交易”，详见下文。

第三，不利于PE做真正的并购基金。这种模式是否还属于“并购基金”的运作范畴有很大的疑问，更像是证券投资基金（当然，如果这么说，合规问题就更为突出）。实际上PE在这个模式中主要募资资金持有上市公司股票，还有做一些财务顾问服务。如果所谓的“并购基金”都经营这些，则本土PE可能永远也赶不上KKR、黑石等国际并购巨头，更多的是锻炼他们如何分享政策红利和“钻空子”。

## 三、协议约定+资产“二传手”

在这种模式下，上市公司不直接投资基金，而是事先由上市公司与PE签订一份框架协议，约定上市公司所需资产（特定或不特定）及收购条件。协议签署后，PE募资并按照上市公司要求收购标的资产，并在条件达到后卖给上市公司，实现退出。

在这种模式下，有时PE与上市公司会签订书面协议并公告，例如，2014年4月2日珈伟股份发布公告，公司与珠海横琴新区百骏股权投资基金管理有限公司于近日签署了《关于收购50兆瓦太阳能光伏电站项目公司股权的合作框架协议》，该协议约定，当达到条件时，珈伟公司将收购横琴公司直接或间接持有的拥有50MW的太阳能电站资产的项目公司股权。有时也可能只是口头约定或抽屉协议，例如博盈投资案例中，天堂硅谷的子公司武汉梧桐收购斯太尔动力100%股权后仅半年左右博盈投资就公告发行股份购买该资产，可以想象二者应当至少有“君子协定”。

仍如上文所述，相比较标的资产的增值，本土PE更看中的是资本市场溢价，因此，这种模式下，PE可能在装入资产同时或之后持有上市公司一部分股份。如博盈投资案例中，2012年11月5日，博盈投资发布非公开发行股票预案称，将以4.77元/股的价格向东营市英达钢结构有限公司（以下简称英达钢构）以及长沙泽瑞创业投资合伙企业（有限合伙）（以下简称长沙泽瑞）、长沙泽洺创业投资合伙企业（有限合伙）（以下简称长沙泽洺）、宁波贝鑫股权投资合伙企业（有限合伙）（以下简称宁波贝鑫）、宁波理瑞股权投资合伙企业（有限合伙）（以下简称宁波理瑞）、天津硅谷天堂恒丰股权投资基金合伙企业（有限合伙）（以下简称天津恒丰）5家PE基金定向增发314 465 300股股票，募集资金总额约15亿元。其中，英达钢构认购8385.74万股，出资4亿元；长沙泽瑞、长沙泽洺分别认购5241.09万股，各出资2.5亿元；宁波贝鑫、宁波理瑞和天津恒丰分别认购4192.87万股，各出资2亿元。值得注意的是，天津恒丰的合伙人为天津硅谷天堂股权投资基金管理有限公司（以下简称天津硅谷天堂）和硅谷天堂。其中，天津硅谷天堂为普通合伙人（GP），出资数额为10万元，认缴比例10%；硅谷天堂为有限合伙人（LP），出资数额为90万元，认缴比例90%。同时，硅谷天堂持有天津硅谷天堂100%的股权，而硅谷天堂同时持有天津桐盈100%的股权，而后者持有标的公司武汉梧桐100%的股权。因此，天津恒丰与本次收购的标的公司属于同一实际控制人硅谷天堂所有。因此，硅谷天堂在整个过程中完成了基金退出与进入两个动作。一方面在短期内坐享76%的溢价并顺利退出，取得了出售斯塔尔动力升值的2.16亿元；另一方面又以2亿元获得博盈投资增发后7.61%的公司股份，截至2014年6月20日，该部分股份市值达到5.75亿元。

## 第四节　合规问题

在此模式下，由于PE和上市公司之间“关系亲密”，但又缺少必要的防火墙机制，引发市场诸多热议，合规风险不容忽视。

### 一、内幕交易和操纵市场

“上市公司+PE”模式是当下鼓励市值管理的政策背景下一块“试金石”。但如中国上市公司市值管理研究中心执行主任所言，[①]“任何建立在采取内幕交易、操纵股价等违规行为拉抬市值的所谓市值管理行为，都是伪市值管理，由于它是以损害别人的合法权益为代价的市值做大，就不是上市公司市值管理制度所能包容或提倡的”。

根据有关的监管规定，内幕交易行为，是指证券交易内幕信息知情人或非法获取内幕信息的人，在内幕信息公开前买卖相关证券，或者泄露该信息，或者建议他人买卖相关证券的行为。操纵市场行为，是指少数人以获取利益或者减少损失为目的，利用其资金、信息等优势或者滥用职权，影响证券市场价格，制造证券市场假象，诱导或者致使普通投资者在不了解事实真相的情况下作出证券投资决定，扰乱证券市场秩序。《证券法》第77条对操纵市场行为作了归纳：“禁止任何人以下列手段操纵证券市场：（一）单独或

① 刘国芳：“上市公司市值管理制度亟须‘去伪存真’”，载《中国证券报》，http://finance.ifeng.com/a/20140519/12357025_0.shtml。

者通过合谋，集中资金优势、持股优势或者利用信息优势联合或者连续买卖，操纵证券交易价格或者证券交易量；（二）与他人串通，以事先约定的时间、价格和方式相互进行证券交易，影响证券交易价格或者证券交易量；（三）在自己实际控制的账户之间进行证券交易，影响证券交易价格或者证券交易量；（四）以其他手段操纵证券市场。”

从行政监管的角度，证监会制定了《行为认定指引》。在《刑法》中，也专门规定了操纵证券价格罪等相关罪名，公安部也在证券犯罪追诉标准中作了规定。最高人民法院在《民事案件案由规定（试行）》中，已规定有操纵证券交易市场纠纷等案由，并明文开放了此类案件的受理。

“上市公司+PE”模式，充分利用了一级二级市场联动，但却没有在中间建立明确防火墙，如果PE与上市公司大股东“里应外合”，操纵股价，或者利用内部消息谋利，都是违法行为，也将影响市场投资人对这一模式的认可。尤其对于“PE入股上市公司+财务顾问”模式中，PE买入股票的时点直接决定了“内幕交易”行为的判断，如果在已有并购目标和并购方案情况下提前买入，就是内幕交易。即使在并购重组启动前买入，如果只是在启动前一小段时间内买入，很容易被理解为对“内幕交易”的知情且买入。另一方面，通常情况下，考虑到装入资产和上市公司市值间有一定的差异，产业并购通常会使上市公司股价上涨，这种上涨如果是合理的，没有恶意利用信息操纵二级市场、虚假炒作等行为，应认为是良好的市值管理活动。

此外，如被认定为内幕交易，根据有关的法律规定，不仅正在进行的交易要终止，而且之后12个月内上市公司都不能再操作重大资产重组。

因此，上市公司+PE模式在操作中也要对上述合规问题有所防范，并尽量做到：

1. 尽量选择与上市公司设立并购基金的方式，虽然有锁定期、关联交易披露等要求。

2. 及时公告，严格遵守有关的信息披露制度。

3.资产装入上市公司阶段尽量进行资产评估。

4. 有时PE即购买股票又参与并购，则一定要分成两个基金来操作，并建立内部防火墙。

**二、关联交易和同业竞争**

根据有关的监管规则，关联交易主要是上市公司与“关联方”发生的交易，目的是防范关联方利用对上市公司的影响在关联交易中从上市公司向其

"输送利益"。关联方主要包括：控制上市公司或与上市公司受同一控制的企业、董监高（包括其亲属）及其控制的企业、持有上市公司5%以上股票的股东等。

"上市公司+PE"模式中涉及的关联交易主要包括如下几种情况：

第一，如果是上市公司大股东或实际控制人（或实际控制这些人的关联人士）投资（不论GP还是LP）与PE设立并购基金，并购基金与上市公司之间的交易，一般要认定为关联交易。上市公司大股东参与出资并购基金也涉及同业竞争。

第二，如果是上市公司小股东投资并购基金，如果是GP或对并购基金有控制权，则并购基金与上市公司之间的交易，一般要认定为关联交易；小股东只是LP，一般不易认定为关联交易。但对于PE入股上市公司，而又实际控制与上市公司发生交易的并购基金的情况，一般涉及关联交易，实践中PE可能选用不同的基金持股上市股票和开展并购。此外，根据监管规则，认定PE是否与上市公司存在关联关系，还可以审查其与上市公司是否有协议安排且在协议后12个月出现前述持股情形，或在原来持有5%以上股份的情况下，在股权处置后12月内仍认定为"关联方"。

第三，如果是上市公司本身认购并购基金份额，不论是做GP还是LP，均不构成关联交易。

第四，如果是上市公司控股子公司认购并购基金份额，不论是做GP还是LP，一般不会认定为关联交易。

被认定为关联交易的，就会为这一模式的运作制造诸多不便，例如：

1. 关联董事、关联股东在表决时需要回避。

2. 交易金额在3000万元以上，且占上市公司最近一期经审计净资产绝对值5%以上的关联交易，应当出具的审计或者评估报告，并将该交易提交股东大会审议通过。

3. 采取收益现值法、假设开发法等基于未来收益预期的估值方法对拟购买资产进行评估或者估值并作为定价参考依据的，上市公司应当在重大资产重组实施完毕后3年内的年度报告中单独披露相关资产的实际盈利数与利润预测数的差异情况，并由会计师事务所对此出具专项审核意见；交易对方应当与上市公司就相关资产实际盈利数不足利润预测数的情况签订明确可行的补偿协议。

4. 预计本次重大资产重组将摊薄上市公司当年每股收益的，上市公司应当提出填补每股收益的具体措施，并将相关议案提交董事会和股东大会进行表决。负责落实该等具体措施的相关责任主体应当公开承诺，保证切实履行其义务和责任。

5. 涉及发行股份购买资产的，出售资产的关联方需要公开承诺：本次交易完成后6个月内如上市公司股票连续20个交易日的收盘价低于发行价，或者交易完成后6个月期末收盘价低于发行价的，其持有公司股票的锁定期自动延长至少6个月。

6. 涉及发行股份购买资产的，出售资产的关联方还需要公开承诺：如本次交易因涉嫌所提供或披露的信息存在虚假记载、误导性陈述或者重大遗漏，被司法机关立案侦查或者被中国证监会立案调查的，在案件调查结论明确以前，不转让其在该上市公司拥有权益的股份。

7. 当然还要符合更严格的信息披露要求。

“上市公司+PE”模式中，为避免上述合规问题，应尽量做到：

1. 大股东参与出资并购基金涉及同业竞争，大股东应承诺所有并购都是为上市公司服务，并将尽量避免。

2. 严格履行信息披露制度，及时披露。

3. 尽量与上市公司直接合作。

4. “装入”上市公司的资产应出具评估报告。

# 第三篇　海外并购流程

## 第一章　海外并购的四大阶段

海外并购由于其涉及国内和国外多个交易主体、服务主体、融资主体和监管主体，并且涉及收购、中介服务、融资服务、监管等多重法律关系，可以说是一个“庞大而系统的工程”。这就需要收购企业及其顾问具有严密的操作安排和协调能力，事先订立时间表和分工，并努力促使按照该等安排推进项目（包括将有关内容引入交易文件中）。而每一方参与主体(尤其是服务机构)也要全身心投入。否则可能导致交易延迟甚至失败。

海外并购项目通常经过前期准备阶段、调查准备阶段、达成交易阶段及交割阶段等四个阶段。本书在附录部分提供了“雅化集团收购红牛公司”和“金亚科技收购哈佛国际”两个案例供读者借鉴。

### 第一节　前期准备阶段

#### 一、选定各服务机构

在自身或通过投资顾问接触了国外并购标的并准备开展并购工作的情况下，第一步就是要成立项目工作组，并聘请各类顾问。

（一）聘任财务顾问

海外并购项目的财务顾问应当是具有专业金融知识和海外并购经验的投行，对于中国和东道国相关投资环境、制度、文化和相关人员比较熟悉。海外并购项目的财务顾问的选定，主要有两种情况：一种是财务顾问本身是项目的推荐方，因此本应作为该项目的财务顾问，并且其将作为该项目的独家财务顾问，除非因为东道国政府渠道等原因聘任东道国当地的其他财务顾问。另一种是由项目发起人自行聘用的财务顾问，是否作为独家财务顾问由双方协商。

需要注意的是，如果收购方为境内上市公司且并购交易构成重大资产重组，则需要聘用有资质的财务顾问出具有关的意见并负责督导等工作。

财务顾问协议中，通常有如下几个谈判焦点：

第一，是否作为该项目独家财务顾问。项目发起人通常希望财务顾问为非独家，因为发起人不想限定融资渠道和方式。相反，财务顾问本身想成为独家财务顾问，以防止被人分享“蛋糕”。是否作为独家财务顾问需要双方协商，一般而言，如果项目来源于承揽项目的财务顾问，或者财务顾问对于项目的成败有其他决定性影响，并且项目融资已有预判（如有贷款意向函），则可以考虑设定独家财务顾问，同时约定详细的工作里程碑，对于未实现的，发起人保留单方解除顾问合同的权利。

第二，授权范围。由于财务顾问将代表委托人与东道国目标公司谈判，委托人应明确其对财务顾问的授权范围，如提交并购意向等，但一般而言，对于不承担或更改实质性权利义务的工作，如沟通协调等方面，应完全授权给财务顾问，但如果需要承诺或签署有约束力的文件或对该等文件进行实质变更，则需要事先获得委托人的同意。

第三，如果在未达成交易之前，财务顾问合同终止，终止后又达成交易，是否要支付原财务顾问相应费用。由于财务顾问的服务效果具有滞后性，因为各种原因（通常因为财务顾问违约原因除外）导致财务顾问合同被提前终止，如项目暂停等，而在之后再开展交易并成功完成时，一般也要支付原财务顾问合同约定的费用。但对财务顾问合同终止后享受该费用请求权的期限应有一个限定，通常为半年到1年。

第四，顾问费用支付时点。顾问费用的支付通常有如下几个时点：顾问合同签署后、交易框架协议签署后、交易合同签署后、重要审批办理完毕后、交易合同的实质性条件实现后、分步完成交易的在相应阶段性工作完成后等。需要双方根据项目里程碑和实际情况协商确定。

第五，业务优先权。财务顾问通常希望获得本项目或本项目之外委托人其他项目的优先服务权利。对于本项目上的优先权，如涉及过桥贷款、PE投资、证券承销与发行等，在同等条件下应尽量给予其优先权，因为本身其对企业、项目比较熟悉。但主张其他项目上的优先权，则存在不合理性，因为每个项目均有其不同的来源与需求，不能限定委托人自由选择其他项目财务顾问的权利。

（二）聘任法律顾问

法律具有地域管辖性，每个国家或地区的执业律师执业范围通常为当地的法律。海外并购项目中聘用的律师通常至少来自3个国家和地区，一个中国律师、一个东道国律师，以及一个交易合同适用法律地区的律师（通常为香港律师、新加坡律师、英国律师等）。除非东道国法律强制性规定，一般并购交易主合同要将适用第三国家或地区法律。

除非财务顾问对项目具有决定性作用且其指定了项目的牵头律师（Leading Counsel），通常中国律师将作为中国企业海外并购项目的牵头律师。牵头律师将协助项目发起人筛选其他两个国家或地区的律师，筛选内容主要围绕服务律所的排名、专业性、经验、服务范围、报价、付款方式等。三方律师的具体关系如下图所示：

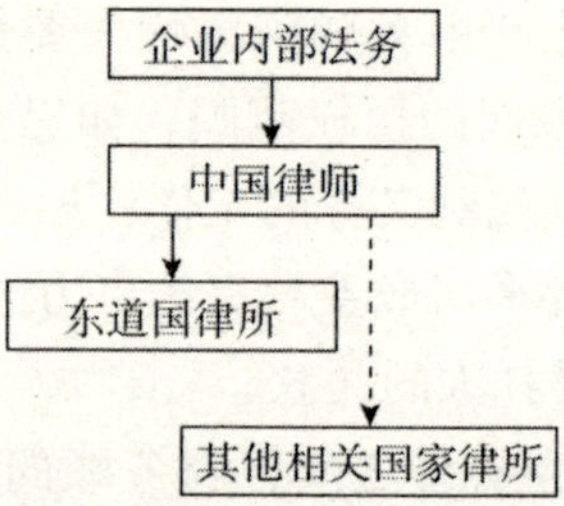


牵头律师应负责制定律师团工作方案，作为项目发起人与各方律师和中介机构的纽带，视情况牵头律师（以中国律师为例）负责如下工作：

（1）所有中国境内与项目有关法律事宜；

（2）作为牵头律所，代表中国企业与其他国家或地区的意向律所就相关境外法律事宜进行协调；

（3）向相关境外机构提出法律咨询问题清单和所需法律尽职调查清单，为委托人整合境外法律意见和尽调结果，就境外律所工作的效率和质量进行整体把关；

（4）在境外律师的协助下，对标的资产和公司进行尽职调查，并起草或修订有关交易文件，参加交易谈判。

（三）聘任审计和税务顾问

在海外并购业务中，需要聘任会计师对并购标的进行财务审计、资产评估并对整个交易过程中的税务问题进行策划。而鉴于在交易架构搭建过程中，涉及多个国家和地区的财税制度，海外并购交易应视情况聘用如下会计师：

1. 东道国会计师

东道国注册会计师主要负责标的公司的财务审计，并与其他国家会计师合作进行税收筹划。东道国会计师通常又分为两类：

一类是国际化会计师事务所，如德勤，有利于利用其国际化网点提供整体解决方案；

另一类是熟悉目标公司的会计师事务所，如之前一直做标的公司的年审。这类会计师事务所一般是由于对并购时限有要求，在标的公司出具“利益冲突豁免函”并在内部团队中进行“防火墙隔离”之后，可以直接为收购主体提供审计和财务服务。

2. 中国会计师事务所或评估机构

中国注册会计师主要服务于中国收购主体。其也主要分为两类：

一类是上文提及的国际化会计师事务所，另一类主要是具有证监会或国资委认可的有证券业务资质或国资评估资质的会计师事务所或评估机构。

对于收购主体是国内上市公司的海外并购，根据日前发布的《上市公司重大资产重组管理办法》（征求意见稿），需要依据评估报告定价的，[①] 需要聘用具有证监会认可资质的会计师事务所或评估机构就并购标的出具评估报告，而这类会计师通常为内资会计师事务所或评估机构。据了解，外资或合资会计师事务所鲜有获得该等资质的。而对于收购主体是国企的项目，根据国资监管方

---

① 实践中，重大资产重组标的资产的定价主要有三种情形：一是资产评估值；二是财务顾问等中介机构出具的估值报告或类似形式的报告；三是在标的资产本身即为上市公司股权的情况下，直接采用标的公司股票市价作为定价依据。

《征求意见稿》进一步明确：第一，资产定价可以将资产评估结果作为定价依据，也可以不以资产评估结果作为定价依据。第二，不以资产评估结果作为定价依据的，应当详细分析说明相关资产的估值方法、参数及其他影响估值结果的指标、特别因素等。第三，上市公司董事会应当对估值机构（包括评估机构和其他估值机构）的独立性、估值假设前提的合理性、估值方法与估值目的的相关性以及交易定价的公允性发表明确意见。上市公司独立董事应当对估值机构的独立性、估值假设前提的合理性和交易定价的公允性发表独立意见。第四，针对定价显失公允导致上市公司、投资者利益受到损害的行为，增设监管措施和处罚条款。

通常理解，“估值机构”可以是评估机构，也可以是独立财务顾问、会计师事务所，提供估值服务不要求必须具有评估资质。其中，“评估机构”具有由财政部门或其他主管机构授予的评估行业资质。

面的法律，需要聘任国资委认可的评估机构进行资产评估。

3. 其他国家和地区的会计师

这些会计师主要对英美财税制度、开曼等“避税天堂”的财税制度以及香港财税制度很熟悉，当然，如果聘用的是国际化会计师事务所，一般不会就这块财税问题单独聘任会计师。

通常在海外并购业务中，国际化会计师团队是必不可少的，这些会计师在网点布局、整体方案的策划和跨境并购交易方面的服务经验也是地方会计师不能比拟的。除此之外，也要视情况聘用一些地方会计师。

如上文所述，会计师事务所主要提供对并购目标公司的财务审计、资产评估和涉税咨询服务，具体而言：

1. 在审计业务方面，会计师事务所要对并购目标公司的经营绩效、资产状况、财务状况、税务状况等进行全面审计和分析，以确定其真实性、可信性。与法律尽职调查相似，审计结果直接与交易合同中的价格、交割条件、承诺和保证、违约责任等诸多条款相关联。

2. 在资产评估方面，如上文所述，主要是适应证监会和国资委监管方面的法律要求。与国内以净利润为估值依据的方式不同，国际惯例通常以EBITDA(税息折旧及摊销前利润)为标的公司的估值方式。

3. 在税务咨询方面，在考量目标公司所在地税务规定及税收征管环境因素的基础上，海外并购需要关注如下三方面税务问题：

（1）目标公司税务尽职调查。如上文所述，这直接关系交易定价和交割条件等。如目标公司在经营中有欠税情况，发现后可以作为“讨价还价”的条件。有些严重的税务问题，可能对交易造成实质影响。除此之外，税务尽职调查还对建立企业今后的税务模型和税务架构具有指导作用。

（2）交易架构筹划上的税务问题。海外并购过程中，交易架构上的税务筹划尤为重要，会计师必须根据交易各方和交易额等实际情况，结合最新的财税制度（各国财税制度经常有变化）努力帮助收购主体“省钱”，这也是促成交易的重要方面。此外，就海外并购基金而言，在进行税务筹划时，还要考虑退出时的税务问题。

（3）并购之后的纳税规划。海外并购的结果通常不是关闭海外公司，而是在维持目标公司正常运营的基础上实现“借船出海”等目的。因此，收购之后作为中国企业“海外子公司”，需要对企业日后的经营也有一定的税收筹划。当然，这部分内容不是海外并购交易的惯常委托内容，需要结合实际需求确定。

（四）聘任公共关系顾问、保险顾问、行业顾问以及环保顾问等

1. 公共关系顾问

公共关系顾问在涉及上市公司为并购标的的并购活动中通常扮演重要角色，主要负责协助、安排同主管机关会晤（如有必要），制定广告及宣传策略，处理投资人关系，并与主流媒体沟通阐述本次交易的合理性等。具体针对要约收购过程中，无论最终目的为保持上市地位或者退市，均有必要在公共关系顾问的帮助下跟市场和其他股东进行良好的沟通。但基于保持上市地位或者退市的不同目的，公共关系顾问的工作重点和方式应不同。

2. 行业顾问

如果海外收购本身是一种财务投资或是重组性并购，收购主体对于收购标的从事的行业并不了解，而财务顾问也承担不了相应的工作，或者基于行业的垄断特性需要行业顾问从事特殊准入资质等协调工作等，就需要考虑聘用行业顾问。通常行业顾问可以是投行、咨询公司或者行业专家。

3. 保险顾问

保险顾问通常为两类保险提供顾问服务：

一类是生产经营保险。尤其对于被收购海外企业属于“固定资产”项目经营主体，本身涉及工程建设和运营。保险顾问通常在尽职调查阶段启用。保险顾问旨在评估目标公司保险覆盖的充足率（民事责任险、产品质量险以及职工保险等），以及根据既定的目标制定相应的保险组合。

另一类是海外投资保险。它适用于投资者在中国境外设立企业或取得既有企业所有权、经营管理权、产品支配权及其他相关权益的经济活动，投资方式可为新建、收购、兼并、参股、再投资、股权置换等。管理合同、服务协议等特殊形式的对外经济活动也可投保。海外投资保险主要承保东道国的汇兑限制、战争及政治暴乱、征收、政府违约等政治风险，也可以承保其他风险。各类企业可直接就其境外投资投保海外投资保险；银行等金融机构可为境外投资提供的融资投保海外投资保险。

在法律尽职调查中，境外律师通常会关注保险条款的制定，以及诉讼、赔偿等执行情况，关注点很少倾向于保险顾问的专业领域，如根据被调查者的业务领域评估保险覆盖范围是否足够。这样凸显了保险专业人士的作用。

4. 环保顾问

环保顾问也主要是在尽职调查阶段启用。如果目标公司的运营对环境存在潜在的危害，通常需要聘请环保顾问进行现场核查，环保顾问需要论证项

目运营是否符合安全、生产等相关管理规定。在核查结论不符合规定的情形下，量化环保治理的相关费用，并随着项目的深入开展提出补救措施。

是否需要聘请环保顾问通常需要参考下列因素：目标公司的坐落（如是否接近河流、城镇、学校等），目标公司拥有的植被数量，目标公司经营事项的环境危害性，与环境相关的诉讼、赔偿数量等。

**二、可行性研究**

在与并购标的进行实质性谈判之前，中国企业应首先由公司内部团队（有时也借助外部服务机构）对并购标的开展初步尽调，通过上市公司披露信息和其他渠道对并购目标方及当地法律和投资环境进行初步可行性调查和研究，并形成完善的可行性研究报告，作为内部审批的依据，以及与有关政府部门沟通协调的和报政府审批的基础资料。

参考国家发改委境外项目申请报告大纲及实践案例，可行性研究的主要内容包括：

1. 项目背景和投资环境

（1）项目背景。包括项目来源、投资方介入前项目基本情况，外方合作者基本情况，投资方如何介入项目，投资方对外考察、尽职调查、与外方谈判、其他竞争投资者等情况，与所在国家和当地政府沟通情况等。

（2）投资环境情况。包括所在国家及当地政治、经济情况，与项目有关的税收、外汇、进出口、外资利用、资源开发、行业准入、环境保护、劳工等法律法规情况，当地相关行业及市场状况；涉及资源开发的，还应说明所在国家有关资源的储量、品质、勘探、开采情况。

（3）项目的外部意见及影响。包括所在国中央和地方政府的意见，当地社区的意见，项目对所在国家和地区社会、经济发展可能产生的影响等。

2. 目标公司的价值和收购的意义

（1）投资目的。项目相关行业国内外情况，例如产品国内外供求情况及预测、产品进口情况及预测、行业未来发展等。说明项目对各投资方的必要性和意义，包括项目与投资方国内项目的关系、与企业发展战略的关系等。

（2）社会意义。包括与我国相关产业发展的关系，与我国境外投资战略和境外投资产业政策的关系等。

3. 收购目标公司的困难

时间紧迫：就投标项目而言，有效的投标应当在招标公告允许的期限内完成。

资金缺乏：针对尚未拿到金融机构融资意向书或贷款意向书的，应争取早日洽谈相关的融资意向。

竞争者势力：如果目标公司比较抢手，很多国内外企业将“施展手脚”，这就给并购制造了更大的竞争力。如果竞争力来自国内企业，也可以请求有关政府部门出面协调，争取联合体收购等运作。

其他困难：如技术门槛、公共关系等。

4. 行业分析

分析国内和国际相关行业背景、行业状况、市场划分等。

5. 目标公司的基本情况

被收购企业主要经营范围、注册地、注册资本、生产情况、经营情况及资产与负债等财务状况，股权结构、上市情况及最新股市表现、主要股东简况，被收购企业及其产品、技术在同行业所处地位、发展状况等、高管情况、目前困境等。

6. 收购策略分析和比较

包括收购标的，收购价格（说明定价方法及主要参数），实施主体，交易方式，收购进度安排、对其他竞争者的应对设想等。

同时包括投资建设方面内容的，还应说明建设类项目所要求的如下各项内容，并说明项目综合财务效益指标：

（1）建设内容：包括建设地点、建设规模、建设期限、进度安排、技术方案、建设方案、需要建设的配套设施等；涉及资源开发的，还应说明可开发资源量、品位、中方可获权益资源量及开发方案等；

（2）主要产品及目标市场：包括项目主要产品及规模，产品目标市场及销售方案；

（3）相关配套条件落实情况：包括项目道路、铁路、港口、能源供应等相关基础设施配套情况及安排，项目土地情况及安排，项目满足当地环保要求措施，项目在劳动力供应和安全方面的安排和措施，加工类项目应说明项目原料来源的情况；

（4）财务效益指标：包括项目总销售收入、利润、投资回收期、内部收益率等财务预测指标，以及中方投资回收期及回报率等预测指标。

7. 估值

说明估值依据的准则、标准、方法和估值结果等。

8. 收购风险分析

分析项目可能存在的风险及不确定性，并提出防范风险的相关措施：国别风险，法律及政策风险，市场风险，建设风险，外汇风险，环保风险，矿权及资源量风险，劳工风险，项目可能面临的其他风险；股权收购类项目还应分析企业运营风险。

9. 具体工作方案、工作步骤和分工。

## 三、签订联合体协议

对于需要联合参与投标的境外项目，为了有效地规避投标工作中可能存在的法律风险，在法律方面需要从招标人能力、项目情况、项目所在地国（“东道国”）政治和法律环境、投标联合体成员的情况等多个方面进行考量和分析，并应在投标阶段做好有关工作。

项目投标阶段是一个紧张和忙碌的阶段，各投标联合体成员所遣各专业人员需要集中办公，讨论决定联合体之间内部事宜、投标文件的编制事宜及与招标人就有关问题进行往来函件的沟通等。在工作启示阶段，各方应拟定一份工作时间表，严格约定各项工作的主要时间节点，在保证各方利益的前提下，严格按照时间节点完成工作，避免造成投标迟延。

### （一）对内谈判签署《联合体协议》

在准备投标文件的同时，各投标联合体成员方应就项目合作方方面面的具体事宜进行协商并达成一致。协商的焦点问题通常集中在以下几个方面：

（1）合作的排他性。各成员在投标阶段应是排他性的合作，不得直接或间接单独与招标人沟通，不得再与第三方组织参与投标，对于联合体任何事宜应予以保密。同时各方应尽量保持投标期间联合体成员的固定，尽量限制成员的退出。

（2）工作分工和责任。各成员方应在招标文件的基础上对各方的工作范围进行明确，明确投标各方的具体份额，并以附件的形式体现在协议中。同时，各方需要明确，对外各方需要向招标人承担连带责任，对内可以根据工作范围的分工进行责任的划分，对于不能明确为某一方的责任，应由各方按比例分担。各方应拿出诚意，也要平衡其他各方的利益，任何缺乏诚意或约定不明将直接影响投标和中标后的项目履行。

（3）投标文件的编制和递交。协议中应明确编制标书的分工和合作，各方应精诚合作。

（4）项目牵头方。招标人通常要求其中一个联合成员作为牵头方代表联合体与招标人沟通。招标人通常也会要求由其东道国的联合体成员作为牵头方或主要联络方。协议中应对牵头方的授权权限、职责和及时向联合体汇报情况等内容进行约定。各方成员应对牵头方的工作有知情权和监督权。

（5）项目工作办公室。在项目实施阶段，联合体各方应建立一个项目工作办公室，对于该办公机构的组成、决策程序、资金使用等应进行明确的约定。各方成员应对项目办公室的工作有知情权和监督权。

（6）项目收益和财务管理。在通常情况下，项目收益和财务管理工作可以交给项目工作办公室进行。但需要项目账户、项目财务管理人员的任免、项目收益的分配、财务损失等问题进行明确的约定。

（7）担保。各成员应该就投标保函、项目履约保函、招标人要求的项目公司的母公司担保等事宜进行约定。

（8）争议解决。考虑到成员可能来自不同的法域，协议应适用一公正的第三国家的法律，争议解决应通过公正的国际仲裁机构在第三国家仲裁解决。

（二）对外积极编制投标文件，发现问题及时与招标人沟通

1. 沟通机制

联合体应与招标人建立严格且畅通的沟通机制。一般有关招标文件上的问题，招标人会在招标文件中规定一个沟通机制。但对于招标文件中并没有对招标人与投标人之间的沟通程序、回复时间、回复形式等进行约定的，投标人应主动与招标人进行协商确定一个沟通机制。如果没有严格的沟通机制，可能会因为沟通不及时或不明确为投标工作制造障碍甚至是延误投标。

2. 招标书异议

对于有关招标书中的问题，联合体应及时与招标人沟通确认。对于各投标方提出的通用问题，招标人通常会汇总，并统一发给各投标人。投标人应认真约定，避免就相同问题重复向招标人提问。

3. 联合体成员变更

在投标阶段应尽量避免联合体成员的组成发生变更。招标人通常在《投标人须知》中要求，联合体成员组成的调整和变更应经过招标人同意。同时考虑到投标工作的保密要求，避免投标人恶意串通信息，招标人通常要求一个投标人不能同时在两个或以上的联合体中同时作为成员。

4. 延期要求

如果联合体不能在招标人规定的期限内回复有关的内容，应该及早向招标人提出延期申请，并要求招标人在原规定的期限前给予及时回复，同时联合体在获得招标人的明确同意之前应继续工作，防止因沟通过程延迟投标工作。

5. 据理力争

对于招标人一些不合理的要求和判定，联合体应根据《投标人须知》等

招标文件及东道国的有关法律和国际公约和惯例及时向招标人提出质疑，应详细列出事实和理由。实践中，如发现招标人有违反招标文件或有关招投标法的规定恶意排斥投标人的行为，投标人应及时予以正面回复，必要时可通过法律途径解决。

**四、初步谈判并签订MOU**

经过可行性研究，并获得内部许可之后，企业一般会向并购目标方提交并购意向，获得并购目标方授予的初步排他性谈判期，并签署MOU（备忘录）。当然，有些情况下买卖双方都有意愿尽快锁定交易，可能直接签署附条件的框架协议甚至SPA（股权转让协议）。

想获得目标公司及出售方对来自中国的收购方的认可、交易顺利进行，收购方需要做足如下工作：

第一，“找对人”。与外国企业的沟通需要很多“中间人”，如专业的财务顾问、与目标公司有业务往来的中国企业、目标公司的高管等，但至少应找到可以影响目标公司决策的人，在其了解了情况之后，能提出决策意见。

第二，“讲故事”。要把并购交易的“美好未来”说给目标公司决策人员听，说给东道国外资并购审批机构听。

第三，“展现实力”。收购方必须在资金、业务和国际运作方面有一定的经验和实力，或通过强大的中介队伍和外部资金配备，展现这种实力。

第四，“合理价格”。当然，最终也要给一个合理报价或报价条件，尽量避免上来就“砍价”。

MOU的主要条款包括：

（1）交易背景：一般在“鉴于”部分或协议正文开始对收购双方的合作意愿和交易背景进行简单的介绍，一般会着重强调收购主体的实力和标的公司的优势等。

（2）交易标的：对目标公司及收购股权的基本情况进行介绍和总结。

（3）拟定交易条件和交易价格：在备忘录中通常也会对出售方拟出售的条件和价格进行约定，但通常会认为该等条款的效力取决于后期尽职调查的结果。有些情况下，出售方拟将其他股权或资产与收购方拟收购的标的进行“捆绑”交易，在这种情况下，收购方应根据自身情况对交易条件和价格进行必要的限制，也要避免出现“抱错篮子”的情况。

（4）意向金：由于排他期谈判通常是出售方放弃其他谈判机会的结果，因此，出售方一般会要求意向收购方在签订MOU时支付一笔意向金。该意向金通常为“不可撤销或不可返还”的，作为出售方暂时放弃其他谈判机会的补偿。

（5）交易步骤和时间节点，包括现场访问、尽职调查、商业谈判、审批办理、交易完成等内容。

（6）排他性谈判期。这是MOU最重要的一个内容，与保密内容一样，可以设定为有效条款。

（7）工作组。一般简要描述项目工作组的构架、协调机制等。

（8）尽职调查。一般会约定尽职调查的基本要求，希望出售方配合。

（9）交易文件。一般会约达成交易所需制定的法律文件。

（10）公开。一般需要双方达成一致，才能对外公告或宣传。

（11）费用。一般约定各方各自承担准备此备忘录和谈判过程中所产生的成本和费用。

（12）保密。保密条款可以在MOU中设定，也可以单独签署NDA。

（13）效力。约定协议的效力。考虑到前置审批等法律要求以及交易发展阶段，一般除保密、排他期、意向金等约定之外，其他条款不具有实质约束力。

## 第二节　调查准备阶段

### 一、首次正式出访

签署MOU后表示双方达成合作意向。中国企业应首先安排高层次出访，并制定合理的访谈计划。但有时首次访谈也可以放在中介审阅了资料库资料之后，与现场尽职调查和访谈一起进行。

### 二、向国家发改委报送信息报告

签订MOU之后，如果收购方需要从境内汇出“前期费用”（详见下文），一般就需要提前向发改委办理书面信息报告，或者在签署框架协议之后再上报也可以。有些企业为了避免发改委和外汇局的监管程序消耗时间，就利用境外自有资金、关联方资金支付，或者找人代付。但利用他人资金支付，实际上形成了一种外债，而在不办理外债登记的情况下存在一定的合规风险。

根据《境外投资项目核准和备案管理办法》（发改委2014年9号令）第10条，中方投资额3亿美元及以上的境外收购或竞标项目，投资主体在对外开展实质性工作[①] 之前，应向国家发展改革委报送项目信息报告。国家发展

① 对外开展实质性工作境外收购项目，是指对外签署约束性协议、提出约束性报价及向对方国家或地区政府审查部门提出申请，境外竞标项目是指对外正式投标。

改革委收到项目信息报告后，对符合国家境外投资政策的项目，在7个工作日内出具确认函。项目信息报告格式文本由国家发展改革委发布。对于按照规定投资主体应报送项目信息报告但未获得信息报告确认函而对外开展实质性工作的，国家发展改革委将予以通报批评，责令其纠正。对于性质严重、给国家利益造成严重损害的，国家发展改革委将会同有关部门依法进行处罚，并提请或者移交有关机关依法追究有关责任人的法律和行政责任。

**三、前期费用汇出**

跨境并购项目前期一般都需要使用部分外汇资金，即所谓“前期费用”，包括但不限于：

1. 收购境外企业股权或境外资产权益，按项目所在地法律规定或出让方要求需缴纳的保证金；

2. 在境外项目招投标过程中，需支付的投标保证金；

3. 进行境外直接投资前，进行市场调查、租用办公场地和设备、聘用人员，以及聘请境外中介机构提供服务所需的费用。

根据外汇局发布的《境内机构境外直接投资外汇管理规定》及《返程投资外汇管理所涉业务操作指引》，前期费用一般不得超过收购方已向发改委申请的并购交易金额的15%（含）或300万美元。对于汇出的境外直接投资前期费用确需超过境外直接投资总额15%或300万美元的，境内机构应当持有关材料向所在地国家外汇管理局分局（含外汇管理部）提出申请，包括发改委给予的并购信息报告确认函。银行凭外汇局出具的核准件为境内机构办理购付汇手续。

这区别于交易价款的汇出，对于日后交易价款的汇出，银行只需凭境内机构提交的发改委和商务部核准或备案文件和境外直接投资外汇登记证，在直接投资外汇管理信息系统中查询相关信息后即可办理。

一般申请前期费用向外汇局提供发改委“并购信息报告确认函”即可，但对于境外投资项目前期工作周期长、所需前期费用（包括履约保证金、保函手续费、中介服务费、资源勘探费等）规模较大的，收购方需要参照《境外投资项目核准和备案管理办法 》第7、8条规定（详见下文）对项目前期费用申请核准或备案。经核准或备案的项目前期费用计入项目中方投资额。

**四、尽职调查**

对并购目标公司进行尽职调查是达成交易之前最重要的一项内容。通常尽职调查是在交易的中期阶段执行，是对目标公司的全面评估。尽职调查的结果直接决定了目标股权估价、交易架构设计、商业条款设计、合同谈判甚至并购后相关事项的策划。

收购方财务顾问应带领各方律师和会计师等顾问根据自己负责的内容展开详查，发现重大问题及时报告收购方并商定解决方案，最终也要形成书面报告。

尽职调查也是一个递进的过程，包括查阅公开信息、资料库资料审查、现场尽职调查、管理层访谈、目标公司客户或服务中介访谈等方式。

尽职内容主要包括财务、法律两个方面，有时会聘请专业人士对税务、技术、保险、矿产资源等方面展开专项尽职调查等。

（一）财务尽职调查

在财务尽职调查方面，应区分审计和尽职调查的区别。审计一般是受目标公司的委托，针对财务报表的真实性和公允性发表意见。而尽职调查是专门针对本次交易进行，重点关注影响公司估值、交易架构、交易文件谈判以及收购后集团公司之间协同关系等。财务尽职调查主要关注如下几个方面：

1. 交易税费，包括申报纳税情况、税种税率、税收优惠、计提税款、代扣代缴义务、税收争端等，并根据调查结果分析解决方案，包括税收争端的解决、交易完成后税收优惠的维持、税收保证和补偿等。

2. 盈利能力。重点需要解决如下几个问题：历史数据如何反映可持续的收入和利润？交易和未来发展如何影响盈利能力？目标公司是否多部分客户有严重依赖？现存成本结构是否合理？独立经营成本分析等。

3. 现金流。重点需要解决如下几个问题：目标公司正常运营需要怎样的现金流？历史数据体现了怎样的现金流表现？目前现金使用计划如何？将来有何等融资需求和安排？

4. 净资产。重点需要解决如下几个问题：是否有资产被高估？是否有负债被低估？应收账款和存货是否按可变现净值列示？是否存在资产负债表外项目？未记录负债或或有负债的风险是什么？

5. 财务管理。重点需要解决如下几个问题：目标公司会计和信息系统是否完备？目标公司是否有健全的财务管理流程？财务管理人员是否能胜任并在交易后继续履行职责？

（二）法律尽职调查

调查的主要内容包括：

1. 东道国法律环境，包括基本法律环境，对外资企业和外国投资者的待遇、审批和监管，行业准入等。

2. 中国和东道国双边的协定，以及共同参加的条约等。包括投资协定、税收协定、裁决的承认与执行以及司法协助等。

3. 对目标公司的法律尽职调查。注重于业务、资产等方面的合规性和完整的权利。

4. 对专项法律问题或尽职调查中发现的问题进行调研和分析。例如东道国外资并购审批流程等。

法律尽职调查主要由牵头律所协调东道国律师来完成。流程上通常先由中国律师起草一份《东道国法律调研清单》，就当地外资准入、投资待遇、行业监管、跨境资金流动、外贸制度、税收政策、项目建设、知识产权、劳动用工等进行详细询问和调查，中国律师会根据东道国律师的回复，整理相应的报告，并用于专项问题的分析。

法律调研之后或同时，也要开展对目的公司的尽职调查。有关目标公司的尽职调查通常主要由东道国律师完成，中国律师协助。在开展尽职调查之前，中国律师可能会先发出尽职调查清单，并交由东道国律师补充和确认。出售方收到该等尽职调查清单后，将组建资料库，并为工作组开通权限。

**五、价格和估值**

目标股权的价格实际上是一个在合理范围内双方“据理力争”的过程。而这个“合理范围”就是估值的结果。但估值本身也是一个多项选择的过程，如选择不同的估值方法，选择不同的交易架构等。海外并购惯例中估值部分重要的工作是弄清楚目标公司的EBITDA（税息折旧及摊销前利润），然后根据EBITDA的一个倍数确定价格。但财务顾问和审计机构也会帮助收购方综合考虑其他方面以便衡量这个价格的合理性。

实践中，标的资产的定价主要有三种情形：

一是资产评估值；

二是财务顾问等中介机构出具的估值报告或类似形式的报告；

三是在标的资产本身即为上市公司股权的情况下，直接采用标的公司股票市价作为定价依据。

**六、交易结构和税收筹划**

根据尽职调查的有关情况，在与出售方签订有更多实质内容的框架协议之前，通常顾问团队会对交易架构进行专业策划。有时这一工作可能提前至前期准备阶段。

交易架构的重点通常有四个方面：

第一，税收筹划。这主要由税务顾问来完成。

第二，交易合规性和便利性。对外而言，如东道国在市场准入和外资方面有所限制，可以通过一定的架构设计予以缓解或规避。对内而言，如涉及返程投资或上市公司重大资产重组等，也可以通过一定的架构设计来缓解或规避繁琐的监管。

第三，交易后需求。交易架构的设计也要考虑到交易完成后存在或可能存在的需求，如海外上市、引进战投、资本退出等。

第四，与合作方的关系。海外并购中如存在其他合作方或投资人，也要均衡各方的利益，且收购方通常希望通过架构设计控制合作方所持有的股份或对目标公司的表决权。

交易架构的设计中，通常要考虑在香港、开曼（或BVI）、东道国等地方设立"中间公司"，有时为了实现"税收协定"的串联，还需要在其他国家或地区设立公司。但设立层级不能太多，主要原因在于：

1. 增加"反避税"风险和成本。各个国家都制定了一些"反避税"制度，制度中重要的一项是设立"中间公司"要求合理的商业理由，[①] 因此层级越多，解释的工作就越多，相应的维持成本就越大。

2. 多增加一层公司架构需要额外的注册手续，重复设定"商业实质"，增加成本。

但无论交易架构如何设计，第一步通常是由内地收购方在香港先设一个公司，原因在于：

1. 根据中国与香港签订的关于避免双重征收的税收安排，一般而言，就有关涉及中国与内地业务的税收保护如下：就股息分配而言，在公司至少25%的资本，所征税款不应超过股息总额的5%；在其他情况下，所征税款不应超过股息总额的10%。

2. 中国企业在香港或以香港为基础的境外和返程投资时，特别关键的考虑在于香港的利得税。香港采用地域来源原则征税，即只有源自香港的利润才须在香港课税，而源自其他地方的利润则无须在香港缴纳利得税。因此，在香港成立之公司，如果利润不产生于香港，也无须在香港缴纳利得税。利润是否于香港产生或得自香港，是由利润的性质及产生有关利润的交易的性质所决

① 商业理由如全球投资平台以管理所有海外投资，以及运用派回利润再做其他海外投资等。

定。划分利润是否从香港抑或香港以外地方所赚取，应查明产生利润的经营活动发生在何处，并进行划分。作出日常投资或业务决策的地点，一般不能用以决定利润的来源地。香港税务局规定每年必须报税一次，政府按公司纯利润的16.5%征收利得税；公司不盈利不交税，新成立公司允许一年半报税。

3. 如果内地企业直接子公司是在BVI和开曼等“避税天堂”注册的，可能被视为“中国居民纳税人”，在这种情况下，即使海外留存利润不分配，也可能需在国内缴纳企业所得税。

4. 该等香港公司可以作为海外投融资平台，在经过外汇监管部门审批之后用香港公司留存的利润直接进行海外再投资或用于其他目的，在一定程度上可以避免重复办理相关的中国内地政府审批及外汇管理程序。

但享受上市优惠待遇，香港子公司还需要满足香港法下的“商业实质”的要求，收购方可以采取的措施包括：

（1）在香港租赁办公室；

（2）香港公司董事会议定期在香港举行；

（3）香港公司雇用适当的与境外投资业务相关的管理人员；

（4）香港公司重要的法律财务资料保留在香港；

（5）香港公司拥有适当金额的注册资本，作为海外投资的资金来源等。

### 七、获得融资意向

MOU签订后，收购方就可以开始与有关的贷款银行接触寻求并购贷款。为了商业谈判或竞标的需求，银行一般会先向收购方提供一份《贷款意向书》，基本内容为如果该项目获得相应的审批且符合该行贷款条件，则可以提供贷款。融资的条款和条件尚未最终确定。

### 八、签署框架协议

在获取了尽职调查结果并对交易方案进行了论证之后，双方仍具有推进收购交易的打算，则面临两个选择：

一是直接签署SPA，但需要附条件生效。

二是签署框架协议，当然核心条款仍要“附条件”。

框架协议在某种程度上实际是一份后续工作大纲和SPA（股权转让协议）的Termsheet（条款书）的综合体。

## 第三节　达成交易阶段

### 一、信息披露

如果收购方是上市公司，在签订框架协议之后，首先应考虑的是根据

《上市公司信息披露管理办法》和交易所监管规则履行信息披露义务，遇到特殊情况，信息披露的试点可能要提前。

《上市公司信息披露管理办法》第31条规定：

“上市公司应当在最先发生的以下任一时点，及时履行重大事件的信息披露义务：（一）董事会或者监事会就该重大事件形成决议时；（二）有关各方就该重大事件签署意向书或者协议时；（三）董事、监事或者高级管理人员知悉该重大事件发生并报告时。

在前款规定的时点之前出现下列情形之一的，上市公司应当及时披露相关事项的现状、可能影响事件进展的风险因素：（一）该重大事件难以保密；（二）该重大事件已经泄露或者市场出现传闻；（三）公司证券及其衍生品种出现异常交易情况。”

修订前《上海证券交易所股票上市规则》第九章第9.2条规定：以下交易应当及时披露：

（1）交易涉及的资产总额（同时存在账面值和评估值的，以高者为准）占上市公司最近一期经审计总资产的10%；

（2）交易的成交金额（包括承担的债务和费用）占上市公司最近一期经审计净资产的10%以上，且绝对金额超过1000万元；

（3）交易产生的利润占上市公司最近一个会计年度经审计净利润的10%以上，且绝对金额超过100万元；

（4）交易的标的（如股权）在最近一个会计年度相关的营业收入占上市公司最近一个会计年度经审计营业收入的10%以上，且绝对金额超过1000万元；

（5）交易标的（如股权）在最近一个会计年度相关的净利润占上市公司最近一个会计年度经审计利润的10%以上，且绝对金额超过100万元。

修订前《上海证券交易所股票上市规则》第9.12条规定：上市公司披露交易事项，应当向证券交易所提交的文件中包括：“……(二)与交易有关的协议或者意向书；……”

修订前《上海证券交易所股票上市规则》第二章第2.17条规定：上市公司拟披露的信息存在不确定性、属于临时性商业秘密或者本所认可的其他情形，及时披露可能损害公司利益或者误导投资，并且符合以下条件的，可以申请暂缓披露：

（1）拟披露信息尚未泄露；

（2）有关内幕人士已书面承诺保密；

（3）公司股票及其衍生品种的交易未发生异常波动。经证券交易所同意，可以暂缓披露，但一般不超过两个月。

《深圳证券交易所上市规则》第9.2条规定：上市公司发生的交易达到下列标准之一的，应当及时披露：

（1）交易涉及的资产总额占上市公司最近一期经审计总资产的10%以上，该交易涉及的资产总额同时存在账面值和评估值的，以较高者作为计算数据；

（2）交易标的（如股权）在最近一个会计年度相关的营业收入占上市公司最近一个会计年度经审计营业收入的10%以上，且绝对金额超过1000万元；

（3）交易标的（如股权）在最近一个会计年度相关的净利润占上市公司最近一个会计年度经审计净利润的10%以上，且绝对金额超过100万元；

（4）交易的成交金额（含承担债务和费用）占上市公司最近一期经审计净资产的10%以上，且绝对金额超过1000万元；

（5）交易产生的利润占上市公司最近一个会计年度经审计净利润的10%以上，且绝对金额超过100万元。

综上，收购方应当在最先发生的以下任一时点，履行收购交易的信息披露义务：

1. 董事会或者监事会就投资事项形成决议时，且应在会议召开的下一个交易日对外发布会议决议公告；

2. 有关各方就投资事项签署意向书或者协议时；

3. 董事、监事或者高级管理人员知悉该重大事件发生并报告时。

假如在上述时点前，发生如下情形，则收购应当及时披露相关事项的现状、可能影响事件进展的风险因素：

（1）投资事项难以保密；

（2）投资事项已经泄露或者市场出现传闻；

（3）收购方证券及其衍生品种出现异常交易情况。

但根据相关法律法规，信息披露义务可以在以下情况下暂缓或豁免：

（1）如拟披露的信息存在不确定性、属于临时性商业秘密或者交易所认可的其他情形，及时披露可能损害公司利益或者误导投资，并且符合以下条件的，经相关证券交易所同意，可以暂缓披露，但一般不超过两个月：拟披露信息尚未泄露；有关内幕人士已书面承诺保密；公司股票及其衍生品种的交易未发生异常波动。

（2）如拟披露的信息属于国家秘密、商业秘密或者监管部门认可的其他情形，披露可能导致违反国家有关保密法律法规或者损害公司利益的，可以向相关证交所申请豁免披露。

## 二、内部审批

在签署框架协议之后，收购方应首先着手召开董事会、股东（大）会，并履行内部审批程序。这主要对于收购方是上市公司而言的。对于非上市公司，通常内部审批程序在签订框架协议之前就已完成。

收购方是上市公司的，内部审批程序主要依据《上市公司重大资产重组管理办法》及交易所的监管规则，同时要依据收购方的《公司章程》、《股东大会议事规则》、《董事会议事规则》、《独立董事工作细则》等文件。

根据投资金额的大小，有关投资事项的内部审批层级包括三级：

（1）由公司总裁决议的投资事项；

（2）由董事会决议的投资事项；

（3）由股东大会决议的投资事项。

上市公司应就每一个层级制定不同的议事规则。但根据《上市公司章程指引》（2014年修订）等规定，上市公司在1年内购买、出售重大资产或者担保金额超过公司最近一期经审计总资产30%的，属于股东大会特别决议事项，必须经出席会议的股东所持表决权的2/3以上通过。

证监会要求上市公司董事会应当就重大资产重组是否构成关联交易作出明确判断，并作为董事会决议事项予以披露；上市公司应当在董事会作出重大资产重组决议后的次一工作日披露相关要求文件，同时抄报上市公司所在地的中国证监会派出机构。此外，上市公司重大资产重组事宜与本公司股东或者其关联人存在关联关系的，股东大会就重大资产重组事项进行表决时，关联股东应当回避表决。有关PE介入上市公司海外收购可能导致关联交易的相关问题，详见本书“上市公司+PE”运作模式的内容。

## 三、确定贷款方案

完成大型海外并购不用银行的钱是不可能的。银行的钱一是成本少，二是稳定。

根据中国银监会印发的《商业银行并购贷款风险管理指引》，商业银行可以向并购方或其子公司发放用于支付并购交易价款的贷款，但贷款额不超过并购交易总额的50%。贷款方案本身是收购方与银行之间的谈判结果。收购方一般希望类似于“无追索权”的融资方式进行融资，如将目标公司自身的资产、收益权等抵押或质押给贷款行。但并购贷款的担保条件一般高于其他贷款类别，通常银行需要收购方甚至收购方的股东也提供一定的担保。

贷款行可以将外币贷款直接发放给境内收购发起人，也可以直接通过其海外关联机构将外币贷款直接发放给收购方海外子公司。在通常情况下，双方可能优先选择后者，因为操作更为方便，收购方也可能获得更为优惠的贷款。

确定贷款方案，首要的问题是选择“借款人”。并购贷款可以发放给收购方或其在海外设立的子公司。借款人的选择需要考虑如下几个因素：

（1）对于收购方来说，是否可以建立隔离风险和责任的“防火墙”。

（2）对于一些上市公司而言，借款应尽量体现在单个项目层面而不是上市公司层面，避免对股价及其估值造成影响。

（3）方便股息红利分配及投资退出。

（4）节税考虑。

（5）便于有效管理。

（6）东道国是否存在外汇管制措施。如果东道国实行外汇管制措施，对于境外账户的开立、境外收入的保留、外汇资金的流入和流出等均有所限制，这些可能都会增加贷款行对于收回本金和利息的担忧。也会增加发起人或境外投资人对于收回投资和收益的担忧。账户设置通常需要考虑以下几个因素：资金流通便利；股息分红便利；避免东道国政治风险；避免频繁的外汇交易造成的汇率风险；遵守当地外汇管理制度。

（7）有关国家是否签订了双边条约等。

**四、设立SPV**

如上文所述，在并购交易架构设计中，通常需要设立一到两个“中间公司”，这些公司可以说是专门为完成并购交易（包括后续工作）所设立的公司，也可以称为特殊目的公司（SPV），其中一家SPV将作为收购主体收购目标企业，其他SPV可能属于收购主体的母公司或境外再投资企业。

由于这些企业将来也可能作为境内收购主体的海外运作平台甚至资本运作平台，因此要谨慎选择设立地。

SPV的设立通常不需要单独报发改委备案，但需要根据商务部关于《境外投资管理办法（修订）（征求意见稿）》办理备案。中央企业需要报商务部备案，地方企业需要报省级商务厅备案，并办理境外投资外汇登记手续。多个境内机构共同实施一项境外直接投资的，由境内机构所在地外汇局分别向相关境内机构颁发境外直接投资外汇登记证，并在相关业务系统登记中登记有关事项。外汇指定银行为境内机构办理境外直接投资资金汇出的累计金额，不得超过该境内机构事先已经外汇局在相关业务系统中登记的境外直接投资外汇资金总额。

此外，根据《中央企业境外国有产权管理暂行办法》，中央企业应当加强对离岸公司等特殊目的公司的管理。因重组、上市、转让或者经营管理需要设立特殊目的公司的，应当由中央企业决定或者批准并以书面形式报告国资委，并在设立后办理国有产权登记。

**五、资产评估**

这里的资产评估，主要指法律的要求。法律要求就并购标的进行资产评估主要体现在两个方面：

一是国有企业对于国资监管规定的遵守；

二是上市公司对于《上市公司重大资产重组管理办法》（以下简称《重组办法》）等证监会规定的遵守。

但在具体实际操作中，资产估值只是交易双方讨价还价的工具，真正的价格早已“心中有数”。

（一）国有资产监管

在国有企业监管方面，监管法规包括：国务院《国有资产评估管理办法》（1991）、国资委《国有资产评估管理办法施行细则》（1992）、财政部及外交部等出台的《境外国有资产管理暂行办法》（1999）、国资委《企业国有资产评估管理暂行办法》（2005）、人大常委《企业国有资产法》（2008）以及国资委《中央企业境外国有资产监督管理暂行办法》（2011）等。

根据1999年财政部、外交部等部委联合发布的《境外国有资产管理暂行办法》第26条的规定，境内投资者向境外投资，须按《国有资产评估管理办法》要求进行资产评估。根据国务院国资委2005年《企业国有资产评估管理暂行办法》第6条的规定，共计12种情形应当对相关资产进行评估，其中包括以非货币资产对外投资以及收购非国有单位的资产。2011年7月，国务院国资委发布了《中央企业境外国有资产监督管理暂行办法》（26号文），其中明确规定，以非货币资产向境外出资的，应当依法进行资产评估并按照有关规定备案或者核准。

如果收购方以现金支付对价，不属于非货币资产出资，因此不需要进行资产评估；由于国有企业收购境外资产属于“国有企业收购非国有单位的资产”，因此应当对该收购资产进行评估。

虽然有以上法律要求，但是在目前的情况下，境外投资项目涉及的境外资产很难由境内的资产评估机构进行评估，而且过往实践中也存在大量未经境内资产评估机构进行资产评估的境外收购案例。由于目前的实际困难，国资监管部门在实际操作中对资产评估的形式掌握比较灵活，资产评估的文件并不必须为境内有资质的资产评估机构提供的评估报告，也可以为财务顾问提供的估值报告或者其他形式的价值分析文件。前述估值文件应在向国资监管部门进行备案或者核准时，提交国资监管部门。

（二）上市公司监管

现行《重组办法》规范了重组中相关资产以资产评估结果作为定价依据的情形，实际包括两层含义：一是并不强制要求所有重大资产重组的标的资产定价必须以资产评估值作为定价依据；二是如选择以资产评估值作为定价依据，相关方须符合相应的程序要求。

但是，对于实践中已存在的其他估值定价方式，重组办法未作出相应规定。实践中，重大资产重组标的资产的定价主要有三种情形：

一是资产评估值；二是财务顾问等中介机构出具的估值报告或类似形式的报告；三是在标的资产本身即为上市公司股权的情况下，直接采用标的公司股票市价作为定价依据。

2014年7月，证监会向社会发布了《上市公司重大资产重组管理办法（征求意见稿）》，对于上市公司对外收购资产的评估问题也进行了进一步明确：

第一，资产定价可以将资产评估结果作为定价依据，也可以不以资产评估结果作为定价依据。

第二，不以资产评估结果作为定价依据的，应当详细分析说明相关资产的估值方法、参数及其他影响估值结果的指标、特别因素等。

第三，上市公司董事会应当对估值机构（包括评估机构和其他估值机构）的独立性、估值假设前提的合理性、估值方法与估值目的的相关性以及交易定价的公允性发表明确意见。上市公司独立董事应当对估值机构的独立性、估值假设前提的合理性和交易定价的公允性发表独立意见。

第四，针对定价显失公允导致上市公司、投资者利益受到损害的行为，增设监管措施和处罚条款。

通常理解，“估值机构”可以是评估机构，也可以是独立财务顾问、会计师事务所，提供估值服务不要求必须具有评估资质。其中，“评估机构”具有由财政部门或其他主管机构授予的评估行业资质。

如下是重大资产收购报告书中关于不进行资产评估的描述的一些实例：

1. 深圳英飞拓科技协议收购March Networks Corporation案件中，有关公告中称“由于本次收购标的为在加拿大注册的公司公开发行的股份，本次收购的交易价格不以法定评估报告为依据，因此，本次收购不进行资产评估。收购价格在参考目标公司二级市场股票价格的基础上，充分考虑其净资产、品牌、知识产权、研发实力和渠道价值等因素后综合确定”。

2. 兖州煤业协议收购Felix Resources Limited（2009年）案件中，有关公告中称“由于本次收购标的为在澳大利亚注册的目标公司公开发行的股份，不适用由中国境内具有证券从业资格的评估机构出具资产评估报告的条件，且本次收购的交易定价并非以资产评估结果为依据，因此本次收购不进行资产评估。本公司特别聘请的独立财务顾问瑞银证券有限责任公司对本次收购进行了估值分析，认为交易价格公允，但上述结论不作为本次收购的定价依据，亦不构成对投资者的建议”。

3. 中海油服自愿要约收购Awilco Offshore ASA （2008年）案件中，有关公告中称“由于本次收购的标的为在挪威注册的目标公司的全部已发行股份，无法由中国境内具有证券从业资格的评估机构出具资产评估报告。本公司特别聘请的独立财务顾问中国国际金融有限公司，对本次收购标的进行了估值分析，认为交易价格公允，但上述结论不构成对投资者的建议，亦不作为本次收购的定价依据”。

4. 中联重科竞标收购CIFA（2008年）案件中，有关公告中称“由于本次的交易标的为意大利企业，且本次交易通过招标方式进行，在取得对CIFA的控制权之前，暂无法由中国境内具有证券从业资格的评估机构出具资产评估报告”。

### 六、谈判和签署SPA

在框架协议约定的前期工作基本完成之后，就可以启动与并购目标方、并购目标方股东以及其他交易相关方就交易文件的全面谈判，最终签署附条件生效交易文件。最核心的交易文件是股权转让协议（SPA）。有关该协议起草中需要注意的问题，详见本篇其他章节。

## 第四节 交割阶段

### 一、国内反垄断审查

根据《反垄断法》、《国务院关于经营者集中申报标准的规定》、商务部《经营者集中申报办法》等规定，达到下列标准之一的，应当事先向商务部反垄断局进行经营者集中申报：

1. 参与集中的所有经营者上一会计年度在全球范围内的营业额合计超过100亿元人民币，并且其中至少两个经营者上一会计年度在中国境内的营业额均超过4亿元人民币；或

2. 参与集中的所有经营者上一会计年度在中国境内的营业额合计超过20亿元人民币，并且其中至少两个经营者上一会计年度在中国境内的营业额均超过4亿元人民币。

在向申报和立案审查期间，收购方可以自行决定是否暂停实施其集中交易，并承担相应的后果。但立案之后，商务部做出进一步审查决定前，不得实施集中。

收购方依照有关规定或通知将申报文件、资料经商务部行政事务服务中心转反垄断局，行政服务中心向申报人出具《商务部行政事务服务中心申办事项受理单》。反垄断局核查申报文件、资料是否完备，如不完备，由反垄断局书面通知申报人补充材料，通知经行政服务中心转交申报人。申报人提交的文件、资料不完备的，由反垄断局书面通知申报人在规定的期限内补交文件、资料，通知经行政服务中心转交申报人。申报人逾期未补交文件、资料的，视为未申报。对符合法律法规规定，申报文件、资料完备的申报，由反垄断局书面通知申报人立案，通知经行政服务中心转交申报人。自立案之日起30日内完成初步审查，做出是否实施进一步审查的决定。决定实施进一步审查的，应当自决定之日起90日内审查完毕，做出禁止或不予禁止经营者集中的决定，并书面通知申报人。对不予禁止的经营者集中，商务部可以决定附加减少集中对竞争产生不利影响的限制性条件。有下列情形之一的，经书面通知经营者，可以延长前款规定的审查期限，但最长不得超过60日：

（1）经营者同意延长审查期限的；

（2）经营者提交的文件、资料不准确，需要进一步核实的；

（3）经营者申报后有关情况发生重大变化的。逾期未作出决定的，经营者可以实施集中。

商务部审查方法多样化。以英博公司收购AB公司案为例，商务部在立案后对申报材料进行了认真研究，多次召开座谈会、研讨会和听证会，征求政府有关部门、相关地方政府、啤酒行业协会、国内主要啤酒厂商、啤酒原料生产企业以及啤酒产品销售商的意见和建议。

商务部对经营者集中案件进行审查时，主要考虑如下因素：

（1）参与集中的经营者在相关市场的市场份额及其对市场的控制力；

（2）相关市场的市场集中度；

（3）经营者集中对市场进入、技术进步的影响；

（4）经营者集中对消费者和其他有关经营者的影响；

（5）经营者集中对国民经济发展的影响；

（6）国务院反垄断执法机构认为应当考虑的影响市场竞争的其他因素。就英博公司收购AB公司案而言，商务部对上述各方面进行了全面审查，并从地域市场、产品市场和竞争格局三个方面进行了重点审查。由于审查结果表明，此项并购没有对中国啤酒市场产生排除、限制竞争的效果，商务部决定不予禁止，但是为了防止并购后可能导致有损竞争的结果出现，商务部附加了必要的限制性条件。

审查结果可概括为两类三种。根据《反垄断法》第28条的规定，商务部审查经营者集中案件，可能有两类审查结果：一是禁止；二是不予禁止，具体包括无条件批准和附加限制性条件批准。针对具体案件对相关市场竞争造成的损害不同，商务部可以附加三类限制性条件：一是结构性救济，即强制交易方对其部分资产进行剥离；二是行为性救济，即禁止并购企业从事某种可能产生排除或限制竞争效果的滥用行为；三是混合型救济，前两种条件的结合，不仅强迫合并企业进行剥离，还要求对其并购后行为施加限制。商务部对英博公司收购AB公司案的审查结果，属于不禁止类中附加限制性条件的那种决定。商务部要求英博公司做出承诺，并严格遵守审查决定中的限制性条件，不得违反其中任何一项，如果发生变化，英博公司必须事先向商务部及时进行申报或通报，商务部批准前，不得实施。从某种角度讲，并购这接受限制性条件，是商务部批准该项集中交易的前提。

根据反垄断法的要求，审查决定的发布方式有两种：对于禁止经营者集中的决定或者对经营者集中附加限制性条件的决定，商务部应及时向社会公布；对于其他决定，商务部则只通知申报方。商务部对英博公司收购AB公司案所做决定，属于附加限制性条件的那种，根据《反垄断法》第30条的要求，商务部于决定当日即向社会发布了公告，这是《反垄断法》实施以来，反垄断局发布的第一份公告。

从上述规定可以看出，涉及经营者集中的审查的跨境并购交易将经历漫长的审批程序。

## 二、境内核准和备案

收购方对外签署具有最终法律约束效力的文件前，应当取得发展改革委出具的核准文件或备案通知书；或可在签署的文件中明确生效条件为依法取得发展改革委出具的核准文件或备案通知书。

根据《政府核准的投资项目目录（2014年本）》、《境外投资项目核准和备案管理办法》（发改委2014年9号令，以下简称《办法》），目前发改委监管制度如下：

（一）管理权限和监管方式

管辖权限划分为国家发改委及省级发改委两级，监管方式分为核准和备案两种：

（1）国家发改委核准：涉及敏感国家和地区、[①] 敏感行业[②] 的境外投资项目不分限额，由国家发展改革委核准。

（2）国家发改委备案：中央管理企业实施的境外投资项目、地方企业实施的中方投资额3亿美元及以上境外投资项目，由国家发展改革委备案。

（3）省级发改委备案：地方企业实施的中方投资额3亿美元以下境外投资项目，由各省、自治区、直辖市及计划单列市和新疆生产建设兵团等省级政府投资主管部门备案。

（二）境外再投资项目不监管

原办法规定的核准范围包括境内各类法人通过在境外控股的企业或机构在境外实施的投资项目，而《办法》规定已在境外设立的中资企业在境外实施的“再投资项目”，如不需要境内投资主体提供融资或担保，不再需要办理核准或备案。

（三）不再层层上报

《办法》明确对于需要国家发改委核准或由国家发改委报国务院核准的项目，地方企业直接向所在地的省级发展改革部门提交项目申请报告，由省级发展改革部门提出审核意见后上报国家发改委核准。属于国家发改委备案的项目也采取同样程序，不再要求地方企业按照县、市、省层层申报。

（四）审查投资主体的投资实力

国家发展改革委办理境外投资项目的核准，主要从维护社会公共利益角度，审核是否符合国家法律法规和产业政策、境外投资政策，是否符合互利

---

① 敏感国家和地区包括：未建交和受国际制裁的国家，发生战争、内乱等国家和地区。

② 敏感行业包括：基础电信运营，跨境水资源开发利用，大规模土地开发，输电干线、电网，新闻传媒等行业。

共赢、共同发展的原则，不危害国家主权、安全和公共利益，不违反我国缔结或参加的国际条约等外部要素。近年来我国境外投资快速发展，但由于企业“走出去”时间不长，多数企业缺乏国际化经营人才和国际经验，一些企业经营行为不够规范，仍有企业超出自身实力对外承诺重大投资项目，同时发改委负责核准的境外投资项目又往往是多、双边政府关注的重要合作事项，企业由于缺乏投资实力对项目最终无法履约，不仅背上沉重包袱、遭受巨大损失，同时极易导致声誉受损。如处理不当，也会演变为影响多双边经贸合作关系的外部要素。因此，新的《办法》增加了一个核准的新的条件，即“投资主体具备相应的投资实力”。

国家发展改革委核准项目的条件为：

（1）符合国家法律法规和产业政策、境外投资政策；

（2）符合互利共赢、共同发展的原则，不危害国家主权、安全和公共利益，不违反我国缔结或参加的国际条约；

（3）符合国家资本项目管理相关规定；

（4）投资主体具备相应的投资实力。

（五）违法后果

对于按照《办法》规定投资主体应申请办理核准或备案但未依法取得核准文件或备案通知书而擅自实施的项目，以及未按照核准文件或备案通知书内容实施的项目，一经发现，国家发展改革委将会同有关部门责令其停止项目实施，并提请或者移交有关机关依法追究有关责任人的法律和行政责任。

**三、并购项目国资委备案**

根据《中央企业投资监督管理暂行办法》、《中央企业境外国有资产监督管理暂行办法》、《国务院国有资产监督管理委员会关于加强中央企业境外投资管理有关事项的通知》，中央企业海外并购项目需要接受国资委的备案监管。

属于企业主业的境外投资项目要纳入企业年度投资计划并报国资委备案。未列入企业年度投资计划中的追加境外投资项目应及时向国资委报告，其中境外收购项目应在签署具有法律效力的文件前不少于12个工作日正式向国资委行文报告。

对实行备案管理的企业投资项目，除对存在问题的进行提示外，一般不再回复。

企业向国务院或国务院有关部门报送信息、报批(核准)或备案的境外投资项目时，应同时抄送国资委。

此外，SPV增资后需要办理国资产权变更手续。

**四、商务部核准或备案以及外汇变更登记**

获得发改委批准后，收购方应着手办理商务部门核准或备案后续以及外汇变更登记手续，为SPV增资以便交易。

根据商务部关于《境外投资管理办法（修订）（征求意见稿）》，企业境外投资涉及敏感国别（地区）和敏感行业的，报商务部核准；企业其他情形的境外投资，报商务部和地方省级商务主管部门备案。中央企业报商务部备案；地方企业报省级商务主管门备案。中央企业和地方企业通过“系统”按要求填写并打印《境外投资备案表》（以下简称《备案表》），加盖公章后，连同企业营业执照复印件等材料分别报商务部和省级商务主管部门备案。《备案表》填写完整且符合法定形式的，商务部和省级商务主管部门在3个工作日内予以备案并颁发《证书》。

需由商务部核准的敏感国家和地区包括：与我国未建交的国家、受联合国制裁的有关国家、发生战乱的有关国家和地区等。敏感行业包括：涉及使用国家限制出口的产品和技术、涉及多国（地区）利益等。

中央企业向商务部提出申请，地方企业通过所在地省级商务主管部门向商务部提出申请。核准境外投资应当征求我驻外使（领）馆［经商处（室）］意见。驻外使（领）馆［经商处（室）］主要从东道国安全状况、对双边政治和经贸关系影响等方面提出意见，并自收到征求意见函之日起10个工作日内予以回复。地方企业向省级商务主管部门提出申请后，省级商务主管部门应当于10个工作日内｛不含征求驻外使（领）馆［经商处（室）］的时间｝对企业申报材料是否完备以及是否涉及本办法第四条所列情形进行初审，同意后将初审意见和全部申请材料报送商务部。商务部收到省级商务主管部门的申请后，应当于15个工作日内做出是否予以核准的决定。中央企业向商务部提出申请后，商务部对企业申报材料是否完备以及是否涉及本办法第4条所列情形进行审核。申请材料不齐全或者不符合法定形式的，应当在3个工作日内一次告知申请人。受理后，商务部应当于15个工作日内｛不含征求驻外使（领）馆［经商处（室）］的时间｝做出是否予以核准的决定。

商务部门核准或备案后，外汇局应依法办理外汇变更登记，银行办理资金的汇出。

**五、重大资产重组**

根据《国务院关于进一步优化企业兼并重组市场环境的意见》（国发

〔2014〕14号），取消上市公司收购报告书事前审核，强化事后问责。取消上市公司重大资产购买、出售、置换行为审批（构成借壳上市的除外）。对上市公司要约收购义务豁免的部分情形，取消审批。地方国有股东所持上市公司股份的转让，下放地方政府审批。但上市公司资产重组并不是不需要审批了，还要区分具体情况：

情况一：资产重组。这种情况下，上市公司购买和出售的资产在资产总额、营业收入、净资产额等方面均达不到“重大资产重组”的标准，更达不到“借壳”的标准，也不涉及发行股份购买资产（进而也不涉及上市公司并购）等行为。这种情况下，不需要证监会重组委或发审委审核、证监会批准或出具无异议批复等。但需要按照有关的法律规定和交易所规则对交易进行披露。如根据深交所规则，上市公司发生的交易达到下列标准之一的，应当及时披露：

（1）交易涉及的资产总额占上市公司最近一期经审计总资产的10%以上，该交易涉及的资产总额同时存在账面值和评估值的，以较高者作为计算数据；

（2）交易标的（如股权）在最近一个会计年度相关的营业收入占上市公司最近一个会计年度经审计营业收入的10%以上，且绝对金额超过1000万元；

（3）交易标的（如股权）在最近一个会计年度相关的净利润占上市公司最近一个会计年度经审计净利润的10%以上，且绝对金额超过100万元；

（4）交易的成交金额（含承担债务和费用）占上市公司最近一期经审计净资产的10%以上，且绝对金额超过1000万元。

情况二：重大资产重组。这种情况下，上市公司购买和出售的资产在资产总额、营业收入、净资产额等方面均达到“重大资产重组”的标准，但达不到“借壳”的标准，也不涉及发行股份购买资产（进而也不涉及上市公司并购）等行为，不需要证监会重组委或发审委审核、证监会批准或出具无异议批复等，但交易需要经过上市公司董事会和股东大会（三分之二以上）审议通过，需要聘请证券服务机构出具意见，在定价、资产评估、盈利预测、持续督导等方面也有要求，并设定了更为严格的信息披露规则。上市公司及其控股或者控制的公司购买、出售资产，达到下列标准之一的，构成重大资产重组：（1）购买、出售的资产总额占上市公司最近一个会计年度经审计的合并财务会计报告期末资产总额的比例达到50%以上；（2）购买、出售的资产在最近一个会计年度所产生的营业收入占上市公司同期经审计的合并财务会计报告营业收入的比例达到50%以上；（3）购买、出售的资产净额占上市公司最近一个会计年度经审计的合并财务会计报告期末净资产额的比例达到50%以上，且超过5000万元人民币。

情况三：借壳上市。自控制权发生变更之日起，上市公司向收购人及其关联人购买的资产总额，占上市公司控制权发生变更的前一个会计年度经审计的合并财务会计报告期末资产总额的比例达到100%以上的，构成“借壳上市”的标准，应当在股东大会决议通过后3个工作日内向证监会提出申请，由重组委审核（发审委审核和上市公司收购审核情况见下）。购买的资产对应的经营实体应当是股份有限公司或者有限责任公司，且符合《首次公开发行股票并上市管理办法》（证监会令第32号）规定的其他发行条件。核准件有效期12个月，持续督导期延长至3年。

情况四：发行股份购买资产。涉及发行股份购买资产的（在取消核准之前，一般重大资产重组都会涉及，借壳上市一般都会涉及），均需要审核，但也区分情况：

1. 不构成重大资产重组的，证监会发审委审核；

2. 构成重大资产重组但不涉及配套融资的，重组委审核；

3. 构成重大资产重组并涉及配套融资，但融资额不高于交易额25%的，重组委审核；

4. 构成重大资产重组并涉及配套融资，融资额高于交易额25%的，发审委审核；

5. 发行股份购买资产如果导致接受上市公司股份的出售方持有上市公司股份达到30%，则需要向证监会报送要约收购报告书，15个工作日内证监会无异议（不需要取得无异议批复）才能继续推进交易。

此外，涉及上市公司重大资产重组的，还需要遵守《重组办法》中规定的信息披露的要求。如果资产重组过程中涉及国有产权转让、外资产权转让、行业准入监管等，也有遵守相关的法律规定。

**六、签订贷款协议**

收购方依据之前的贷款方案与银行签订正式的贷款协议。

**七、签订投资保险合同**

在跨国投资快速发展的同时，风险问题日益突出。跨国投资中，企业面临的风险种类繁多且日趋复杂，比如政治风险、监管风险、市场风险、操作风险等，其中政治风险是投资者首要考虑的风险。政治风险主要包括征收、汇兑限制、战争及政治暴乱、政府违约等。近两年还出现了一些新的情况和新的动向。比如，战争风险转向和平环境中的政治暴乱事件和恐怖主义袭击。在某些实行固定汇率的发展中国家，外汇储备不足，外债负担沉重，外汇收入结构不合理，汇兑限制发生的概率较高；部分发展中国家和转轨国家潜藏着较高的政府违约风险。这些风险一旦发生，投资者将损失惨重。

我国的投资保险业务于1996年在中国人民保险公司开办。对于海外投资保险，它适用于投资者在中国境外设立企业或取得既有企业所有权、经营管理权、产品支配权及其他相关权益的经济活动，投资方式可为新建、收购、兼并、参股、再投资、股权置换等。海外投资保险主要承保东道国的汇兑限制、战争及政治暴乱、征收、政府违约等政治风险，也可以承保其他风险。各类企业可直接就其境外投资投保海外投资保险；银行等金融机构可就为境外投资提供的融资投保海外投资保险。

收购方投保的原因主要在于两方面：

第一，保险机构通常为政策性金融机构，可以依靠中国政府的影响力，利用多元化的方式来协助投资者化解与东道国政府间的纠纷，最大限度地防范政治风险的发生，这主要适用于大型收购项目、国际招标项目或东道国政府背景的项目。

第二，贷款银行或其他投资人的要求。投资者投保投资保险后，可以大幅提升其海外投资的安全性，解除银行和其他投资人对高风险业务的顾虑，并进而获得优惠贷款支持。

海外投资保险保单的有效期一般为几年甚至十几年。具体保险范围一般包括：

1. 征收

赔偿比例最高95%。征收指东道国政府以国有化、没收、征用等方式造成下列任一情况，且东道国政府没有给予及时、有效的补偿：

（1）全部或部分剥夺项目企业对投资项目的所有权或经营权。

（2）全部或部分剥夺项目企业对投资项目资金的使用权或控制权。

（3）全部或部分剥夺项目企业对其资产的使用权或控制权。

2. 战争及政治暴乱

赔偿比例最高95%。战争及政治暴乱指东道国参与的任何战争（无论是否宣战）或东道国国内发生的革命、骚乱、政变、内战、叛乱、恐怖活动或保险人认定的政治暴乱（但不包括民众为获得就业、就学或为达到其他非政治目的而采取的行动）。该风险致损的表现形态包括：

（1）资产毁损或灭失，指战争及政治暴乱直接且决定性地造成资产（不包括贵重金属、珠宝、艺术品、现金或文件）的毁损或灭失，进而直接且决定性地导致项目企业不能偿还应还款；这些资产应位于投资项目所在地，并且与投资项目的经营有直接关系。

（2）无法经营，指因战争及政治暴乱直接且决定性地造成投资项目不能正常经营，进而直接且决定性地导致项目企业不能偿还应还款。

3. 汇兑限制

以保单明细表赔偿比例为准。汇兑限制指东道国政府或代表东道国政府从事外汇交易管理的机构所采取的下列任一行为：

（1）禁止、限制被保险人或项目企业将用于偿还应还款的当地货币兑换成保单货币及任何可自由兑换的货币，或将上述保单货币或可自由兑换货币汇出东道国。

（2）向被保险人或项目企业实行歧视性汇率。

4. 附加险

违约险。具体需要承保的内容根据交易文件的具体内容来进行确定。（违约为附加险，非基本承保政治风险。在收购方与出售方签署了相关协议后，可以选择是否加保“违约”险。政府违约赔偿比例最高90%，最终以保单明细表赔偿比例为准，赔款等待期一般为90天）

**八、办理交易后备案和产权登记手续**

交易完成后，收购方应根据《境外投资管理办法》和《境内机构境外直接投资外汇管理规定》在商务部和外汇局办理相关备案手续。

根据该等规定，企业控股的境外企业的境外再投资，在完成法律手续后1个月内，应当登录中国对外投资和经济合作网办理商务部备案，网址为：http://fec.mofcom.gov.cn/index.shtml。公司通过上述“系统”填报相关信息，打印备案表，并加盖公章后向商务部报备案材料。

已登记境外企业发生长期股权债权投资、对外担保等不涉及资本变动的重大事项的，境内机构应就上述重大事项办理境外直接投资外汇备案手续。

此外，需要根据《境外国有资产产权登记管理暂行办法实施细则》及《中央企业境外国有产权管理暂行办法》等在国资委被收购企业产权登记手续。

## 第五节　海外并购境内监管流程表

有关海外并购交易中涉及的境内监管流程详见下表：

**海外并购项目境内监管流程表**

| 序号 | 办理事项 | | 主要内容 | | |
|---|---|---|---|---|---|
| 1 | 向国家发改委报送信息报告 | | | 受理部门 | 国家发改委 |
| | | | | 办理时限 | 7个工作日 |
| | | | | 提交文件 | 项目信息报告 |
| 2 | 并购事项前期汇报 | 商务部 | | 受理部门 | 商务部对外投资和经济合作司对外投资处（中央企业）、省商务厅对外经济合作处（地方企业） |
| | | | | 办理时限 | 不适用（只报告） |
| | | | | 提交文件 | 《境外并购事项前期报告表》 |
| | | 外汇局 | | 受理部门 | 外汇局资本司境外投资管理处（中央企业）、地方外汇局（地方企业） |
| | | | | 办理时限 | 不适用（只报告） |
| | | | | 提交文件 | 《境外并购事项前期报告表》 |
| 3 | 前期费用汇出 | 发改委备案或核准 | 备案 | 受理部门 | 国家发改委（中央企业），省发改委（地方企业） |
| | | | | 办理时限 | 7个工作日 |
| | | | | 提交文件 | 境外投资项目备案申请表并附有关附件（发改委另行规定） |
| | | | 核准 | 受理部门 | 国家发改委 |
| | | | | 办理时限 | 20～30个工作日（如需要外部评估，加40工作日） |
| | | | | 提交文件 | （1）项目申请报告；（2）公司董事会决议或相关的出资决议；（3）证明投资主体及外方资产、经营和资信情况的文件；（4）银行出具的融资意向书；（5）以有价证券、实物、知识产权或技术、股权、债权等资产权益出资的，按资产权益的评估价值或公允价值核定出资额。应提交具备相应资质的会计师、资产评估机构等中介机构出具的资产评估报告，或其他可证明有关资产权益价值的第三方文件；（6）中外方签署的意向书或框架协议等文件 |
| | | 外汇局核准 | | 受理部门 | 外汇局资本司境外投资管理处（中央企业）、地方外汇局（地方企业） |
| | | | | 办理时限 | 未明确，一般为5～10个工作日 |

续表

| 序号 | 办理事项 | | 主要内容 | |
|---|---|---|---|---|
| 3 | 前期费用汇出 | 外汇局核准 | 提交文件 | （1）书面申请（包括境外直接投资总额、各方出资额、出资方式，以及所需前期费用金额、用途和资金来源说明等）；（2）境内机构有效的营业执照或注册登记证明及组织机构代码证；（3）境内机构参与投标、并购或合资合作项目的相关文件（包括中外方签署的意向书、备忘录或框架协议等）；（4）境内机构已向境外直接投资主管部门报送的书面申请。其中（3）、（4）两项在"汇出额超过300万美元或超过投资额15%"情况下提供 |
| 4 | 向国资委报告SPV的设立及并购前期沟通（中央企业） | | 受理部门 | 国资委产权局有关处室 |
| | | | 办理时限 | 未明确 |
| | | | 提交文件 | 未明确 |
| 5 | SPV设立备案 | | 受理部门 | 商务部对外投资和经济合作司对外投资处（中央企业）、省商务厅对外经济合作处（地方企业） |
| | | | 办理时限 | 3个工作日 |
| | | | 提交文件 | （1）《境外投资备案表》；（2）企业营业执照（正副本）、组织机构代码证及税务登记证复印件并加盖企业公章；（3）企业董事会或股东会决议；（4）新设企业的需提供境外企业章程等 |
| 6 | SPV外汇登记 | | 受理部门 | 外汇局资本司境外投资管理处（中央企业）、地方外汇局（地方企业） |
| | | | 办理时限 | 未明确，一般为5～10个工作日 |
| | | | 提交文件 | （1）《境外直接投资外汇登记申请表》；（2）外汇资金来源情况的说明材料；（3）境内机构有效的营业执照或注册登记证明及组织机构代码证；（4）境外直接投资主管部门对该项投资的核准文件或证书；（5）如果发生前期费用汇出的，提供相关说明文件及汇出凭证；（6）外汇局要求的其他材料 |
| 7 | SPV国有产权登记 | | 受理部门 | 国资委产权局相关处室 |
| | | | 办理时限 | 未明确 |
| | | | 提交文件 | （1）项目可行性研究报告的批复文件；（2）有关政府主管部门或上级投资单位的批准文件；（3）公司章程和建立公司的协议、合同；（4）国有资本金的来源证明；（5）国有资产管理部门要求提供的其他文件 |

续表

| 序号 | 办理事项 | 主要内容 | | |
|---|---|---|---|---|
| 8 | 经营者集中申报 | | 受理部门 | 商务部反垄断局 |
| | | | 办理时限 | X+30+90（+60）工作日 |
| | | | 提交文件 | （1）申报书；（2）集中对相关市场竞争状况影响的说明；（3）集中协议及相关文件。具体包括：各种形式的集中协议文件，如协议书、合同以及相应的补充文件等；（4）参与集中的经营者经会计师事务所审计的上一会计年度财务会计报告；（5）商务部要求提交的其他文件、资料；（6）自愿提供资料：如地方人民政府和主管部门等有关方面的意见，支持集中协议的各类报告等 |
| 9 | 并购项目发改委核准或备案 | 备案 | 受理部门 | 国家发改委（中央企业）省发改委（地方企业） |
| | | | 办理时限 | 7个工作日 |
| | | | 提交文件 | 境外投资项目备案申请表并附有关附件（发改委另行规定） |
| | | 核准 | 受理部门 | 国家发改委 |
| | | | 办理时限 | 20～30个工作日（如需要外部评估，加40个工作日） |
| | | | 提交文件 | （1）项目申请报告；（2）公司董事会决议或相关的出资决议；（3）证明投资主体及外方资产、经营和资信情况的文件；（4）银行出具的融资意向书；（5）以有价证券、实物、知识产权或技术、股权、债权等资产权益出资的，按资产权益的评估价值或公允价值核定出资额。应提交具备相应资质的会计师、资产评估机构等中介机构出具的资产评估报告，或其他可证明有关资产权益价值的第三方文件；（6）中外方签署的意向书或框架协议等文件 |
| 10 | 国资委备案 | | 受理部门 | 国资委产权局有关处室 |
| | | | 办理时限 | 15个工作日 |
| | | | 提交文件 | （1）备案情况说明文件；（2）项目可行性研究报告及有关专家咨询论证意见（如有）；（3）董事会和股东会决议；（4）投资协议及投资方有关情况说明、证明文件；购并项目应提交双方签署的协议等文件，以及证明合作方资产、经营和资信情况的有关文件和尽职调查报告；（5）国资委要求的其他文件 |

续表

| 序号 | 办理事项 | 主要内容 | | |
| --- | --- | --- | --- | --- |
| 11 | SPV增资核准或备案 | 备案 | 受理部门 | 商务部对外投资和经济合作司对外投资处（中央企业）、省商务厅对外经济合作处（地方企业） |
| | | | 办理时限 | 3个工作日 |
| | | | 提交文件 | （1）《境外投资备案表》；（2）企业营业执照（正副本）、组织机构代码证及税务登记证复印件并加盖企业公章；（3）企业董事会或股东会决议；（4）新设企业的需提供境外企业章程等 |
| | | 核准 | 受理部门 | 商务部 |
| | | | 办理时限 | 10（或3）+10+15个工作日 |
| | | | 提交文件 | （1）申请书，主要内容包括投资主体情况、境外企业的名称、股权结构、投资金额、经营范围、经营期限、投资资金来源、投资的具体内容等；（2）境外投资相关合同或协议；（3）涉及使用我限制出口的产品或技术的境外投资，应提交有关部门同意产品或技术出口的材料；（4）营业执照复印件 |
| 12 | SPV增资外汇登记 | 受理部门 | | 外汇局资本司境外投资管理处（中央企业）、地方外汇局（地方企业） |
| | | 办理时限 | | 未明确，一般为5～10个工作日 |
| | | 提交文件 | | （1）原外汇登记证；（2）投资主管部门核准文件；（3）外汇局要求的其他相关材料 |
| 13 | SPV增资产权变更 | 受理部门 | | 国资委产权局有关处室 |
| | | 办理时限 | | 未明确 |
| | | 提交文件 | | 参照SPV设立产权登记 |
| 14 | 重大资产重组 | 受理部门 | | 证监会重组委 |
| | | 办理时限 | | 3～6个月 |
| | | 提交文件 | | （1）重组报告书；（2）上市公司董事会决议、股东大会决议、独立董事意见、其他公告文件；（3）独立财务顾问报告；（4）法律意见书及补充法律意见书；（5）标的资产财务报告及审计报告；（6）标的资产评估报告、评估说明、评估明细表；（7）上市公司备考报表及审计报告；（8）标的资产盈利预测报告及审核报告（如涉及）；（9）上市公司盈利预测报告及审核报告；交易对方审计报告（最近1年）； |

续表

| 序号 | 办理事项 | 主要内容 | |
|---|---|---|---|
| 14 | 重大资产重组 | 提交文件 | (10)重组协议及补充协议(如有);(11)交易对方内部决策文件;(12)国资批准文件(如有)、外资批准文件(如有)、特业批准文件(如有);(13)交易对方股份锁定承诺(发行股份下,3年或1年)交易对方营业执照;(14)标的公司房产证、土地证、经营资质证书;(15)上市公司全体董事承诺书;(16)中介机构承诺书、中介机构同意书、中介机构及经办人员资格证书;(17)保密制度及措施的说明、保密协议;(18)交易进程备忘录;(19)内幕交易自查汇总报告;内幕交易登记公司查询证明文件;(20)相关交易方承诺 |
| 15 | 交易完成后商务部门备案 | 受理部门 | 商务部对外投资和经济合作司,对外投资处 |
| | | 办理时限 | 不适用 |
| | | 提交文件 | 《境外中资企业境外投资备案表》 |
| 16 | 交易完成后外汇局备案 | 受理部门 | 之前外汇登记部门 |
| | | 办理时限 | 不适用 |
| | | 提交文件 | 未明确 |
| 17 | 被收购企业国有产权登记 | 受理部门 | 国资委产权局相关处室 |
| | | 办理时限 | 未明确 |
| | | 提交文件 | 参照SPV国有产权登记提交文件 |

注:上述流程中很多监管程序可以同时办理,尤其在交割阶段,如反垄断审查与发改委核准或备案等并没有明确的先后顺序。

# 第二章 国外审批

如上文所述，海外并购交易本身涉及两到三个法域的管辖，而东道国的监管更为核心和重要。很多知名海外并购交易最终因为东道国政府部门的拒绝无疾而终。

总结而言，东道国方面的监管重要有四个方面：外资并购审查、反垄断审查、国家安全审查、要约收购监管。

由于各个国家的法律法律各不相同，这里仅列举一些国家的规定，抛砖引玉。

## 第一节 外资并购审查

东道国外资并购审查主要从外资准入、外资统计以及赋予外资待遇等方面进行。我国也制定了专门的外资并购监管制度。

在外资并购政策方面，发达国家与发展中国家的政策倾向存在明显的区别。对发达国家而言，对外资的限制主要体现在维护国家主权和经济安全方面。而发展中国家在国际竞争中处于劣势，在经济全球化过程中除了希望获得贸易投资自由化的一些好处外，还特别重视经济全球化的风险防范，避免外资垄断经营，在服务业、金融业、房地产等方面的开放尤为小心。

### 一、新西兰法案

以新西兰外资并购政策为例，新西兰外资并购监管部门为“海外投资办公室”（OIO），并制定了专门的海外投资监管法案《新西兰海外投资法案》。

海外投资办公室具有广泛的批准权利，也有权根据所提供的资料拒绝申请。海外投资办公室隶属于财政部长，负责所有投资事宜，但土地和捕鱼除外，这些权利归土地信息部长和渔业部长负责。海外投资办公室拥有的权利包括接受及处理申请、适当地向其他政府机构或部门咨询、向海外投资者及大众提供投资信息、监督已被批准的投资是否符合申请的条件等权利。

根据《新西兰海外投资法案》（2005）的有关规定，“海外人士”要取得“敏感土地”或者“重大业务资产”，必须获得的OIO的同意。[①]

“敏感土地”是指：非城市区域超过5公顷的土地；在某些特定岛屿上的

① 在某些特定情况下还需要获得财政部（Ministers of Finance）和土地信息署（Land Information）的同意。

土地；或其他因为包括或接近河道、公园、保留地或有历史意义的区域而被归入“敏感”类的地块。

“重大业务资产”包括：投资者购买某一业务的25%或以上股权，而在该业务中为新西兰部分的投资而支付的对价超过1亿新西兰元的；投资者购买某一业务的25%或以上股权，而在该业务中新西兰资产的价值超过1亿新西兰元的；投资者取得新西兰的任何超过1亿新西兰元的财产权（包括商誉和其他无形资产）；或为建立一项业务而发生的开支超过1亿新西兰元的。

如果海外人士希望对大面积的农场土地投资（即相当于相关类型农场平均面积10倍或以上），海外投资办公室将高度重视下列因素：该项投资是否会使新西兰受益；该项海外投资是否会充分地增进新西兰的经济利益；是否有机会让新西兰人监督或参与（比如，有新西兰的董事或总部设在新西兰）。

为办理OIO审批，投资者至少需要向OIO提交如下文件：

（1）申请书；

（2）提交给OIO信息准确性的声明；

（3）买方实际控制人适格的声明；

（4）记载有土地详细信息的证书；

（5）相关交易文件及支持性文件；

（6）海外投资办公室还可能要求申请人提供关于其将如何管理“敏感”资产的管理计划以及对管理计划的支持性说明；

（7）相关信息，包括交易方背景信息、买方财务信息、土地证和宗地图复印件、买方实际控制人的详细信息（包括一个简介）；

（8）其他OIO要求的信息。

对申请的审批，主要关注海外投资人：是否有相关的商业能力和经验；能否保证投资所需要的资金；以及是否品格良好。

在投资涉及“敏感土地”的情况下，申请人还必须证明其购买将会给新西兰带来的利益。在评估这样一个收购项目时，海外投资办公室会考虑几个因素，包括该项投资是否能够：创造新的就业机会；创造新的技术，或者引进新的管理上的或技术上的技能；扩展新的出口市场或增加市场门路；增加竞争，并创造更高效能或生产能力；增强可以在新西兰提供的服务；将以发展为目的的投资引进到新西兰；或者增加对初级产品的深加工。

海外投资办公室的审批程序从海外人士的投资者向该办公室提交申请开始。

海外投资办公室收到投资者的申请之后，将在5个工作日内审查相关申请文件是否完备以及相关办理费用是否已交齐。如果缺乏文件或尚未交费，将要求投资者补齐。

在材料齐备且已交费的情况下，该等申请将被接受并予以登记，对于涉及“敏感土地”的交易，海外投资办公室会尽量在之后的50个工作日内完成审批。

在收购之后，海外投资办公室会继续跟进监督从而确保投资人遵守法律、在申请许可时作出的陈述，以及海外投资办公室在批准时附加的条件。海外投资人需要对其遵守的情况提交报告。

**二、泰国外资管理**

2009年8月15日，第八次中国—东盟经贸部长会议在泰国曼谷举行。商务部陈德铭部长与东盟10国的经贸部长共同签署了中国—东盟自贸区《投资协议》。该协议致力于在中国—东盟自由贸易区下建立一个自由、便利、透明及公平的投资体制，通过双方相互给予投资者国民待遇、最惠国待遇和投资公平公正待遇，提高投资相关法律法规的透明度，为双方创造更为有利的投资条件和良好的投资环境，并为双方的投资者提供充分的法律保护，从而进一步促进双方投资便利化和逐步自由化。《投资协议》包括27条，其中，国民待遇条款规定各方在其境内，在投资管理、经营、运营、维护、使用、销售和清算等方面，应当给予另一方投资者及其投资，不低于其在同等条件下给予其本国投资者及其投资的待遇；最惠国待遇条款规定各方在投资方面应当给予其他方投资者不低于其在同等条件下给予任何其他缔约方或第三国投资者的待遇。这两个核心条款在确保给予双方投资者公平公正的非歧视待遇方面起到关键作用，但同时存在为保护公共利益等一般例外和保护基本安全等的安全例外。此外，投资待遇、透明度、投资促进与便利和争端解决等条款为改善双方投资环境、提高外资政策透明度、促进投资便利化、提高投资争端解决公平与效率以及加强投资保护等方面提供了有效的法律保障。

上述《投资协议》为中国在东盟国家的投资和并购也提供了一定的良好环境。以泰国为例，规范泰国境内外商投资的立法是1972年的《外商经营法》(Alien Business Law)，由商业部商业注册厅实施，它是有关法律中比较重要的一项。后来对其进行了修改，允许外商更大程度的参与，1999年11月24日，泰国政府重新修订颁布《外籍人经营法》(或《外籍人经商法》)，并于2000年3月4日起施行。

泰国法律规定，任何不具有泰国国籍的自然人或法人在泰国经商时均享有与泰国公民和公司同等的权利，除非法律另有规定。《外籍人经营法》规定了如下禁止或限制外资从事的行业：第一类：因特殊原因，禁止外籍人士经营的业务，如报纸出版业、广播业、电视业等，之前已从事，外籍人士应获得商业部发展厅厅长的担保书。第二类：涉及国家安全和稳定的行业（如武器、子弹、炸药、爆炸物）；对文化艺术、风俗习惯和地方手工艺产生影响的行业；对自然资源或环境有影响的行业。外籍人从事这些行业，除非经过内阁批准，应获得部长签发的许可证。第三类：泰国人还没有足够的竞争能力与外国人合作经营的行业，如一些农作物加工业、建筑工程服务行业等，这些行业禁止外籍人投资。委员会按照法律的最终表册从该法生效起每年至少一次审查核实行业类别，然后形成报告提交给部长考虑修改。

自1997年泰国发生金融危机以来，为适应世界经济及投资形势的变化，更多地吸引外资，泰国投资促进委员会先后多次公布新的鼓励政策和措施。2006年5月，泰国投资促进委员会发布了关于投资优惠的有关解释，主要内容包括：（1）更有效地利用免税优惠，对真正有利于经济发展的项目，并且具备优良的机构管理原则的项目，给予税务方面的优惠。通过审批获得优惠投资的企业必须向投资促进委员会报告其业绩，以便投资促进委员会审核允许其享受该年度的免税优惠。（2）支持各工业企业提高生产标准及质量体系，以增加在国际市场上的竞争力。凡通过审批获优惠待遇的企业，投资额在1000万泰铢以上（不含土地费和流动资金）必须要取得ISO 9000国际质量标准或其他相等的国际标准认证。（3）调整泰国投资措施，使之和国际贸易与投资协定相一致，取消出口条件及国产件的使用规定。（4）给予边远地区或低收入地区和设施未完备的地区提供特别优惠待遇，使之获得最高的税务优惠权益。（5）重视中、小型企业的投资，申请优惠投资的最低投资额为100万泰铢（不含土地费和流动资金）。

## 第二节　反垄断审查

海外并购的结果对于我国和东道国(包括其所属联盟)来讲都是一把“双刃剑”。一方面，并购后有利于发挥规模经济的作用，提高经营者的竞争能力。另一方面，过度集中又会产生或加强市场支配地位，限制竞争，损害效率。因此，各国也就此制定了反垄断审查制度，制约负面的经营者集中行为。当然，这些制度在某种程度上也为国家在某些交易中阻止外资并购交易提供了一种手段。

这里简单列举欧盟、美国、意大利、爱尔兰等国的相关制度。

## 一、欧盟的经营者集中申报

2004年1月20日EC No.139/2004（新《兼并条例》）对欧共体范围内的集中进行了规制。

### （一）集中的定义

根据2004年通过的新《兼并条例》，“集中”（concentration）是指企业的控制权发生的某种持续性变化。当控制权基于以下原因发生持续性变化时，条例所称的“集中”应被视为已经产生：

1. 两个或两个以上原来独立的企业或其部分的合并；或

2. 一个或多个人已经控制至少一个企业，或一个或多个企业通过购买股票或资产、签订合同或其他任何手段，获得对另外一个或多个企业直接或间接的全部或部分的控制权。

控制权可以由权利、合同或其他的手段中的一项或多项构成，考虑到有关的事实或法律，这些手段单独地或联合起来有可能对一个企业施加决定性影响，特别是下列情况：

1. 拥有所有权或有权使用一个企业的全部或部分资产；

2. 通过权利或合同对一个企业的机关组成、投票或机关的决策产生决定性影响。

设立的合资企业属于为了长期经营的目的并且是具有完全自主决策功能的经济实体；不具有在它们之间或在它们与投资企业之间协调竞争行为效果的，应当构成法律规定的合并行为。

### （二）集中申报的条件

新《兼并条例》仅适用于在欧盟范围内具有影响的企业合并，那些不具有共同体影响的合并由各成员国竞争事务当局来处理。一个具有共同体影响的合并应当符合下列条件：

参与合并的企业在世界范围内的年销售额共同达到50亿欧元；并且参与合并的企业中至少有两个企业在共同体的年销售额达到2.5亿欧元；同时，参与合并的各企业在共同体市场年销售额的2/3以上不是来自一个和同一个成员国。

如果达不到以上的标准，符合下列条件的也视为具有共同体意义的合并：

（1）参与合并的企业在全球的年销售总额超过25亿欧元；

（2）参与合并的企业至少在欧盟3个成员国的共同市场年销售额超过1亿欧元；

（3）参与合并的企业中至少有2个企业各自在欧盟上述3个成员国的市场年销售额超过2500万欧元；

（4）参与合并的企业中至少有2个企业各自在欧盟市场的年销售额超过了1亿欧元；

（5）参与合并的各个企业在欧盟市场年销售额的2/3以上不是来自一个和同一个成员国。

根据新《兼并条例》的规定，即使企业合并的营业总额未达到以上规定的最低限额，如果存在以下两种情况，也可以将合并移送给委员会来处理：一是虽不具有欧盟影响，但影响了成员国之间的贸易，并将实质性地影响欧盟内竞争；二是在通知成员国的主管机关之前，对于不具有共同体影响，但至少可以按照3个成员国竞争法进行审查的合并，相关企业可以移送给委员会处理，此时的合并也被视为具有共同体影响，委员会享有专有管辖权。这种“一站式审查”（one stop shop）是为了避免一个涉及多国的合并受多个成员国审查而造成法律的不确定性的情况。

（三）欧盟对企业合并控制的程序

1. 申报程序

申报程序是企业合并行为发生法律效力的一个必经步骤，也是企业合并程序的第一步。根据新《兼并条例》第4条第1款的规定，企业应在签订合并合同、公布公开招标以及取得控制力之后尽快地对具有共同体影响的合并进行申报。在计划中的协议或投标将要产生具有共同体影响的合并时，如果相关企业要使委员会相信他们签订合并协议的意图是正当的，或有关企业已经制定了具体的合并计划，比如签订了谅解备忘录或相关企业签名的意愿信等，或在公开招标的情况下，他们已经公开宣布了他们的招标意愿，企业也应当尽快进行申报，当然要符合具有共同体影响的合并的条件。如果没有事先的申报，无论是故意还是过失，都将受到罚款。在企业通报之前以及委员会宣布合并与共同体市场相协调之前，合并必须暂停。

2. 第一阶段审查

第一阶段审查的目的是审查合并行为是否存在与共同体市场不相协调的嫌疑。如果能排除嫌疑，审查就到此结束，否则将正式立案调查。委员会在收到全面申报材料后，须在25个工作日内作出批准或需要进一步审查的决定。如果委员会收到成员国提出的申请，请求将实质性影响成员国国内独立市场的合并移交给成员国主管机关处理，或者相关企业为了使合并行为与共同体市场相协调，按照委员会提出的附加条件和义务作出了承诺，委员会可以将25个工作日延长到35个工作日。第一阶段审查分为常规程序和简化程序两种，当并购案件满足一定的条件时，当事方可以要求适用简化程序。适用简化程序的当事方可以少提交一些信息，竞争总司在内部审批程序上也相对简单一些。

在第一阶段的审查中，委员会可以作出以下三种决定：

（1）申报的合并不属于企业合并控制条例管辖的范围，也就是说，委员会不具有管辖权；

（2）申报的合并属于委员会管辖范围，但是不需要对合并进行进一步审查就可以认定合并与共同体市场相协调；

（3）申报的合并属于委员会管辖范围，但委员会对合并是否与共同体市场相协调存在着严重怀疑，需要对合并进行第二阶段的审查。

3. 第二阶段审查

对于那些是否与共同体市场相协调存在怀疑之处的合并，委员会必须进行第二阶段的审查。这个阶段的审查期限是90个工作日。如果合并企业按照委员会在最终决定中提出的附加条件和义务作出了承诺，只要该承诺是立案调查之日起的55个工作日内作出的，可以将该期限延长到105个工作日。如果申报合并的企业在委员会启动第二阶段调查程序开始后的15个工作日内提出延长期限的请求，上述期限也可以延长到105个工作日。在此期间，委员会除了调查外，会对合并进行深入和详细的分析，特别是分析合并对欧盟市场的影响。

经过这一阶段的审查，委员会可以做出以下决定：

（1）宣告企业合并与共同体市场相协调。如果委员会确认某一合并不会严重损害有效竞争，将宣告该合并与共同体市场相协调，从而允许申报的企业合并。通常，如果合并企业的市场份额低于25%，委员会都会宣布与共同体市场相协调。委员会也可以根据新《兼并条例》第8条第2款的规定，在批准合并时附加一些条件和义务。

（2）禁止企业合并。

4. 欧盟有关企业非法合并的法律责任

委员会对企业合并的审查是强制性的。因此，达到一定规模的企业合并必须要向委员会进行申报，而且进行申报的企业必须要遵守有关审查期的规定，在审查期没有过去之前，有关的企业不可实施合并。同时，未经批准的合并也不能以合并企业的名义在市场上进行活动。在未经批准的情况下，这些活动在法律上都是无效的，有关的企业法人要在法律上承担责任。

对于不符合新《兼并条例》规定的实体标准的合并以及违反程序规定的有关企业，委员会有权依法给予处罚。根据新《兼并条例》的规定，这些法律责任包括以下几类：

（1）恢复原状。对于未经申报就已经实施的合并行为，或者是审查期限未满就提前实施的合并行为，委员会有权作出决定，责令已经合并的企业恢复原状。具体措施包括解散合并，并予以分离联合的财产、取消控股以及其他能够恢复有效竞争的措施。

（2）履行附加义务。委员会对申报的企业进行审查后，如果认为合并在申报企业履行了附加的条件和义务后就能与共同体市场相协调，可以要求申报的企业对合并计划作出相应的变更。申报的企业必须承诺履行附加的条件和义务，否则将不得实施合并。未履行承诺的义务就实施了合并，将被委员会视作未申报的合并。委员会将有权认定该合并与共同体市场不相协调，从而命令申报的企业解散该合并，并恢复到实施合并前的状态。

（3）罚款。对于不符合新《兼并条例》规定的实质标准的合并以及违反程序规定的有关企业，委员会都有权依法处以罚款。对于那些不协助委员会官员调查的有关企业，例如在规定的时间里不提供有关信息或提供的信息不正确、误导或不完整等，无论其行为属于故意还是过失，委员会均可以判处有关企业支付数额不高于上一年度销售额1%的罚款。而对于那些负有申报义务而不申报或没有在实施合并前申报的，或在委员会尚未作出有关合并与共同体市场相协调的决定前就实施了合并，或实施了委员会认为与共同体市场不相协调的合并，或不遵守向委员会作出的附加承诺等有关企业，无论其行为属于故意还是过失，委员会均可判处有关企业支付数额不高于上一年度总销售额10%的罚款。如果相关企业不履行或逾期履行某种义务，委员会有权按日处以罚款，以迫使有关企业提供正确的完整的信息，履行承诺的附加条件以及采取拆散合并、恢复原状等措施。日罚款额不得超过有关企业日销售额的5%。委员会在决定罚款数额时，要考虑到行为的性质、严重程度和时间长短等因素。

## 二、其他国家申报标准

### （一）美国的经营者集中申报标准

按照美国Hart-Scott-Rodino法案、Clayton法案以及合并申报规则，交易金额和交易主体的规模均满足申报标准的，除可以得到豁免的外，均应进行申报。

根据Baker&Mckenzie LLP提供的资料，自2012年2月27日起生效的申报标准为：交易金额在6820万美元到27280万美元间，且交易主体达到以下任一规模均应申报，到27280万美元后，无论交易主体的规模如何，均应申报：

| 规模一 | 规模二 |
|---|---|
| 收购者年均净销售额或总资产达到1360万美元；且被收购者总资产或年净销售额达到13640万美元 | 收购者年均净销售额或总资产达到13640万美元；且被收购者作为制造业的年均净销售额和总资产达到1360万美元 |

### （二）意大利经营者集中申报的标准

意大利反垄断机关（AGCM）进行审查的门槛为：

1. 目标公司和收购者（及其集团）在意大利的营业额的总和超过4.72亿欧元；或

2. 目标公司在意大利的营业额超过4700万欧元。（以上数据按照上一财年的财务报表计算。每年AGCM都会更新该门槛要求）

任何需要进行反垄断申报的要约在向CONSOB进行通知的时候就应该向AGCM提交。

在获得上述通知后，如果AGCM在15天的初步评估中认为对交易需要进一步的考虑，可以决定对交易启动调查程序。如果AGCM不得在没有进行进一步的调查的情况下禁止要约收购交易。如果AGCM决定进一步调查，将可以在45天内进行调查程序并得出结论。但是在有关方提交的材料不充分的情况下，上述时间可以延长30天。

在调查程序开始时，AGCM可以要求收购者不得在得到AGCM最后决定前就其获得的目标公司的股份行使任何投票权。

### （三）爱尔兰经营者集中申报的标准

《爱尔兰并购控制法》于2002年7月1日生效，其中并购相关的条款在2003年1月1日生效。此前1978年并购、收购（控制）法被替代。竞争法规定，对于特定的并购、收购或合资必须发出通知并获得相关批准。

根据《爱尔兰并购控制法》，达到如下标准需要通知并获得批准：

（1）被收购的各个企业（出售方除外）在全世界至少有4000万欧元的营业额。

（2）被收购的其中一个企业（出售方除外）必须在爱尔兰有至少4000万欧元的营业额。

（3）所涉的至少2家企业在爱尔兰营业（包括北爱尔兰）。“营业”包括向爱尔兰出售商品或提供服务的公司，是个很广的概念。竞争局已经明确表示，为了计算营业额、评估该企业的业务是否发生在爱尔兰境内，“所涉企业”指的是企业所属的整个集团公司，但不包括业务被出售的出售方自己。

## 第三节　国家安全审查

与反垄断审查不同的是，国家安全审查的唯一标准是“影响国家安全”，而其剑指“外资并购”。

国家安全审查理论上来讲只能审查那些与国防和经济安全相关的行业上的并购交易，但各个国家的审查制度都为“解释”留有一定的空间。近年来，随着中国、印度等发展中国家的逐渐强大，国家安全审查成为美国等西方发达国家过问甚至阻止这些国家的企业收购境内核心技术和资源企业的重要方式。

华为、三一重工等中国企业由于美国国家安全审查制度的作用宣告并购美国企业的交易落空，也将美国海外投资委员会再次带入人们的视野。

美国海外投资委员会（以下简称CFIUS）成立于1988年，是一个联邦政府委员会，由9个政府机构的代表人员组成，美国财政部长担任委员会主席，CFIUS的代表们来自包括国防部、国务部以及国土安全部等。

CFIUS主要职责是审查所有可能威胁美国国家安全的外国投资者并购其境内企业的行为。

委员会在以下情况下会对并购项目进行调查：

（1）委员会或委员会中一个成员认为并购项目威胁或削弱国家安全；

（2）财政部指定的部门建议而且委员会同意应该调查；

（3）是外国政府控制的收购项目；

（4）收购项目的结果使外国政府控制美国或美国境内的关键基础设施，委员会认为这个收购项目会削弱美国国家安全而且没有缓解办法。

审查范围明确限制在国家安全风险领域，侧重评估外国收购方公司背景、被收购美国企业资产和客户性质以及交易本身可能对美国国家安全造成的影响等。审查过程不考虑国家经济风险等经济因素，也不审查“而与其他国家利益有关的事项”。

《2007年外资与国家安全法案》的兜底条款授权CFIUS和美国总统可援引任何其认为合适的考量因素判断交易是否威胁美国国家安全，而法案也没有对“国家安全”给出明确定义，CFIUS和总统令在审批过程中具有一定裁量权。并且根据上述法案，法院对总统令和CFIUS的禁令没有审查权。

并购项目双方对于CFIUS的申请及备案程序属自愿（voluntary）行为。如果中国企业并购目标美国企业可能涉及CFIUS关注的国家安全领域，并购交易双方宜主动与CFIUS接洽，事先通报交易情况，视情履行初步审查程序。一般而言，如果并购交易双方事先未向CFIUS通报有关交易情况，待CFIUS要求对交易发起审查时，则表明CFIUS认为有关交易可能威胁或损害美国国家安全，这时可能对正在谈判或业已交割的项目产生负面影响。正式提交审查前，交易方可就交易过程中潜在的问题同CFIUS成员进行私下单独沟通。

通常，CFIUS在启动审查后30天内决定是否批准涉嫌交易。交易一旦通过CFIUS审查，即获得“安全港”资格，美国政府将不得再以危害美国国家安全为理由审查交易。值得注意的是，CFIUS的审查权限可溯及既往，即使交易完成，CFIUS仍有权对该交易主动发起审查。CFIUS一般开展为期45天的调查。如果CFIUS建议总统阻止交易继续进行，总统可在15天内审查调查结果，决定是否延缓或禁止该项交易，或者对已完成交易决定是否进行资产剥离。

为了尽量避免海外并购交易因危害东道国国家安全而被阻止或追溯，中国企业应尽量选用经验丰富且信用良好的第三方机构或公关机构事先与监管当局沟通（而不是以“自愿申报”为由，有意避免介入程序），而在“收购方”的选择上尽量避免与“国有企业”、“中国政府控制”、“国防”、“军队”等字眼沾亲带故。

## 第四节　强制要约收购

如果被收购企业为东道国上市公司，海外并购交易还要遵守当地的证券法项下有关要约收购的规定，并发布公告。

正式要约公告一般不得附带条件或前提，或仅限于东道国国内的反垄断调查，而通常不适用于国外监管机关的审批。

本节简单介绍意大利的规定。

## 一、强制性要约

根据意大利法令第58号令[①]（颁布于1998年2月24日）等规定，在以下情况下必须进行强制性要约：

1. 提出收购全部有投票权的流通股

拥有目标公司不少于30%的具投票权股权的任何收购方（单独或与一致行动人一起），必须在拥有达到临界值（30%）具投票权股权的20天之内发出对剩余具投票权股权的收购要约。达到临界值的日期为完成使股权拥有达到临界值的收购完成的日期。

2. 增量要约

任何收购方（单独或与一致行动人一起）已经拥有目标公司多于30%的具投票权股权的，但是尚未拥有在股东大会上具投票权股权的多数。若该收购方在12个月内通过直接收购、订购或转股权继续取得了超过5%的具投票权的股份，该收购方必须发出强制性收购要约。但是，若某一股东（1）拥有超过45%具投票权的股权，并且（2）在此之前12个月并未购买任何具投票权的股票，那么该股东可以任意增加他的持股数量且没有发出强制性要约的义务。

3. 连锁原则要约

间接收购可能会触发强制性的连锁原则要约在以下情况下发生：当一个或者几个一致行动人（收购方）收购一家公司的股权（A公司），而该A公司持有了一家上市公司（B公司）的具有投票权的股权，或A公司拥有另外一家持有B公司有投票权股权的公司的权益，且收购方因此间接持有的B公司的投票权股权：

（1）具有任命或撤销董事或者监事的权利。

（2）超过30%的强制要约门槛。例如，目标为收购B公司，当一个或多个一致行动人作为收购方取得了A公司的股权，而A公司拥有B公司的具投票权的股权。那么收购方直接和间接拥有的具投票权的B公司股份即被认为超过了30%。若A公司为上市公司，收购方必须取得从A公司取得的上述股份应超过30%的投票权30%以上的具投票权的股份；若A公司为非上市公司，收购方从A公司获得的股权应必须有对为A公司的控股权。然而，仅在A公司的资产主要由以下方式构成时，收购方间接拥有的B公司的股权才会

① 该法令全名为：Consolidated Law of Finance。

被纳入考虑：①在上市公司中的持有的股份；②在其他控股公司持有的股份（这些控股公司的资产同样主要也是在上市公司中持有的股份）。

4. 少数股东在一定情形下有将持有股份卖给主要股东的权利

在以上强制性要约的情形中，通过受托人或其他中间人间接持有的以及被一致行动人所持有的股权都会被计算到决定是否超过临界值的百分比中。

30%的临界值的计算考虑到目标公司所有的有投票权的流通股，除了目标公司的库存股票。

收购方仅是取得不可撤销的保证（如接受要约的保证）或购买股权的期权，强制性要约的义务不被触发。仅在收购方已经确实拥有的股权超过临界值（30%）的时候才被触发。当收购者因为多次购买行为而拥有一家意大利上市公司超过30%的股份时，该收购者需要实施针对拥有公司全部可在受管制市场上交易的证券的全部股东的强制收购。

**二、豁免**

在收购全部有投票权的流通股和连锁原则要约的情况下，目标公司30%有投票权的股权是因为以下情形所取得的：

1. 先前（自愿）提出的收购目标公司100%具投票权股权的现金和/或交换要约。

2. 先前的一个为收购目标公司不少于60%具投票权股权的部分要约，并满足以下条件：

（1）在要约过程中和之前12个月内，收购方（和一致行动人）没有直接或间接购买目标公司超过1%的具投票权的股权。

（2）部分要约的前提是持有具投票权股权的多数股东的批准。可投票批准部分要约的股东范围不包含收购方（和一致行动人）、任何直接或间接拥有超过10%目标公司具投票权股权的任何股东和他们的一致行动人。

（3）在确认（1）和（2）中的条件得到满足后，CONSOB同意豁免全面要约。

3. 目标公司的其他股东或一致行动的其他多个股东已经拥有50%目标公司在股东大会上具投票权的股票。

4. 相关交易发生在一个公司和它控股的子公司中，或是在由同一母公司控股的子公司之间。

**三、定价**

总体上，发出自愿要约的收购方可以随意设置任何价格。但是除非要约价格比当前目标公司股票的市场价格存在一些溢价，此要约不可能成功。

但在强制性要约的情况下，要约价格不可低于强制性要约发出之前12个月期间收购方和其一致行动人购买目标公司股票的最高价格。若之前12个月内收购方没有购买任何目标公司的股票，要约价格将由这12个月内的市场均价来决定。

对于针对目标公司期权或可转换证券发出的要约，此类证券的价格将被分开计算。实际情况中，此类证券的价格通常为针对相应目标公司股份的要约价格减去相关的认购和转换价格。

竞争性要约必须比当前要约的价格要高，或者减少要约条件。

强制性要约的对价可以全部或部分由具投票权的证券构成。然而，在以下情况下，收购方必须提供可以现金方式支付全部对价的选择：

（1）此类证券未在欧盟规范市场上交易；

（2）收购方和它的一致行动方在发出要约前12月之内以现金方式购买了目标公司至少5%具投票权的证券。

**四、信息披露**

在以上提及的总体性披露要求之外，在报价被公告之后，任何利益方（定义见下）必须遵守CONSOB规定的其他特定披露要求。“利益方”指以下所述中的一种：

1. 收购方和目标公司，及它们的控股股东和受控公司；

2. 与1中的所列的公司一起被共同控制的其他公司，或关联公司（即收购方拥有超过20%具投票权证券的公司）；

3. 以上提及所有公司中的董事、管理委员会成员、法定审计师、监理会成员和总经理；

4. 收购方和/或目标公司中为与行使投票权或其他附股权利的股东协议一方的股东。

CONSOB规定以上提及各方必须在每日末通知CONSOB和市场任何包含目标公司具有买卖权的股份和/或其他证券的交易及各方达成的交易价格。

此外，收购方（或其他负责从目标股东处收取接受表格的一方）必须最少每周公告接受的数量。若目标公司的股权在规范市场上交易，接受的数量必须通过市场管理公司每日进行公布。

根据CFA，上市公司必须通知市场任何与该公司直接有关的内部信息。

因此，一旦知晓收购方发出要约的意愿，目标公司在技术上有义务披露。但是，在特定情形下，根据个案情形决定，披露可以被延期到收购方发出要约的意愿切实之时。

若相关信息被泄露，目标公司可能被要求披露与收购方进行的谈判即使收购方还没有达到发出收购要约的切实意愿。或者当市场上充满可能收购要约的传言或潜在目标公司的股市交易出现不正常情况时，CONSOB可以要求潜在的收购方披露它的目的。

通常，所有要约双方发出的公告必须通过新闻发布稿的方式发出，而且必须同时通知意大利证交所和CONSOB。

# 第四篇　海外并购合同条款

## 第一章　协议的签署方（PARTIES）

SPA（股权转让协议）是海外并购交易中最核心的一个法律文件。从协议的起草、谈判、修改、翻译至签署通常需要两三个月的时间（不考虑交易主体商业意图或行为的变化）。其不仅是双方达成的交易项下权利和义务的最全面的约定，而且也作为各类监管制度项下必备文件之一。

SPA的起草通常由其所适用的法律相关的执业律师来完成，其他各方中介（不仅限于律师）配合。当然，随着国内律师海外并购经验的逐渐丰富及自身语言优势，作为牵头律师，国内律师可能承担了起草双语SPA的工作，而由其他国家或地区执业律师配合完成。

SPA的起草过程同时也是对有关事项进行梳理和确认的过程。为了准确起草SPA，笔者对起草SPA中可能存在的一些问题和解决方案进行梳理和分析。但个别条款还需要结合各国或各地区的法律进行确认和调整。

准确确定SPA的协议各方才能保证其协议的效力完备和可执行性。在确定协议签署方时，应处理好本章中提及的几个问题。

### 第一节　大股东“全权代表”

当标的公司存在一位或多位小股东时，大股东可能会向收购方主张他们为唯一的缔约方，理由是反正他们会促使小股东们卖掉他们的股份。

从收购方角度而言，这样做也有好处，因为他只需要与一位或两位当事人进行谈判即可，不用展开大面积的商业谈判，节省费用和时间。但遇到这种情况，收购方应首先拒绝，因为这种提议仅仅是大股东的一个承诺，大股东无权处置其他股东的股份（尽管这个问题可能通过大股东促使小股东们按照承诺行使而得到部分解决）。解决方法是：促使该大股东获得小股东的授权，授权大股东代表他们谈判并签署SPA，并将授权文件作为SPA的附件列示。

## 第二节　标的股权“被信托”

由于信托机制在海外民营企业中的广泛适用，出售方可能已将目标股权交由有关的机构或个人“打理”。

当股份的所有权和受益权由不同的实体享有时，建议让信托受托人和委托方（受益人）一起签署SPA，或者由信托受托人签署但至少由受益人做出书面认可或委托。

当出售方仅为信托受托人时，应认真审查《信托合同》以确保受托人获得了出售股份的授权。收购方还应当坚持出售方对《信托合同》的内容全面披露，并将其作为SPA的附件，并保证“这些文件为信托书和文件的真实完整文件”。还要确认受托人是经过有效任命的。

审查《信托合同》约定的“出售权”问题时，应主要审查如下两个方面：

1. 出售股份及出具保证的授权

信托受托人一般来说不愿意签署SPA及出具保证，除非在信托书中有明示授权（若受托人越权行使可能承担个人责任）。大多数信托书都会载明一定程度的出售权，但仍应对具体条款进行核实。

如果《信托合同》没有明确授权受托人出售股份及出具保证，收购方应坚持要求委托方和受托人同时向收购方提供保证（即使受托人一般也不愿意做出共同连带性质的保证）。至于出售方之间（包括受托人）的责任分配，则根据持股比例进行。

2. 强制执行

违约情形发生时，收购方希望能顺利执行信托财产，但通常需要与各方大量谈判。同时也需要注意，受托人可能出于其自身判断或根据信托书的条款而有义务分配信托财产。

考虑到这一点，应认真审查《信托合同》的条款，并尽量采取如下措施：

（1）确保出售所得在SPA义务履行完毕前都单独存在一个例如共管账户之类的地方。

（2）限制受托人在“保证期间”分配信托财产的权利。“保证期间”的存在和长短取决于收购方的谈判能力和谈判结果。

下列表述可以限制受托人进行分配：

“受托人（保证人）分配财产的限制

【受托人】因出具保证而承担的责任应限于【扣除因信托】的资本所不时产生的净收益（扣除税收专员收取的费用及其他因【信托】的资本所产生的成本和费用总额）。如果保证期间存在尚未解决的诉讼或者在诉讼时效期内，则受托人除了支付成本和费用等金额之外，不可以对【信托】的资本金或者收入进行分配，除非受益人按照收购方满意的方式，作出一个对收购方有利的承诺，在这种承诺下，受益人在他有权获得的分配财产的价值范围内和【受托人】承担共同连带责任。”

（3）要求获得信托财产的受益人在保证期间承担连带保证责任。

（4）要求受托人将信托财产投资于流动性资产和/或现金上，并将这些资产/现金存入一个留置或共管账户，且在诉讼时效期满或者诉讼得到解决之后才可以对它们进行分配。

（5）限制受托人解除《信托合同》或限制受托人更改信托适用法律等权利。

## 第三节　保证人（Warrantors）和担保人（Guarantors）

### 一、保证人和担保人的区别

在跨境SPA文本中，保证人（warrantors）和担保人（guarantors）是两个不同的概念。

“保证人”的设定主要增加“承诺方”和“义务方”。也就是说，保证人通常需要像出售方一样遵守“陈述和保证”（representations and warranties)的内容，并应当促使出售方履行义务，并与出售方承担“共同连带责任”（详见下文）。因此，保证人通常为目标公司的实际控制人或管理人员（或者是非机构投资者）。如果出售方是目标公司的实际控制人或管理人员（或者是非机构投资者），一般来说他们都会对标的股权和目标公司的情况等做出保证。但如果出售方是机构投资人（VC/PE等），则可能不会同意就全部事项做出保证。因此，应在协议中谨慎定义“保证人”及所指引的保证条款。

而“担保人”是为了确保当存在违约情形，而出售方又出于某些原因没有能力进行赔偿时，收购方能够得到赔偿。也就是说，担保人主要是对出售方的“赔偿能力”进行担保，并在出售方违约情况下承担赔偿支付义务。收购方可以要求一个合适的第三方（如出售方母公司或关联方）对出售方在SPA项下的义务提供担保，尤其是针对出售方的保证和承诺。具体方式可以是直接让担保人签署SPA，或者是要求担保人另行签署一份担保协议。在一些大型竞标项目中，可能还涉及要求东道国政府部门提供担保。这种情况下一般要单独出具担保文件。此外，如果担保方为上市公司，还需要与当地律师确认并完成上市公司对外提供担保所需的手续，以确保担保的效力。

在有些SPA中，只存在担保人，并要求担保人对出售方义务的履行承担一定的责任并与出售方一起向收购方做出“陈述和保证”。实际上是“保证人”和“担保人”的一种融合。

在担保这种方式之外，或者作为担保的替代手段，收购方可能要求出售方（甚至及其母公司）作出这样的承诺：在担保期间（或各方另行约定的其他期间）将不会存在出售方净资产削减或出售的情形（或者表达出售方净资产将保持X价值的类似陈述）。收购方可以在双方谈判时提出这种要求，来作为担保的另一种替代手段，但它的缺点是收购方可能无法发现出售方或其母公司已经减损了其净资产价值。对于在其资产上设置出售限制，出售方可能提出强烈反对，但他可能更愿意承诺他将不会将其资产价值降低到某个标准以下，并愿意保证其资产将维持在某一水平。同样，如果部分对价会被延迟支付（不论是在分期付款中还是在按获利能力付款的方案中），出售方可能要求收购方的母公司对收购方延迟的这部分付款提供保证。

**二、出售方和保证人的责任分担**

SPA“定义和解释”条款中重要的内容是对多个出售方和保证人的责任进行约定和分配（如无特别说明，本题目项下出售方也包括保证人），责任类型包括共同连带责任、共同责任和连带责任三种。

（一）共同连带责任（Joint and Several Liability）

这常常是谈判的核心，尤其是当出售方是多个持股比例不同的自然人时。

如果出售方超过一个，收购方应该要求出售方对他们在SPA项下的保证和其他义务承担共同连带责任。这意味着收购方可以对任何一个出售方提起诉讼，主张全额赔偿。收购方就不用担心某个出售方的信用风险，会离开所在司法辖区或因为股权出售所得分散了就没有办法对单个出售方发起关于违反保证的索赔程序。

出售方的律师一般会试图拒绝关于共同连带责任的规定，理由是要一个出售方承担全部的损失并不公平，尤其是当他可能只获得很小一部分股份出售所得的时候。

收购方一般应该坚持对共同连带责任的要求。

理由一：收购方就购买全部的股份付了款，相应地，如果他受到任何损失，肯定会希望获得100%的赔偿，而不应该因为某一个出售方无力赔偿索赔金额或因为无法预见的原因而不能对其中一位或数位出售方提起索赔，或因为收购方自己可能出于商业考虑而不愿意对某位出售方提起索赔而导致他能够获得的赔偿少于他的损失。

理由二：出售方之间可以达成一个责任分配损失的协议，这样就可以解决他们在某一位出售方支付了超过他的责任份额的赔偿时如何在彼此之间分担损失的问题了。涉及其他共同连带责任时，如果某一方对违约应承担赔偿责任（或者对因违约提起的索赔进行善意的和解从而支付了费用），他有权向其他同样有责任赔偿的人进行追偿。这种权利和彼此之间约定赔偿份额的原则是不同的。另外，各方应承担的赔偿金额由法院在考虑到各方对损失应承担的责任后以公平和适当的角度来决定。所以，为了避免因这种规定带来的不确定性，对出售方来说，最好是达成一个分担协议来确定彼此的损害赔偿的比例。

关于这一条款的谈判常常会造成双方陷入僵局。对出售方而言，最好的方案就是和收购方约定对每一个出售方都设立一个责任的上限，这个上限一般是根据他们各自就股份出售获得的价款。但这个应该是收购方能接受的底线了，不能再接受更严苛的条款，例如约定某个出售方的责任上限的依据就是根据他所出售的股份所占比例来确定他应当承担的索赔金额。

如果出售方在谈判中对共同连带责任条款的规定达到了对他有利的程度，请注意向收购方明确解释相应后果。

（二）共同责任（Joint Liability）

如果协议没有约定，那么保证就将被视为基于共同责任的基础作出。承担共同责任的出售方和承担共同连带责任的出售方地位类似，除了以下两点：

1. 如果其中一名出售方死亡，他个人所做的陈述将不再带来责任，也就是说，其他出售方无须对他的陈述承担责任；以及

2. 为了对承担共同责任的出售方提起诉讼，必须同时起诉所有出售方而

不是其中某一位。

（三）连带责任（Several Liability）

连带责任的意思是，每个出售方只对他自己的履行行为承担责任（也就是说，只有当他自己未能履行义务时，他才承担责任，而且承担的是因他自己的违约造成的那部分损失）。对于那些根据出售方的知晓情况所做的保证来说也是同样的适用方法。如果四名出售方中只有一名是明知违约情形发生的，那么只有他需要承担责任。

但是，涉及一项声明的真实性时，“共同连带责任”和“连带责任”的区别就不是那么明显了，因为除非某些保证是针对某个特定的出售方作出的，否则他们就很有可能都需要对损失赔偿的全额承担责任。例如，四个出售方都保证目前不存在诉讼，但实际并非如此，那么收购方可以起诉任何一个出售方或全部四名出售方，要求对违反保证进行全额赔偿，因为他们每个人都作出了连带的声明说不存在诉讼，而他们每个人都是错的。所以在这种情形下，“共同连带责任”和“连带责任”几乎没有区别。

出售方可能会争取要求出售方只承担连带责任。但连带责任这个词语的含义常常被误解。例如，出售方可能会主张单个出售方只应该就他自己有过错而造成的违约承担责任。有时候他们实际上真正想表达的意思是，在任何一起索赔中，单个出售方应承担的责任上限不得超过他就股份出售所得获得的收益所占比例。但在其他时候，可能他们真正想达到的目的是让每个出售方都只承担不超过他们获得的股权出售对价的金额。但是仅仅规定对保证承担“连带责任”也达不到他们的目的。因此，为了更大限度地限制他们的连带责任，出售方可能会试图在条款中明确规定何为“连带责任”，而不会仅仅满足于条款中出现“连带”这个词。以下表述是一个示例，出售方同意承担连带责任，但实际上他们是想要按各自持有的股份和所获的出售所得来分担责任。

“本协议项下由超过一人以上作出的所有保证，以及其他义务、承诺和陈述，均视为连带作出。

责任上限：在就保证所提起的索赔中，每个出售方的责任总额不得超过他根据协议所实际获得的总金额；或

每个出售方在每一起关于保证的索赔中的责任上限应为该索赔所能获得的金额的一定比例，具体比例如下文所规定，但为免疑义，收购方所能获得的赔偿总额不得超过他所提出的索赔的金额”。

当代表收购方行事，并且同意以上表述（或类似表述），可以考虑将全部责任都归到一个主管业务的大股东身上。

如果拒绝任何关于连带责任的表述，请注意，不是协议中的所有义务或承诺都有必要以共同连带责任的方式作出，例如限制性承诺，因此对于这种情况是可以允许不适用共同连带责任的。

该条款也适用于交易中存在多个收购方的情况，而收购方内部责任限额的分配主要体现在“付款义务”上。

### 第四节　其他签署方

#### 一、目标公司签署SPA

通常情况下，SPA由出售方和收购方签署，但有些情况下，目标公司也签署SPA。

目标公司作为SPA的缔约一方的好处在于：考虑到跨境资本流动的复杂性和海外诉讼的繁琐，在收购完成后出现出售方违反约定或承诺的情形，如果目标公司直接作为索赔人向出售方索赔，相对灵活和方便。这种情况主要适用于收购方收购了目标公司100%股权的情况。

但目标公司作为SPA签署方，也有不利之处：

第一，SPA本是出售方和收购方之间的“买卖关系”，将目标公司迁入其中，造成法律关系的混乱，增加条款设计的复杂性。

第二，如果将索赔权赋予目标公司，目标公司获取赔偿金后还需要在当地作为收益纳税，并再进行股息分配时可能还需要纳税。

因此，需要综合考虑上述利弊决定。

#### 二、出售方为继承人

如果目标公司某位成员近期死亡或失踪，则需要考虑如何才能有效地将其所持有的股份转让给收购方。

如果目标公司章程中已明确规定了股东死亡或宣告失踪情况下“股份转移”的标准条款，且继承人符合该条款规定，则继承人可以对外签署SPA，但需要完善有关的继承手续和注册变更手续。需要审查的最重要的文件是股东名册及遗嘱验证书。出于某些原因，可能继承人不希望自己被纳入股东名册，根据有关国家的法律规定，只要他们能够向“公司登记秘书处”提供遗嘱验证书作为证据，他们仍然可以签署向收购方转让股份的转让文件，尽管他们并不是股东名册上登记的股东。但“公司登记秘书处”应当在股东名册和股份证书中对股东死亡或失踪的情况进行说明，并在相应信息页上附上相应股份已由已死亡股东的私人代表转让给收购方的备注说明。

**三、法人出售方及审查**

当SPA的缔约方为法人时，应载明公司注册号，以及名称和地址，因为名称可能发生变化。若该法人实体注册于国外，则注册所在国也应载明。

谨慎起见，还应确保该法人出售方具有签订SPA并出售目标股份的资格，以及不存在需要获取第三方同意的情形。同时应审查公司组织大纲及章程。

**四、定义“出售方集团”**

在出售方之间存在关联关系，或者收购方要求出售方及其关联方连带承担SPA项下的有关义务和责任，则需要定义“出售方集团”。但对“出售方集团”进行定义时需谨慎。例如，在限制性条款中将未来的集团公司纳入“出售方集团”可能是恰当的；在涉及“出售方集团”的任何保证时收购方可能想把前集团成员也视为出售方集团。

## 第二章　先决条件（CONDITIONS）

### 第一节　先决条件的种类和内容

SPA通常会约定交割的实现取决于一定的先决条件，这些条件主要包括三类：

第一类：是法律规定的审批、许可等要件，包括东道国外资准入审查、行业准入审查、业务资质的变更、国家安全审查、反垄断审查等，以及国内发改委、商务部、外汇局、证监会和国资委的监管等。

第二类：双方达成交易各自应完成的义务。例如董事会批准、股东大会批准、目标公司股东放弃优先权声明等。一般会分开来约定，如果另一方未完成其有义务满足的条件或者共同的第一类条件未被满足，一般来说双方会有均等的终止协议的权利。

第三类：是双方约定的其他事项，包括收购方在尽职调查中发现的而希望出售方在交割前解决的问题，也包括银行贷款的延续、重大合同的续约等目标公司经营问题。但这类约定应谨慎处理，因为在“条件成就日”前未实现这些条件，可能导致交易终止。因此，有些条件可以作为交割后的义务进行约定，而且如果出售方违约，收购方也可以选择追究违约责任直至终止SPA。

第四类：重大不利影响（详见下文）

另外，出售方还可能要求收购方满足一些特定条件，因此关于条件双方需要好好平衡。

## 第二节　“条件成就期限”

在设定了先决条件之后，通常会设定一个“条件成就日”作为目标日期。这类日期可以设定为SPA签署后一段时间（例如6个月，根据完成条件尤其是审批监管条件所需时间确定）。

如果条件没有全部被满足（或放弃），收购方或双方有权选择终止SPA（对于一方应实现的条件，如果因为其原因未成就，另一方有权终止SPA，并索赔），或经双方协商也可以延长“条件成就期限”。

## 第三节　条件成就“令收购方满意”

有时SPA约定先决条件的成就通常受限于条件达到“令收购方满意”的程度，这是一个很主观的标准。如果条件条款导致收购方有很容易退出协议的权利，出售方可能会主张收购方实际上只是对出售方的股份签署了一个购买期权的协议而已。因此，出售方可能会要求在条件的满足上采用一个更客观一点的标准（例如，收购方董事会的批准或业务无重大不利变更这种条件），并拒绝任何可能只是给收购方终止协议权利的这种条件。

出售方可能会拒绝让收购方拥有判断条件是否被满足的绝对判断权，从而试着引入一个“合理行事”的概念。尽管这意味着收购方潜在的“退出协议选择权”被削弱了，但可以接受，不需要多花时间争论。

## 第四节　重大不利变更

先决条件中通常设定一个条件为“目标公司在交割日或之前未发生重大不利事件”。如果单独使用该条款，出售方可能觉得过于宽泛，因为这会使得收购方很容易有借口终止协议，可能要求收购方详细说明其所关心的重大变化事项，一般可以设定为两类：

第一类：出售方或目标公司原因导致的重大不利，包括超过一定金额的诉讼；失去某关键客户或供应商或与之发生纠纷；业务上的重大变化；资产上的重大变化；财务状况的重大变化等。出售方可能会试图将本条限定为在出售方控制内的业务的变更。收购方对此应该拒绝。

第二类：非出售方或目标公司原因导致的重大不利，例如：

1. 宏观市场性事件：如果出售方把宏观的市场性事件作为重大不利变更的例外，收购方要争取在用语上能表达如下意思：如果某一事件导致目标受到了与行业内其他公司同样严重的影响，或导致目标公司所在的行业受到了和其他行业相比严重得多的影响，该事件就会导致重大不利影响的适用（例如，“9·11事件”后航空业所受的影响）。

2. 外部影响。这一条件已经越来越常见，是出售方很难拒绝的条款。收购方会说：如果任何第三方或政府得知这笔交易的存在就会以任何形式进行阻止，例如工人罢工，则收购方不会继续完成交易。出售方可能会试图主张这一条款应该只包括“实际存在”的而非“威胁发生的”行为、诉讼、调查，但收购方要谨慎考虑是否接受这一主张。

另外，收购方应确保SPA中的重大不利变更条款和他在银行财务文件里的重大不利变更条款是相符的。在判断是否存在重大不利变更时，出售方可能会试图拒绝收购方的主观判断，双方可以协商使用一个客观的标准，也就是以一个合理收购方的角度来判断。

另一种效果相同但比较隐晦的方式是加入这样的保证：“自上一个资产负债表的日期以来不存在重大不利变更”。所以只要重复一下这个保证，并且有“在交易完结前存在重大违反保证的情形时收购方有权终止协议”这样的约定，就可以达到相同的效果。

如果在签署协议到交易完结之间还有一段时间，收购方可能想要确保出售方不会在此期间放弃其业务或处置其债务。相应在附件中约定了出售方会承诺的事项。如果出售方违反了任何承诺，收购方可以有多重选择可以做。出售方可能会说，因为保证被认为是在交易完结时重新作出一次，所以，承诺里的事项其实已经被保证所包括了。收购方应尽力拒绝这样的主张，但不得不让步的话，就试着重点关注一些关键承诺。

### 第五节　条件的放弃

双方一般应确保本条款的存在，主要是让收购方在即使任何条件都没有被满足却仍想完成交易的情况下，他可以对任何条件作出弃权。这种弃权的规定显然不会适用于并购控制的条件或者其他法律强制规定的条件。

### 第六节　通知义务

这条规定双方都有义务在某一条件可能无法达到时通知对方。对收购方更有利的方法是把这个作为只有出售方承担的义务。

另外，当某一事项可能导致某项保证不真实时，出售方也有义务通知收购方。这对收购方来说是很重要的保护条款，一般不得删除。出售方可能会反对“可能导致”这样的用语。但是，收购方应尽量保留该条，即使让步将它缩小到合理的范围也不应删除。

SPA赋予收购方在全部条件在目标日期前无法满足或未被放弃时终止协议的权利。

## 第七节　“交易完结日”（Completion）

客户可能会希望设定一个具体的时间点作为交易完结的节点，比如将交易完成之日的“结束营业”的时间作为这个节点。客户这样希望也是出于一些合理原因，比如要开始库存盘点是正好一个时间点，向员工发出公告正好是一个时间点，或者是为了编制完成交易完结的相关账目而需要对财务账簿进行结账的时候。

## 第八节　交割后义务

如上文所述，对于不便列入先决条件而又为收购方所关注的事项，可以或者只有在交割后才可以启动的且需要出售方协助的事项，一般会设定在“交割后义务”条款中。该条款也非常重要，有些条款直接影响收购方“接手”目标公司后的持续经营。主要条款如：退休金方面的手续，目标公司已有贷款按不低于之前条件和财务成本延续，订单维持等。此外，如果出售方又是目标公司的高管，还应注意在其聘用合同等文件中对有关义务进行约定。

但交割同时需要完成的事项，如股东名册变更、注册处登记、资料移交等，应约定在“交割时义务”条款中。

## 第九节　放弃优先购买权

放弃优先购买权是SPA的必备文件之一，也是排除第三方权利的重要手段。收购方在要求出售方出具这份文件的同时，也需要处理好如下两种情形：

第一，出售方为唯一股东。即使出售方是目标公司的唯一股东，这条也可能适用，因为它将优先于出售方和任何第三方就出售目标公司股权所达成的任何协议。

第二，有期权方案。如果目标公司有期权方案，那么最好要求出售方做一份这样的声明/保证：出售方将放弃他们所持有的任何期权，并且，出售方有义务促使其他期权持有人放弃并交回他们各自的期权。后者对出售方来说有困难，尤其是当其他持有人拒绝放弃期权时，所以，出售方可能会希望给这个声明加一个限定条件："出售方已经尽到一切合理的努力。"

显然，如果存在一个员工期权计划而员工希望保留他们的期权，该条款可能需要修正。最好的处理方法就是把该条款修正为如下表述：

"出售方放弃根据公司章程或其他文件所拥有的关于股份或股份利息进行转让的所有优先购买权或进行其他限制的权利，但已发行的股份期权或者任何人根据股份期权计划【见附件/披露清单/附表A】而有权持有的股份期权除外。"

## 第三章　价款的支付（PAYMENT）

股权转让的完整对价取决于出售方向收购方提供真实有效的信息和资料，也取决于某些条件的实现。

为了有效控制全额付款给收购方带来的风险，可以采取如下五种方式：

（1）分期支付价款；

（2）共管账户；

（3）扣留部分价款；

（4）部分价款与未来盈利相联系；

（5）依据交割审计调整价格或股权。

### 第一节　分期支付价款

收购方可以结合并购交易的步骤和时间安排，勾稽有关的交割条件，科学设计价款的分期支付。这一般是合理的。

分期支付与下文共管账户监管的最大区别就是收购方不需要预先支取资金。出售方可能要求收购方通过银行保函等方式提供保证，以确保收购方会支付延迟的款项。

### 第二节　共管账户

对价的价款一般都会存在一个共管账户里，或者将上述扣留价款放在共管账户里。

共管账户通常分为三类：第一，以收购方名义开立的一个银行分离账户；第二，以双方名义开立的共管账户。第三，由双方律师或收购方律师所在机构开立的共管账户。其中，第三种是海外并购中最常见的做法。

开立共管账户需要考虑的问题有：

（1）共管的条款，账户以谁的名义开立；

（2）谁有权收取留置部分的利息；

（3）如果律师是其中一个账户持有人时，确保交付资金的条款明确；

（4）确保律师除了按要求支付金额外，不对第三人承担任何责任；

（5）利息部分的税谁来支付；

（6）银行费用以及管理账户的其他费用谁来支付；

（7）留置的资金期限是多久：如果代理的是收购方，理论上这个期限应等于保证/赔偿的有效期；

（8）当关于保证/赔偿的索赔作出时怎么办；

（9）如果索赔提起的时间里留置资金的最终支付时间很紧，请确保这部分资金仍会放在账户中直到索赔得以解决（和解或判决形式），那时剩余部分才可进行支付；

（10）是否应向出售方进行分期支付；

（11）出售方最有可能要求建立一个客观的标准以判断某一索赔是否是基于善意而作出，以及用来决定应留置的资金的金额等。

## 第三节　扣留部分价款

在出售方因经营问题处置其子公司用以还债或重组等，而又没有其他担保措施的情况下，收购方会希望将对价中的一部分暂时扣留（如一年）。因为收购方担心在过渡期或保证期限内出售方将出售所得任意处置。当违反保证或需要赔偿的可能性已经存在时，扣留的部分金额就是为了满足对该等违约的赔偿。

出售方通常会建议指定一个高级法律顾问来判定索赔是否基于善意以及决定应该扣留多少资金。收购方一开始会不愿意，因为很复杂且数量无法确定，但是在很多交易中，最后收购方还是会同意。

## 第四节　部分价款与未来盈利相联系

### 一、模式与利弊

当出售方是公司的执行层时且在收购完成后继续持有目标公司股份或任

职的情况下，收购方可以约定将部分收购价款的支付与目标公司将来的业绩和利润目标相勾稽。

通常对未来“盈利”的界定应满足如下要求：

（1）是基于目标公司的交易利润，而不是其他，例如，因出售资产而带来的意外利润；

（2）反映公司被收购后的协同作用的，例如人员裁减，购买能力增强等；

（3）将目标公司在交易完结后因收购任何新业务而带来的利润排除在外；

（4）将方案期间发生的所有费用都计入进来，以便确保出售方不会为了提高表面利润而将费用这部分延迟到日后。

这种做法有两个好处：

第一，延期支付，控制风险。

第二，留任和激励高管，稳定经营。

这种做法也有弊端：

第一，在方案期间出售方将会继续参与业务，限制收购方的行动。

第二，尽管收购方和出售方都会想要达到公司利润最大化，但这也可能引发冲突。一方面出售方会只是想要创造利润，而另一方面收购方可能会想要增加公司的资本或者其他支出以维持和扩大公司的业务。

第三，同时，双方对会计准则也可能有争议。收购方的会计师将在发现重点事项和规定如何确定重点事项上发挥重大作用。

第四，而对出售方来说，由于部分款项延后支付或以分红形式支付，也可能增加其额外的税收成本。

第五，收购方可能还会想要在目标公司将来如何发展方面保留一些灵活度，例如将来并购或者出售业务。这可能是很棘手的问题，需要大量协商。

**二、出售方的要求**

出售方一般会要求收购方承诺如下内容：

（1）一般性条款：约定收购方不会采取任何行动来减少或可以改变公司利润。

（2）收购方正常地经营公司业务。

（3）收购方承诺不把公司本来正常经营的业务转给其他公司。关于这一点，收购方需要向出售方确认：客户或业务上的交叉不属于违反前述承诺（也就是说，收购方没有义务因为某项业务会给公司增加收益就必须把这项业务给目标公司做，或者如果收购方同意把这项业务交给公司做，应明确排除公司因这类业务所增加的收益）。

（4）增加的服务或管理费用。一般这些会提前协商好。

（5）收购方将利润最大化的义务，以及收购方提供充足的资源以促进公司业务的义务。收购方对后者应慎重，把后项义务加入到某个商业计划里要比在这里这么宽泛的规定好。

（6）对员工报酬的大幅提高的限制。

（7）目标公司所购买的产品和服务应为了目标公司自身的利益而使用，而不是为了收购方的其他公司。

（8）对于那些从长远看对公司有利但近期来看会影响公司盈利能力的花费进行限制。

（9）出售方可能还会想要就公司业务经营的某些事项拥有否决权，比如小股东会想要在合资企业里拥有否决权的事项。收购方应慎重考虑，因为这会严重影响到他对公司的经营权。收购方应确保关于决定公司利润的条款是充分的。

**三、账目的编制**

收购方应坚持公司/收购方的会计师来编制方案期间的账目，但出售方有权提出异议。

应当确保编制账目的成本及纠纷解决都规定好。编制成本一般由各方分担，而纠纷解决的成本通常由独立第三方决定由谁承担。

**四、因正当理由离任/无正当理由离任（Good leaver/Bad leaver）**

如前所述，获利能力付款方案常常用于收购方为了确保出售方继续留下来经营业务的情况。很显然，如果出售方在获利能力付款方案实现前就离开，则需要有一个决定他们应该获得多少钱的规定。

出售方能获得多少钱一般取决于出售方是出于正当理由（如无故被公司开除、自然死亡或生理或精神缺陷），还是无正当理由（因故被公司开出或者只是单方提交辞呈）。

无正当理由离任的情况下，出售方可获得的金额一般会被打折扣，甚至有些时候会得不到一分钱。

而有正当理由离任的情况下，出售方可能可以根据业绩的增长获得相应的比例。

这通常需要大量的协商，如果出售方有多个，则协商难度更大，尤其是如果其中一个出售方在他离任后还有权对此后的一段期间获得收益，而这收益是根据还在任的其他出售方所创造的利润而定时。

如果出售方有多个，收购方可能会想要把大多数出售方（当出售方时个人时，且不论离职原因）的离任作为减少付款或甚至不再支付任何款项的理由。很显然，出售方会拒绝这个要求，但这确实能有效防止公司突然损失大部分人员。

## 第五节　依据交割审计调整价格

在收购方没有时间充分了解财务状况，或者在协议签署后至交割日时间较长，经营业绩可能出现巨大变化的情况下，双方可能协商在交割时进行"交割审计"，并依据审计结果调整价格。但这种方式越来越少被采用。但通常出售方同意收购方在过渡期内（截至到交割日）具有"交割审计"的权利，以便在交割前有什么重大变化可以追究出售方的责任，但不会同意调整价格，收购方可以要求保留该等权利，并通过"抵扣"（见下文）条款实现价格调整的目的。

当双方已经同意在交易完结后，根据目标公司的利润、净资产或特定资产的估值对对价进行调整的情况下，一般会编制交易完结的相关账目。可能因为这些特定资产对交易而言很关键，或者因为最后一套经审计的账目是和交易完结之前紧邻的一段期间有关的，又或者各方已经对净资产的估值达成了一致。不管怎样，收购方会想要对这个数额或价值获得一些保障。交易完结的相关账目可以采用完整的损益表和资产负债表的形式，也可以仅仅是一张资产负债表或者一个具体的估价。

各方应对编制交易完结的相关账目所使用的会计政策和方法达成一致，并编制成详细清单，作为SPA的一个附件。最重要的目的就是减少在解释会计政策时的主观性。

该类条款至少应该约定如下内容：

第一，谁来编制这些账目以及负责多长时间。出售方的会计师一般来说编制第一稿账目比较方便，但是，有一种观点认为编制初稿的一方会控制整个编制过程。如果会计政策已经进行了很详细的规定，那么任何一方来编制都不会有多大的优势，而且实务角度来说可能也会允许出售方会计师编制初稿。但如果会计政策并未详细规定，收购方应争取来负责初稿。

第二，编制过程中一方需给予另一方的协助。在编制账目的过程中，各方都应确保他们以及他们的会计师提供一切合理的协助。

第三，如果账目未按照期限完成怎么办。如果未能在约定的期限内完成账目编制，那么编制初稿的权利就转移给另一方。

第四，谁来承担编制账目的费用？通常来说均摊。但是，如果账目会涉及一个独立第三方来做决定，则应考虑是平摊成本，还是由这个第三方来决定费用的承担问题。

第五，一方为验证真实性的检查权。各方都想要能完全接触到在最初编制初稿时所使用的文件。

第六，如何接受/拒绝账目。可以通过发送通知的方式拒绝，或者（在接受的情况下）只要未在一定期限内发出拒绝的通知即视为接受。

第七，如何解决纠纷。发生纠纷时，一般的解决方法是指定一个独立的会计师事务所来作为专家，他作出的决定对双方有约束力。关于该独立审计师是有权利重新编制所有账目还是仅有权对争议事项涉及的那部分进行重新编制会有争议，这应当在SPA中明确予以规定。

第八，如果对调整的金额进行验证。一般来说，是由编制账目的会计师负责，如果发生争议，则由独立的外部专家来负责。

第九，调整的依据。例如同等金额赔偿，或者根据利润/资产超过或少于某一特定数额的部分进行调整。

第十，提起关于保证/赔偿的索赔的规定。如果在SPA签署日至交易完结账目编制的期间，发生关于保证/赔偿的索赔，收购方还可以考虑在账目中增加一条收购方可以提起索赔的条款。出售方可能会不愿意，但可能在双方对索赔达成一致或确定了（后者不太可能）的情况下会同意。制定这样的条款对收购方来说是有利的，因为关于保证的限制和这里的索赔是无关的。但是出售方一般会很快发现这点。

## 第六节　其他情况

在价款与支付条款中，可能还会涉及如下两个问题，需要了解其一般化的解决方案。

### 一、将股份作为对价

若收购方同意用股份支付全部或部分购买价款时，一般要注意以下问题：

1. 法定股本。确保有足够的法定股本（以及增加股本所必需的任何决议）。

2. 董事授权。确保董事有足够的授权来发行股份。

3. 放弃优先购买权。确保依据法律或合同的任何优先购买权条款已被放弃。

4. 待发行的股份数量。待发行的股份数量应该在购买协议里规定，可直接规定数量也可规定为总股本的一定比例。

5. 股份种类。考虑是否会发行同种类的普通股还是需要发行特殊种类的股份。

6. 股东协议。股东可能会通过股东协议的方式或者在协议里增加相应规定的方式对小股东提供保护。

7. 出售方尽职和收购方保证。在发行股份的情况下，收购方会希望出售方尽到尽职义务。另外，出售方一般也会希望从收购方那得到某种形式的保证。双方讨论一开始的内容一般也就是出售方向收购方作出的那些保证和限制的重复，因此，如果收购方需要以股份支付对价，则最好在谈“陈述和保证”条款时，不要限制太多，防止“引火烧身”。

**二、抵扣**

收购方希望当存在违反SPA或税收契据的情形时，自己有权抵销或暂扣任何应付款项。尽管收购方可能会有很多和抵销具有相同救济效果的权利，还是应该在SPA中对此进行规定。

抵销作为衡平法的一项权利曾见于O’Sullivan法官在Bushell Limited-v-Luxel Varesse SAS 1998案的判词：“存在交叉起诉的情况下，如果因为某项索赔导致原告获得付款的权利受到挑战而被告有权获得某权益，那么让被告继续支付原告所有的付款而不进行任何抵扣是不公平的，一般的规则就是被告可以进行抵扣。”但需要注意，在BOC Group plc - v- Centeon LLC一案中，法院认为如果一方主张抵销，必须有明确的约定。

因此，收购方应在协议中明确约定：当发生关于保证或赔偿的违约情形时，收购方有权对任何未支付价款无条件地进行抵扣。

示例：

“当发生【协议项下关于保证的索赔/任何索赔】或就收购方对出售方所负债务提起的关于税收契据的索赔时，收购方有权（但无义务）在任何时候从他对出售方所负债务中进行抵扣，（不论收购方对出售方所负债务已经到期还是尚未到期，也不论是否已经清偿，也不论使用币种），并且可以为该等目的转换为任何货币。收购方据此条行使权利无损于他的任何其他依据制定法、协议、衡平法、普通法所拥有的抵销、扣减的权利。”

出售方可能会强烈反对。实际上出售方肯呢过会要求使用以下表述以明确排除收购方抵扣的权利：

"本协议项下所有应付款项均应全额支付，不得有任何抵扣或暂扣行为，除非按照法律要求。收购方无权为了给自己暂扣付款的行为进行证明而主张任何款项的抵销或对出售方提起反诉。"

显然，如果存在任何延迟支付的对价，收购方应该拒绝接受这样的条款。

双方的妥协方案是，收购方向出售方发出通知，告知他收购方基于"善意"现对出售方提出关于违约的索赔，如果出售方不能接受，那么将此争议提交给一个高级法律顾问，让他来决定该索赔是否公平合理。如果是，则相当于索赔金额的数额将会被存入一个共管账户，直至纠纷得以协商解决或由有管辖权的法院判决，届时该笔金额将视具体情况被支付给收购方或出售方。以下为示例：

**抵销**

全部或部分【延迟支付的对价】的支付应在任何时候均受限于【依据本条款】的规定、当出现任何关于违反保证或协议其他条款或税收契据的索赔时收购方所拥有的暂扣、抵扣或抵销任何部分【延迟支付的对价】的权利（且截至应付款到期日时任何债务或索赔在争议或尚未解决或裁定给收购方的金额范围内），所暂扣、抵扣或抵销的金额由收购方根据争议的索赔金额进行合理的估计。

除非收购方在到期日前向出售方发出书面通知（"抵销通知"），否则收购方不得进行暂扣或抵销。

出售方有权自收到抵销通知之日起10个营业日内向收购方发出通知，声明他们要求收购方就争议的抵销金额的权利行使应提交给一个高级的、独立的【　】律师（在商法领域至少10年执业经验）（"法律顾问"）来决定。为免疑义，如果出售方未按照本第【　】条的规定在上述期间内向出售方发送通知，则出售方不得再就抵销金额的任何数额对收购方提出索赔。

法律顾问应由收购方和出售方指定，或者当存在违约的情形下，由【　】律师会彼时任职的主席指定。法律顾问应作为专家而非裁判者行事，应就【争议债务或索赔的金额依据以及】方面关于是否该等债务或索赔的判定结果会倾向于收购方发表意见。

双方有权向法律顾问进行陈述。法律顾问的决定是终局的，对双方均有约束力，法律顾问所采用的判断方法程序均由他自己全权决定。双方应对法律顾问作出的任何指定进行遵守，如果未能遵守而导致法律顾问作出相应决定，也有义务受这种决定约束。至于费用成本，由法律顾问来决定。

法律顾问如果认为抵销金额超出了争议债务的合理预估范围，收购方应在收到高级顾问的该等书面决定之日起5个营业日内，向出售方支付超过部分的金额。收购方将超出部分支付给出售方后，就该部分对出售方不再负有任何债务。

如果法院最终判决认为，或者买卖双方在未经法律顾问参与的情况下自行达成如下一致：抵销金额中的某一比例应支付给出售方，则收购方在支付该笔金额后还应当支付利息给出售方（如果法院没有做出关于利息的判决），利率按照比【 】银行同业拆借利率高【 】%，计息期间为到期日至实际支付日。此后，如果出售方自认，或者法院最终判决认定出售方对争议的纠纷应承担责任，导致收购方对留置款项的全部或部分金额有了合理依据（“合理的数额”），出售方除了支付赔偿金之外，还应该将他从收购方那收到的、就合理的数额部分获得的利息退还给收购方。

为本条的目的，法院的“最终判决”指法院就争议事项发出的判决，该判决未被当事人提起有效上诉（或不允许上诉）并提交给相关法院机构。

未免疑义，本条并不影响或限制收购方依据本协议或税收契据（或收购方签署或收到的任何文件）提起任何索赔并根据本条款要求赔偿的权利。

## 第四章　担保（GUARANTEE）

“担保”（guarantees）区别于“保证”（warranties）：担保主要是赋予第三方（一般为出售方的委托人、母公司等关联方）对SPA项下出售方需承担的违约赔偿责任承担担保义务。而“保证”（warranties)主要是对有关事项的陈述和保证，违反保证通常直接体现为某些事项存在虚假或瑕疵，而收购方还需要证实该等虚假或瑕疵对交易或目标公司造成影响才能主张赔偿。

关于担保的条款示例如下：

**担保**

1. 担保人，依出售方要求，于此不可撤销并无条件地向收购方（及公司）就下述事项提供担保：各出售方将尽职、及时履行和遵守本协议【及其他任何协议，如税收契据】项下的义务或因本协议【及其他任何协议，如税收契据】终止所引发的义务。

该条款规定了担保人的义务，即为出售方在协议项下的所有义务提供担保。为了使该条款生效，必须存在足够的对价，或者SPA以契据形式签署。

若担保是由银行或者母公司提供的，担保人可能会主张其担保责任仅限于“出售方的付款义务”。

担保人的义务是无条件的、不可撤销的。这是因为担保人的义务不仅仅是提供担保，它也是一种赔偿责任，因此也是担保人对收购方的首要义务。

但是，担保人可能希望限制其担保责任，在这种情况下，可以适用以下表述：

“收购方依据第【 】条可从担保人获得的索赔金额不得超过【金额】，另外，收购方还有权要求担保人支付本【 】条规定的以下项目：在收购方提出要求之前或之后的任何时刻，收购方已经承担的任何利息，手续费，费用和其他收费，以及所有法定的和其他成本”（注意：担保人可能不会同意支付“费用”等，因为它们的金额很容易增加）。

尽管该规定给担保人的责任设置了上限，担保人是仍然需要对出售方的全部义务承担担保责任，因此在出售方的义务全部履行完毕前，担保人的担保责任就一直存在。

2. 关于出售方按照本协议或因本协议的终止应支付给收购方的金额，收购方有权不时地要求担保人支付，一经要求，担保人应向其作出相应的支付。

该条款规定担保人同意即期支付。从收购方角度来说，这一条很重要，因为这意味着诉讼时效（简单合同中对违约的诉讼时效是6年，而涉及契据违约的时效为12年）自收购方提出索赔要求时起算（而不是从出售方违约之日起算）。

3. 在不损害第【 】条的情况下，担保人无条件且不可撤销地同意以下义务并将其作为一个独立的首要的义务：因出售方未能履行其协议下的任何义务或未能清偿其债务或因任何有担保的义务变得无法强制执行、无效或非法（不论因何种理由，也不论该理由是否为收购方所知）而导致收购方遭受或承担的一切损失、成本、被他人提起索赔、债务、赔偿、被他人提出要求和费用，担保人都将补偿并使之不受损失。

本条款为损失补偿条款（Indemnity clause）。损失补偿与担保的不同在于，损失补偿是一个首要义务，而担保是次级义务，在该情境下，是依赖于出售方对收购方承担的基础义务的（请见下文“保证及赔偿”）。因为担保会因为基础义务的情况而受到影响，本条款的目的就是为了阻止因出售方对收购方的基础义务发生的变化而导致担保无法适用；尤其是当这些变化可能是收购方所完全无力控制的时候。如果未在SPA中加入本条款，而出售方的基础义务又因任何原因而未履行时，担保人将无须为其担保承担责任。而这时恰恰是收购方希望援引担保条款的时候，因此，对收购方来说，确保本条款的纳入是非常重要的。

4. 担保人于本条款下的义务是首要义务，不仅仅是担保，而且是为收购方及其继承者、受让者和受托人的利益作出的。若出售方的某项义务或任何义务因任何原因变得无效、被撤销或不可执行，担保人于本条下的义务不受影响，担保人应当履行出售方应履行的义务，就如同担保人是履行该义务的首要责任人。

该条款保证了担保人的义务是首要义务，且即使出售方某项义务变得无效、被撤销或无法强制执行时，担保人的义务仍不受影响。

5. 担保人于本第【　】条下的义务是持续性的，不因中途付款或和解而完成、解除或受到影响，也不因出售方或任何一个出售方的组成或控制权的变化，或其发生资不抵债、破产、解散、接受审查或类似程序而完成、解除或受影响。

本条款使得担保义务是持续性的而非一时性的义务。一时性的义务和持续性的义务之间的区别是商业意义上的。若担保人仅对一个单一的、一次性的义务进行担保，则一时性的担保即足够，但大多数交易还是需要持续性担保。

6. 收购方和一位或多位出售方或第三人达成的任何可能减少或解除担保责任，或以其他方式为担保提供某种抗辩的协议，不会影响担保人于本第【　】条项下的义务。

本条是保护性条款，目的在于保证即使基础义务发生任何变化，担保人对收购方承担的首要义务仍将存续。这些变化一般在以下情况下会发生：出售方资不抵债情形时或当交易因过高或过低估价而无效时，也就是恰好是收购方需要依靠担保时。

7. 只要出售方还承担着本协议【及其他相关协议{名称}】项下的实际义务或或然义务，担保人就不得行使那些通过履行他的义务即可依据第【　】条所拥有的权利：向出售方索赔的权利，从出售方的另一个担保物中主张索赔的权利，或者是从出售方在本协议【及其他相关协议{名称}】项下中的权利中获取利益的权利（不论是以代位的方式还是其他方式获取全部或部分利益），亦或是从收购方因与本协议【及其他相关协议{名称}】相关所获得的任何其他担保中获取利益的权利。

本条是为了保证：直到出售方将其应付的因本协议或与之有关的所有金额全部付清，担保人才可以行使他因履行本协议项下他的义务而拥有的权利。

8. 担保人依据本第【 】条应承担的责任某项保证、担保或付款的无效而受到影响，也不会因基于这些保证、担保、付款而作出的豁免、和解或责任免除而受到影响，不论哪种情况下，都受限于破产或清算的相关法律约束。

本条是为了保证担保人的义务另行独立于出售方可能就出售方的义务所拥有的所有其他担保。

从上述各条款的批注可以看出，每一条对收购方都非常重要，如果担保人试图削弱该条款的效力，收购方应当拒绝。

除了担保，收购方还可能希望从担保人获得其他保证。这时可以参考下文：

担保人的陈述和保证

1. 担保人于本协议签署之日对收购方作出本条中的陈述和保证【担保人进一步向收购方保证和陈述如下：本第【 】条中担保人所做的每一陈述和保证均是完整准确的，不存在任何误导，如同他们在协议完成之日再次作出一样。为该目的，若下文的保证中明示或默示地提及本协议签署之日，都应视为对完成之日的提及。】（若协议签署和完成之日不一致，则应适用方括号里的表述）

2. 担保人是一家公司，根据【 】法律【设立的管辖地】合法设立并有效存续，并且有权拥有其资产并从事目前的业务。

3. 本协议中由担保人承担的义务为合法的、有效的，有法律约束力且可以强制执行。

4. 担保人签署本协议并履行其义务，以及本协议拟进行的交易，现在和将来均不会与以下事项产生冲突：

（1）适用于担保人的任何法律或法规；或者

（2）担保人的组织文件；或

（3）对担保人或其资产有法律效力的协议或文件。

5. 它有权力签署和交付本协议，履行本协议，并且已经采取一切必要的行动以使自己被授权来签署和交付、履行本协议及从事拟定的交易。

6. 使担保人合法签署本协议，行使本协议下的权利和履行义务所必需的、使本协议在担保人设立辖区内在证据效力层次上成为可接受的文件所必需的所有授权（不论何种）均已获得，或均已生效并完全有效。

7. 对于各方将【协议适用】法律作为本协议的适用法律这一选择，将在【担保人设立辖区】地区得到认可和执行。

8. 在【争议解决机构所在地】获得的关于本协议的任何判决均会在【担保人设立辖区】地区执行被认可和执行。

9.【在担保人设立的辖区，担保人无须就它在本协议下可能作出的付款进行扣税或因该等付款而需要扣税。】

10.【依据担保人设立辖区的法律，无须将本协议交到任何法庭或其他机关进行备案、记录或注册，也无须因本协议或其拟定的交易缴纳任何印花税、注册税或类似的税费。】

11. 担保人的资产均没有任何可以免受法律诉讼或程序的权利（包括但不限于诉讼、诉前保全、执行或其他强制执行措施）。

12. 就其他对担保人有法律约束力的或约束担保人的资产的契据或文件而言，不存在任何将构成违约的事件或情形，而此等违约若存在，将对担保人履行其在本协议下的义务造成重大不利影响。

13. 担保人在本协议下的支付义务，与其他无担保的、无抵押的债权人向其提出的主张相比至少处于同等顺位，但适用于公司的一般法律作出强制性优先顺序规定的除外。

14.（就担保人所知）在任何法庭、诉讼机构都不存在对担保人提起的或者威胁将对担保人提起的、可能对担保人履行本协议义务的能力带来重大不利影响的诉讼、仲裁或行政程序。

## 第五章　承诺（UNDERTAKINGS）

### 第一节　承诺、陈述和保证的区别

SPA中有时还会使用“承诺”（undertakings）这个词。“承诺”区别于“陈述”（representations）和“保证”（warranties）（详见下文），主要约定出售方对于某些事项所负有的义务，在SPA中需要出售方“承诺”的事项主要包括三类：

第一类：承担“过渡期”（interim period）内的义务，包括维持目标公司业务、经营、人员、声誉等；不得分红；无新负债等。

第二类：“交割后义务”，需要根据每个项目的不同情况确定，主要是解决尽职调查中发现的而又不能合理地在交割前解决的问题，如土地问题、证照问题等。

第三类：交割后限制出售方的竞争行为等，即RESTRICTIONS ON VENDORS。

**第二节　过渡期内的义务**

过渡期内收购方主要希望出售方能维持目标公司的财务、资产、经营、业务、人员等现状。

主要条款如：

过渡期内，除非收购方事先书面同意（收购方不得不合理地保留此项权利），出售方保证：

1. 经营业务：已经并正在以正常的、适当的、负责任的和有效的方式，按照良好的商业实践或其他正常的业务流程开展业务，与基准日前一贯的业务开展方式实质相同，并尽所有合理的努力确保维持公司的营业额和利润，并保持市场份额和客户的稳定。

2. 资产：除正常业务经营需要外，未曾并将不会同意收购或处置任何资产；保证净资产能够保值及/或增值。对于过渡期内发生的目标公司的重大资产损失，对于没有保险予以保障的部分，由出售方承担。

3. 不分红：未曾并将不以任何形式和方式分红。

4. 业务协议无变化：对于目标公司作为当事方的任何重大协议，未曾并将不进行条款的实质性改变，或扩展、更新或重新谈判。

5. 聘用协议不变更：未曾并将不对任何单个聘用协议或与任何工会的集体合同的条款进行任何实质性变更，或扩展、更新或协商；未曾并将不增加雇佣费用和员工薪酬。

6. 雇佣：未曾并将不雇佣任何高级或管理人员,并维持管理团队的稳定。

7. 无财产负担（No Encumbrances）：不允许在其任何资产上设置任何产权负担。

8. 允许：允许收购方在正常营业时间的合理时间，合理接触业务。

9. 通知收购方：对于包括业务任何方面的，针对目标公司或其管理人员或员工任何一方而威胁、提起、宣称或开始的任何诉讼、索赔、起诉、调查或可能发生的不利事件，及时通知收购方。

10. 维护声誉：已经并将维护目标公司的声誉，包括与客户、供应商和员工的关系。

11. 维持库存：将目标公司的库存维持在一个的合理、足够维持业务经营的水平。

12. 维持保险：保持对目标公司资产投保的保险单的完整和有效，确保没有人做出或被允许做出可能导致任何此类保险无效或可撤销的任何作为或不作为，如果收购方书面要求，应按照收购方的合理要求安排额外保险，费用由收购方承担。

13. 名称：不允许其名称被篡改，也不允许任何其他公司使用或采纳与其名称相似的名称。

14. 域名：不允许其互联网域名被篡改，也不允许其他任何人或公司使用或采纳与其互联网域名相似的域名。

15. 集团内部控制：确保出售方与其关联公司之间与业务相关的交易均以公允条件进行。

16. 无新负债：未曾并将不产生任何重大负债，除非：业务正常经营所需或已在《披露函》中披露。

## 第三节　出售方行为限制

收购方想确保出售方不会在交易完结后立刻就从事和目标公司相竞争的业务，收购方还想要确保出售方不会抢走公司的客户、供应商或员工，因此会要求出售方出具相关承诺。

### 一、限制期限、地域和产业

限制必须合理，且仅限定在业务的地域范围、时间范围和类型内。如果承诺范围太广且不合理，可能会视为无效。通常限制时限和范围为：

·限制期限：在交易完结之日起2年内；

·限制地域：限定在签署协议时出售方制造、出售、购买或提供相关的产品或服务的地域范围内；

·限制产业：限定在协议签署时出售方所制造、购买、出售或提供产品或服务的范围内。

如果业务涉及技术知识的使用（技术知识的定义是“以适当形式表现的具有隐秘性、实质性的技术信息”）时，可以自交易完结之日起最长5年的期间内对出售方施加不与收购方竞争、不招揽收购方的客户或员工的限制。一旦该技术知识进入公共领域，这种限制就自动时效。对某一业务领域的特殊知识并不等于这里定义的技术知识。

当出售方仍然以股东、董事或员工的身份继续从事原业务，可以在他任职的这段期间限制其与目标公司的义务竞争或限制其招揽客户，并延长至其任职后一段时间（如两年）。但是，如果出售方只是担任小股东（只是财务投资，不参与管理），则限制期限可以立即起算。

**二、限制行为**

限制行为通常包括：

（1）与公司业务竞争；

（2）招揽客户或供应商；

（3）招揽员工；

（4）适用知识产权或技术知识；

（5）和目标公司或其关联方保持关联关系等。

**三、法律要求**

限制性承诺如果被视为限制或削弱竞争时，可能和竞争法冲突。当地法律可能对限制期限、限制条件等都有一定的要求或判例指引，因此建议与当地律师或有关竞争管理部门沟通确认。

## 第六章 保证（WARRANTIES）

“陈述和保证”（representations and warranties）条款虽然包括“陈述”（representations）和“保证”（warranties）两个词，但需要表达的内容通常是一致的。二者的主要差别在于：出售方违反“陈述”的内容，一般视为违约，应主张违约赔偿；而出售方违反“保证”的内容，一般还可以提出侵权法上的赔偿。因此，收购方应尽量更多地将需要出售方承诺的内容放到“保证”定义中或指引至有关的附件。

### 第一节 设定保证条款的目的和意义

由于普通法的“买者自负”原则收购方不会接受，就要求在SPA中明确加入一些保护条款。这些保护通常以出售方做出的“保证”（warranties）和“损失补偿”(indemnities) 的形式出现。通常这也是谈判最核心的部分。

保证应有两个关键目标：

第一，通过提供违反保证时的合同救济（赔偿）来分配风险和责任。

第二，收集目标公司的信息。尽管收购方都会进行严格的尽职调查，但通常仅当出售方在给出那些旨在“收集信息”的保证时想要调查的这些问题才会明了。

《霍尔斯伯里英国判例法大全》对保证定义如下：“对合同主要目的进行辅助或并行的条款，对其进行违反将导致无过错的另一方有获得赔偿的权利，但并非结束合同的权利。”

保证在理论上为收购方提供保护。但是，就违反保证进行索赔并不总是能实现。一个谨慎的收购方应该把违反保证的索赔作为最后的手段，并且在签署协议前，应花适当的时间和专业知识来进行尽职调查并认真分析任何已披露的文件。收购方应当识别出有关特定业务的潜在风险并进行调查。这就可以防止那些能出问题或者最有可能出问题的事情发生，以便降低在交易完结后发生不愉快的事件的概率。

## 第二节　保证的限制（Warranties Qualified）

出售方一般会在SPA中明确，其所作出的“保证”是受限于如下九个方面（即出售方无须就此提供保证，也无须承担责任）：

（1）已在《披露函》中披露；

（2）已在注册处备案文件中披露；

（3）已在《尽职调查报告》中披露；

（4）已向收购方或其人员披露；

（5）账目中披露；

（6）主动调查获知；

（7）收购方知情；

（8）因履行协议约定引发的责任；

（9）收购方允许。

上述大部分限定是合理的，但收购方需要对上述各项内容进行必要的限定。

### 一、《披露函》中披露

双方常对披露的程度发生争议，收购方通常会要求“充分、良好、准确”的披露，而出售方则会主张“良好、合理”的披露。

出售方可能会主张“充分”披露是不合理的，因为如果没有提供不重要的信息，却披露了重要信息，这算不算充分披露呢。

何为“良好”的披露？核心就是：仅当披露的信息是具体的，而且给予收购方做出明智且合适的判断所需要的充分信息时，披露才是良好的。仅仅让收购方可以发出询问，或者仅仅给他充分的信息途径但要求他自己来查清事实和结论是不够的。尤其是只提供某一个复杂的信息来源，而一个人如果努力去探究可能会发现其他相关的信息的情况下，也不属于“良好披露”。但在判断是否做到良好披露时，合同的用语才是关键，而不是客观的分析。除非合同里要求披露必须能够使收购方能对问题有一个完整的了解，否则法院就有可能出售方的披露就是良好的。因此现在很有必要在SPA中明确规定何为“良好披露”。

披露函只能用于对所做的“陈述和保证”进行限定，而不能约束“税收契据”(Tax Deed)、损失补偿或任何合同订立前所做的陈述。如果出售方试图用披露函来适用于前述这些文件、陈述，收购方应该拒绝。

海外并购惯例是由出售方草拟披露函，然后直接发送给收购方。收购方应在交易开始后尽快获得披露函初稿。当对“陈述和保证”的限制条款进行谈判时，也需要确保对披露函里所做的一般性披露也尽到了注意义务，因为这种一般性披露也算作一种对保证的限制。很常见的情况是，SPA已经谈妥了，而披露函却到最后才谈。这就不可避免地导致在主协议都谈妥的情况下，重新开始谈论保证的限制问题。

披露函是将风险在双方之间进行分配的一个文件，所以很重要，要确保对它的关注度不亚于对SPA的关注度。最后，一定要注意披露函不会使保证变得没有作用。

**二、公司注册处披露**

出售方可能在保证限制或披露函中规定：目标公司提交至注册处的备案文件的内容被视为已经向收购方披露的事项，相应的保证也会被该等披露所限制。

出售方可能希望制定下述条款：

“对于因下列事实、事件或情形引发的责任，出售方不承担保证责任：

公开记录可以查询到的事项，包括但不限于在公司注册处的公司备案文件中显示的事项。”

这样的表述不可接受。因为保证的限制应当是具体的，如果凡是出现在公开记录上的事项，就不可以让出售方承担保证责任，这是不合理的。

如果收购方拟同意该等限定，收购方应和出售方协议，要求在披露函里规定：仅当收购方在特定期限内对目标的备案文件内容进行调查后，备案内容才会被视为已经向收购方披露（期限一般是合同交换前几天内，以便给收购方充分的时间来调查）。

**三、《尽职调查报告》中披露**

出售方可能希望制定下述条款：

“【　】已经在【　】代表收购方编制的报告里披露，报告日期为【　】”

如果收购方已经指示其会计师进行非常全面的调查，当出售方认为调查里披露的事情都应该是出售方注意到的事项时，收购方很难辩驳。但是，收购方可能不愿意出售方看到会计师的报告，也不愿意出售方依据报告内容进行保证方便的责任限制。话说回来，报告是代表收购方编制的，且是在收购方评估资产的价值和愿意支付的价格的期间进行的尽职调查。因此，只是披露这样的尽职调查报告不应该让出售方作为限制保证责任的依据。

但如果收购方接受，解决方案可能是让出售方看到一部分报告，并把这部分报告作为已披露的事项。

**四、已向收购方或其人员披露**

出售方可能希望制定下述条款：

“因为已经书面通知给收购方或其职员或其代表或专业顾问的任何事实、事件或情形而引发的责任，出售方无须承担保证责任。”

“如果经过收购方的尽职调查或其他调查或询问，以及依据收购方所能获得的所有公开资料，相关情况对收购方来说很明显或本应该很明显，则收购方不得提起任何索赔。”

上述表述不应被接受。解决方案是将已告知的内容经过协商详细列入《披露函》。

**五、账目（Accounts）中披露事项**

出售方可能制定下述条款：

“对于那些因截至【最后一批审计账目】的所有财政年度的账目或其备注中规定、提及或涉及的事项有关所引发的责任，或当计算任何计提或留存的金额时所考虑到的因素是引发责任的主要事项时，出售方无须承担保证责任。”

收购方不应接受此条款，除非当所涉事件明确记载在账目的备注里或当账目里有具体的准备、计提或留存的情况。

**六、主动调查获知**

就重要的财产，出售方相信收购方已进行了必要的调查，因此对此不做保证。

出售方可能希望制定下述条款：

"如果进行以下行为或查阅以下文件本可以发现某项事实、事件或情形，但因为没有做或没有查阅而导致的责任，出售方不对此承担保证责任：

（1）对【 】和当地有关机关保存的相关登记文件和记录进到财产行调查或询问，

（2）对财产的状态和条件实际查看一次，

（3）与财产相关的、列在披露函的附件里的权利契据和文件。"

但这种表述太宽泛了。收购方不能接受，除非实际的调查已经附在《披露函》里，并在必要时进行了解释。

**七、收购方知情**

区别于上述出售方告知的情况，这里"收购方知情"主要指收购方"明知"还仍要求出售方保证的情形。

在Infiniteland案中，法院认为违约事项中不论收购方知情与否都拥有权利和救济，但如果收购方确实知道还让出售方予以保证，则将丧失索赔的权利。意味着如果收购方实际知道情况，那他就不能援引这些保障。但是，如果收购方有的只是"推定性"知情，仍应可以索赔。

最安全的方法是收购方及其顾问共同审查这些保证，确保他们未发现任何可能构成违约的事项，并可以试着以由"收购方承诺不知情"的方式来化解双方关于这一点的争议。如果有可能构成违约的事项，最好依据补偿条款来索赔，而不要依据保证条款。"收购方承诺不知情"如：

"收购方向出售方保证：他并不知道任何构成构成违反保证的事项、事实或情况，如果收购方明知，则不得就该事项、事实或情况提起任何关于违反保证的索赔。'明知'指收购方的实际知情不包括收购方顾问所知晓的情况。"

**八、因履行协议约定引发的责任**

出售方可能制定这样的条款：

"如果保证的违反时因与本协议的条款规定的事项有关或因执行条款规定的事项而引发的，出售方无须就此承担责任。"

收购方不应接受该条款。通常有两方面原因：

第一，签署SPA可能带来很多无法预见的费用，尤其是财务上的成本。

第二，如果因目标公司的其中一份交易合同的"控制权变更条款"而带来损失，根据本条，也无法提起诉讼。这种条款通常会规定当发生控制权变更是，其他缔约方可以终止协议，并会产生各种制裁性措施。

## 第三节 “基于保证的索赔”（Warranty Claim）

本条适用于对违反保证的情形中，以及违反税收契据的情形，但不能适用于所有SPA项下的违约情形。这是为了确保关于保证的责任限制仅仅适用于就违反保证所提出的索赔，而不能扩展到SPA项下的所有违约索赔中。如果出售方希望将该定义改为“索赔”（claim）并相应地将关于保证的责任限制扩展到SPA项下的所有违约情形，作为收购方的代理人应该拒绝。任何具体的赔偿或就违反承诺主张的索赔都应当适用其各自的依据，而不受关于保证的限制的约束。

### 一、索赔的限制

出售方一般会主张如下情形不应视为其违反保证条款，但收购方应通过规定责任限制不适用的情形，来对保证的责任限制进行一些“反限制”。例如出售方故意行为、欺诈行为、犯罪行为等。

出售方可能主张的“保证责任的限制”包括如下几点：

（1）保险赔偿；

（2）按照收购方要求行事而引发的责任；

（3）未来的事项；

（4）计提过度；

（5）赔偿实际损失。

收购方应对这些限定做出必要的修正。

#### （一）保险

出售方可能会希望适用下述条款：

“对于因违反保证的情形给收购方或公司造成的损失或损害，如果收购方或公司有权依据有效的保单而主张赔偿，出售方无须再对他们承担赔偿责任。”

收购方可能不愿意接受这样的限制。收购方有权就其损失或损害主张赔偿，并不等于这个权利一定能实现。

但是，对出售方来说，在收购方确实获得保险赔偿的情况下，从法律上来说出售方不再需要因为保证被违反而向收购方付款，这样的条款也很少被拒绝。

更容易为收购方接受的表述应该是：

“对于因违反保证的情形给收购方或公司造成的损失或损害，如果收购方或公司依据有效的保单而获得了赔偿，出售方无须再对他们承担赔偿责任。”

（二）按照收购方要求行事而引发的责任

出售方可能希望适用这样的条款：

“对于因保证人或公司按照收购方、收购方代表或其专业顾问的书面要求或在取得其书面同意的情况下，在交易完结前所做的事情或不作为而引发的任何责任，出售方无须就保证承担责任。”

为了有助于收购方在交易完结后管理好目标公司，收购方可能会在协议签署前就要求出售方促成公司完成某特定交易。如果出售方同意，他应该坚持在协议里加入这样的限制条款，以避免因目标或出售方按照收购方要求采取这种行为后引发的任何责任。在这些情况下，如果相关交易是根据收购方书面要求作出的，收购方很难有理由拒绝这种责任限制。最好在SPA的附件里列明这样的事项，使之明确哪些是适用该限制条款的。

（三）未来的事项

出售方可能希望通过下述条款：

“完全或部分因以下事项产生的或与之有关的责任，出售方不承担保证责任：

（1）本协议签署之日后公司业务性质发生变更；或

（2）本协议签署之日后公司所收购或处置的任何资产；或

（3）改变现行法律规定的解释的法律规定（本协议签署之日并不具有效力）、法律规定的变化或法院的任何决定，或撤销之前所做的特殊的法定许可，或税收机关的做法改变，或税率上升；或

（4）本协议签署之日后，通过了一项解散公司的决议；或

（5）过去编制公司账目所采用的格式、内容基础、顺序和原则的变化。

出售方不对将来事项所带来的损失承担责任，这一点是合理的。但是，收购方可以减轻上述责任限制：把第（1）项中“变更”改为“实质性变更”；确保第（5）项的将来事项限定为“本协议签署日之后的变化”。接受第（4）项时需谨慎，因为公司陷入清算局面可能是出售方的过失造成的，所以要考虑在末尾增加“但前述情形是直接或间接由于出售方违反了本协议的任何条款或违反保证所导致的除外”。

（四）计提过度

出售方可能会主张：

在发生保证索赔或依据税收契据的索赔时，他的责任应扣除以下金额：

——账目里多计的那部分准备、计提、应计项目、留存或债务。

——资产变现价值超出账目里显示的那部分数额。

或者，如果出售方已经支付了款项，收购方应退款。

如果收购方是审阅了系列账目才并购目标的，而且出售方对账目提供了保证，交易后却发现，账目里包括价值低估的资产，或过高计算的债务，出售方可能会希望将这样的隐藏价值用于和保证索赔进行抵销。重新核查资产负债表太麻烦，收购方将需要重新对购买价值进行谈判，但要记住在交易完结后目标价值的任何增加都应该纯粹为了自己的利益。

如果有必要进行让步，那么就修改成仅当过高或过低估值与出售方的索赔（例如和股票价值有关）有关时，这样的计提才适用于出售方主张抵销或扣减，而且仅限于账目所过度或过低估值额那部分。

当允许在交易完结后对股份购买价格进行调整的情况下，本条将不适用。

（五）赔偿实际损失

出售方可能制定下述条款：

“对于收购方或目标公司可能遭受的或然的、将来的或无法确定的损失或债务，出售方不承担保证责任，而且仅当收购方或公司实际遭受这样的损失或债务后，他们才可提起索赔。”

这一条款规定收购方或目标公司仅在实际遭受损失或债务的时候才可以提起索赔。尽管这对出售方来说是一个合理的要求，收购方可能反过来进一步要求排除提起索赔的诉讼时效的适用。毕竟，如果违反保证的情形发生，而没有第三方在时效内提起索赔，那么收购方或目标公司就不得不自行承担损失了。出售方可能不会接受收购方的要求，或者至少会要求收购方或公司在一定时效内将或然的索赔通知给他们。

**二、索赔时效**

对于一般性保证，3年的诉讼时效一般是谈判的起点。时效问题通常是谈判的重点，一般来说，对于普通的诉讼会使用单独的时效——两年是最常见的，大概就是自第二次审计完成之后再多几个月的时间；而对有关税务所做的保证则应适用4年到5年的时效，自公司提交法人税申报表的会计期间的最后一天起算。税务方面时效是必需的，因为在特定情况下，税收专员可以重新确定税款金额。

**三、最低金额索赔：“最低豁免规定”**

一个常见的做法，就是禁止收购方为很小的或不重要的事情提起诉讼，这种针对小事的索赔通常被称为“妨害之诉”。

常遇到的约定包括：

（1）规定最低金额：当索赔超过一定金额，收购方才可以就违约起诉。

（2）规定最低总额（通常称为“一揽子诉讼”）：除非一个或多个索赔的金额超过一定数额，收购方才可以起诉。但是，如果超过了约定数额，收购方有权就任何事项进行起诉。

出售方通常会要求同时达到上述两种条件才可以索赔。这种情况下，收购方应确保：

（1）在单起或者所有索赔超过约定的最低数额时，收购方有权对全部的索赔金额提出主张，而不是只能对超过的那部分金额进行索赔。

（2）合理设定总额限定和单个索赔限额的条件。如果金额很小的多个案件索赔额达到一定程度，应允许索赔。

关于最低金额的数额并没有固定的规则。出售方一般可能会主张为对价的5%到10%之间。收购方或许应主张在1%至3%之间比较好，尽管也有一些人认为这个金额不应该和对价挂钩，因为这是收购方通常不会向出售方主张的一笔钱。

出售方通常会试图主张税收契据也适用上述相同的标准，但实际上两者并不总是同时能适用一个标准。税收契据常常并不存在最低额或最高额的规定。

**四、最高责任（Maximum Liability）**

双方常常会把责任上限设为出售方所获得的对价的数额，但也没有特别的原因。如果对价很低，（尤其是当收购方承担了目标公司的大量债务时），或者当部分对价不是以现金形式支付时，这么规定就不太适合。当存在一个调整对价的方案或者获利能力付款方案的情况下，应注意要把延迟支付的对价也算进来。一般来说，出售方会要求责任上限不仅适用于SPA项下的索赔，而且也适用于税收契据项下的索赔，通常来说可以接受这个要求。

**五、索赔中收购方义务**

（一）违约通知

出售方可能希望：

“收购方应立即把导致保证索赔或本协议项下其他索赔的情形以书面通知的方式发送给出售方，并让出售方全面了解所有重大进展。”

这基本上无法拒绝。但是，收购方应该把发出通知的时限由“立即”改为“尽可能快”。另外，还可以把“情形”限定为你“确实知道”的并且

“合理的认为会构成违约”的情形。收购方还应考虑“让出售方全面了解所有重大进展”这样的表述。这应该仅涉及事件的重大进展，建议删除“全面”，并替换为“合理地”。

（二）不得转让“保证”

出售方可能希望适用下述条款：

“除收购方外，任何人（包括收购方的继承人）都不得提起关于保证的索赔或本协议或税收契据项下的索赔，损害赔偿的计算依据也不得是除收购方之外的其他人所遭受的损失或损害。”

如果出售方希望彻底表明他们的态度，他们可能还会试图加入这样的条款：

“收购方不得将保证进行转让，也不得被认为是为股份所有权的继任者持有保证的利益。”

收购方可能希望拥有“可变动的保证”，也就是使保证能会他的继任者和受让人也有利，例如他将目标公司转售的对象，或者甚至那些他只想转让保证的利益却不转让股份的人。

在很多情况下，出售方会拒绝收购方将保证进行转让。但收购方应坚持在条款中加入“继任者和受让者”，尤其对于PE作为收购方的情况。意义在于：如果收购方转售并向最终的收购方作出了类似的保证，而在这份新的SPA中出现违反保证的情形，则关于他应该支付给最终收购方的那部分赔偿，他可以依旧原SPA起诉出售方。

（三）第三方索赔

出售方可能希望通过下述条款：

“如果目标公司或收购方有权（不论是因为保险还是折价还是其他）就任何税收或其他损失或债务向任何第三人进行索赔，而这笔税收或损失或债务是公司或收购方依据本协议可以向保证人索赔的内容（不论保证人是否已经支付这笔金额），则保证人已经如此要求，收购方应当自负费用自行采取或促使公司采取保证人合理地认为所必需的一切措施（不论是起诉保险公司还是其他方法）来强制执行这样的索赔，且应以让保证人达到合理满意的方式让保证人随时知晓任何诉讼的进展。此后，保证人承担的责任就限定（除了根据附件所规定的责任限制外）在收购方从第三方获得索赔之后还遭受的损失或损害的那部分数额。如果收购方或公司未能按照保证人的合理指示向第三人提起索赔，则公司或收购方不得再就有关责任向保证人起诉。”

这一条规定，在收购方起诉出售方前，收购方和目标公司应向第三人（例如客户、供应商、保险人或税收专员）提起诉讼。

即使出售方已经准备好就诉讼的费用对收购方进行补偿，一般来说收购方也应该拒绝本条款。收购方应该考虑到这一条款可能给他的业务关系造成的损害，因为他可能被迫起诉他的客户或供应商。基于同样的理由，收购方也应谨慎地决定是否让出售方有权控制起诉第三方人的方式，因为出售方可能会采取很激进的方式而不考虑收购方和第三方已有的业务关系和商誉。

出售方通常会主张，如果收购方选择不从第三方获取赔偿，那么出售方也不需要承担责任。通常收购方不应接受出售方的这种主张。

（四）索赔权利的转让

出售方可能希望适用下述条款：

“当收购方放弃违反保证的索赔或税收契据项下的任何索赔，而出售方要求收购方将收购方或公司拥有的向第三人进行全额或部分索赔的权利转让给所有保证人（或者当保证人同意时，转让给其中一名或多名保证人），收购方将把该等权利转让给或者促使公司转让给保证人；如果保证人按照法律没有资格有效接受这样的转让，则在收购方获得令他满意的补偿之后，收购方会代表保证人向第三人提起索赔，并将所获得的金额支付给保证人。”

如果收购方转让索赔权利的任何费用都由出售方来出，收购方也没什么理由拒绝。相应地，“费用和成本由保证人自行承担，且应以令收购方满意的方式对其进行补偿为前提”应加入原文。另外，收购方也可以通过限制转让的条件来限制出售方通过受让获得索赔权的权利（例如，增加“仅限于第三方的赔偿款未超过保证人为解决相关违反保证的诉讼而支付给收购方的金额范围内”）。

（五）无权撤销协议

出售方可能希望适用下述条款：

“保证人违反保证，或者违反本协议或税收契据的任何其他条款，只会导致收购方拥有主张赔偿的权利，而不会导致收购方有权解除本协议。”

完全同意该条款是有风险的，应当以该等违反将造成“重大影响”等方式来坚持相关的解除权，并与SAP中的解除或终止条款进行协调统一。

（六）减轻损失的义务

出售方可能希望适用下述条款：

“依据普通法，收购方对保证人负有减轻损失的义务，本协议任何规定都不得视为免除收购方的该义务；在不损害前述规定的情况下，收购方应采取以及促使个公司采取一切可行的合理措施以避免或减轻任何可能导致依据保证、税收契据或本协议提起索赔的损失或债务。”

这条是合理的，但收购方应争取仅保留“依据普通法，收购方对保证人负有减轻损失的义务，本协议任何规定都不得视为免除收购方的该义务”这一点。

## 第四节　违反保证所获赔偿（Damages）的计算依据

对违反保证的赔偿的目的是将收购方置于如果保证未被违反时他本应处于的状态，也就是将损失部分补齐。

例如，收购方有权获得目标公司股份目前的市场价值和当保证完全真实未被违反时股份本应达到的价值之间的差额。和违反合同一样，能索赔的损失应当是可以预见的（Hedley Brrne and Co., Ltd.v.Heller and Portuers 1964）。

要求出售方实际履行来作为救济手段一般不可行，因为在违反保证的情况下赔偿是最充分的一种救济了。

违反保证时一般不会导致协议撤销，除非协议里明确规定。因保证被违反而撤销协议的权利仅限于协议签署至交易完结这一段期间，在交易完结后不可能一直存在这样的权利。

在很多情况下，如果要列明计算赔偿的依据会导致各方大量的谈判，但最终的结果常常要么是全部删除这样的条款，要么同意把股份价值的减少数额作为计算依据（这也是法院最可能采取的手段）。缺乏合同依据的结果就是，赔偿会按照法院的做法来计算，也就是按股份价值的减少数额来计算。这可能是最公平的办法（也就是合同法的一般原则），也常常是各方会同意的办法。

但是，有些特殊情况下，详细规定计算依据是有利的（甚至有时候是必要的）。

如果决定在协议中列明计算依据，建议使用以下表述：

“当发生关于违反保证的索赔时，收购方有权按以下标准获得赔偿：

——补救违反保证的情况所花费的成本（如果可补救）；

——资产的价值与未发生违反保证情况时本可能达到的价值相比，差额的部分；

——股份的价值与未发生违反保证情况时本可能达到的价值相比，差额的部分；

以上三者以金额最高的为准，一经收购方要求，出售方应当向收购方支付包括以下费用在内的金额总数：因违反保证或为强制履行相关的判决而引发的或与之相关的、收购方所直接或间接遭受或支付的任何性质的债务、损失、赔偿、成本（包括法律成本）和花费，以及根据本条所有应付费用的利息（年利率为欧洲银行间同业拆借利率加2%，类比3个月期限的资金，自交易完结之日起算）。”

第一种依据是恢复原状的成本。这和损失补偿的依据最接近，因此出售方通常不会接受。这样计算出来的数额会比其他方式要多，但也并不绝对（例如，当购买股份的价格是基于多重利润之和时）。

如果违反保证带来的主要影响是降低了净资产的价值，则使用第二种计算依据对收购方比较有效，因为在资产价值降低的情况下会使用“同等金额赔偿”的救济方法。

第三种计算依据是基于股份价值减少的情况。

上述条文从收购方角度设计的较为理想化的表述，因为它规定收购方可以从三种计算依据中选择对他最有利的来作为计算依据。当然，法院也有可能完全不考虑这样的规定，直接适用它认为合适的计算依据，但至少收购方可以主张适用对他最有利的一种依据。

假设出售方不会同意这种允许收购方“自由选择”的表述，则可以考虑：从三种当中选择一个认为最合适的来坚持（可能是第三种），尽管第二种可能在有些情况下更合适；决定不采纳关于计算依据的任何条款越来越多出现在实践中。也可以这样，规定某些保证适用损失补偿原则，其余的都适用股票价值减损的标准。

如果没有出现关于计算依据的条款，法院究竟会适用哪种依据需要视具体情况而定，但最可能适用的是第三种。这时，它可能需要考虑收购方在计算购买股份的价款时所考虑的因素（所以有时候收购方会想要说明它是如何计算股份价款的）。例如，如果价款是多种利润之和，则资产的减少可能会被认为对股份价值影响甚微，但如果影响到年度利润的话可能会导致主张×倍年度利润损失的索赔。

### 第五节　受限于“出售方所知”（Vendor’s Knowledge）而作的保证

对于出现在股权购买协议或资产出售协议中的保证而言，通过会通过这样一个声明对其进行限制：

“该【全部或部分】保证的作出是基于‘出售方所知’（Vendor’s Knowledge）的情况、‘信息和信赖’、‘该保证是据出售方所知的情况而作出的’。”

将保证的责任限制在出售方所知的范围内，目的是减少出售方的责任，因为他们只会对他们在交易完结之前所知情范围内的违约事项对违反保证承担责任。因此谈判的焦点会在风险的分配上。

但同意这种“限制”，通常需要考虑如下五个问题：

（1）“限于出售方所知”而作的保证有哪些？

（2）出售方去主动询问了解情况的义务应达到何种标准？又应该向谁咨询？

（3）是实际知情还是推定知情？

（4）公司作为“知情人”如何处理？

（5）“知情人”限定为特定的人如何处理？

**一、限于出售方所知而作的保证有哪些？**

从出售方角度而言，受限于出售方所知而作的保证越多越好，因为出售方最终会将违反保证的风险转移到收购方身上。实际上，出售方律师可能有时候会试图将所有的保证都限定为基于出售方所知。但收购方不能接受。

收购方可接受的是诉讼或纠纷情况，即：

“据出售方所知，目前没有可能导致对目标公司提起的诉讼的依据或情形。”

但是对于合规方面的保证，如果还适用于“受限于出售方所知”的规定就非常不合理了，因为这会导致对于任何违法的风险都转嫁给收购方，而这种违法风险并不必然是出售方所知的。

**二、出售方去主动询问了解情况的义务应达到何种标准？又应该向谁咨询？**

当一项保证的责任受限于出售方所知的情况时，通常会涉及出售方主动询问了解情况的义务标准问题。如果出售方的所知就限定于他实际的知情情况而不需要对外界进行任何询问了解，那大部分的保证都没有意义了。

若出售方试图对其作出询问的义务进行限定，收购方应拒绝，但谁占上风在很大程度上取决于出售方试图限定保证的结果以及双方的谈判能力。有些时候，收购方可能需要自己进行一些调查，但最好是在出售方同意的情况下。

收购方一般希望使用“尽职谨慎”或“完全的”询问的表述，而出售方可能会试图援引一种客观标准。双方最终可能会同意出售方主动询问应即“达到合理程度”。

英国上诉法院认为，尽管出售方有义务进行披露，但如果有一项声明称出售方对某事不知情，就可以据此认为出售方为确保这项声明的真实性已经做了合理程度的调查（见案例 Willian Sindall PLC v. Cambridgeshire CC 1994 1 WLR 1016）。因此，如果协议未对出售方询问义务的标准进行规定，法院很可能认为出售方应该尽到“合理的”询问义务。因此，作为收购方应当考虑这种“合理”程度的标准是否可以接受，还是说在协议中详细约定更严格的标准。

关于应该向谁进行合理的询问也是需要考虑的问题。如果这项交易保密性很高，出售方可能不愿意将他应该咨询的对象扩展到他的员工、客户或第三人，而是希望将咨询对象限定在特定的高管、董事，或排除掉特定的客户或供应商。在某些情况下，这是合理的，尤其是如果出售方需要去问他的客户他的公司是不是违反了协议，这可能只是给出售方自找麻烦。如果出售方希望将咨询对象仅限定为专业顾问又或者排除掉所有的专业顾问，对收购方而言是不可接受的。

通常受限于出售方所知的相关保证一般是这样的：

“就出售方的一切所知和信赖，向收购方的出售不会导致任何客户、供应商或第三方将停止与公司进行业务往来。”

收购方应坚持要求在交易完结前与某些关键客户进行访谈，虽然这不会必然消除违反保证的情形，但至少收购方可以很好地了解到在公司的股份出售后客户是否还会继续和公司进行交易。

**三、是实际知情还是推定知情?**

出售方可能会试图将知情限定为“实际的知情”，也就是说，是他实际知晓的情况，而不是按照一般推定他应该知道的情况（即他本应该知道的情况）。

**四、公司作为“知情人”如何处理?**

当出售方是一家公司时，存在的问题就是：关于公司“知情”或公司拥有的“信赖”这种概念不太适合于公司。这种情况多发生于资产出售中，但也见于子公司的股份被控股公司出售的情况。

这个问题可以这样解决：把公司里的某些特定人列为知情的主体，因为这些人的所知晓的情况会被认为是出售方所知晓的情况，而这常常就是谈判的重点。但是，由于这些知晓情况的人是由出售方介绍给收购方的，所以这种方式也有局限性。

另一种方式是，要求出售方出具一个声明：

“出售方的知情和信赖应包括每一个集团公司的知情和信赖。”

英国法院认为：公司高级管理层知晓的情况就是公司所知晓的情况[①]。如果出售方是一家公司，协议应明确规定：

“出售方的知情包括它的董事会和高级员工以及相关的其他人的知情情况。”

当出售方希望将“知情”限定为目标公司或其关联方内部某些特定个人的实际知情时，收购方应尽量拒绝。

例如：

“当一项保证受限于出售方所知和信赖时，出售方应视为知晓下述情况：

目标公司任何董事所知晓的情况；以及

附件【　】中列明的人员所知晓的情况，但就列明的个人而言，他的所知仅限定于在该附件中他知道的那些保证。”

MAN V Freightliner（MAN Nutzfarhrzeuge AG and others v. Freightliner Limited［2005］EWHC 2347（Comm）（2005年10月28日）一案对买卖双方各自的风险进行了重要阐述。在该案中，目标公司的财务总监（CFO）对财务账簿进行了伪造，而出售方并不知情。法院认为，CFO的欺诈行为不可归咎于出售方，因为CFO并未参与对保证等条款的谈判。

**五、“知情人”限定为特定的人如何处理？**

如收购方接受这种限定，也应确保列明的那些人对目标集团是有了解的。此外，收购方应该要求出售方作出保证，保证这些人是拥有他们各自负责领域的必备知识的人，以及在相关领域不存在比他们知识更全的第三人。

**六、总结**

综上，就以“据出售方所知”来限制“保证”的事项，收购方应：

（1）尽量限定受限制保证事项的范围，合规方面的保证的限定是不可接受的。

（2）在协议中对“出售方询问义务”进行明确约定。

（3）当出售方想使用“实际知情”而非“实际和推定”这种表述时，要特别注意。另外，如果出售方的知情限定于某一个个人的实际知情，确保这

① 参见*Meridian Global Funds Management Asia Limited v. Securities Commission 1995 BCLC 116 PC*。

个个人对公司有良好的了解。

（4）如果出售方是一家公司，明确规定出售方的知情包括他的董事会以及高级管理人员的知情。

（5）不同意将保证限定为受限于某人或某些人的知晓情况的行为。如果出售方试图将其知情限定为某些特定人员的知情，务必保证这些人确实对其业务有良好的专业性知识。

## 第六节　收购方的保证

出售方要求收购方出具某些基本保证现在越来越常见了，例如收购方签署协议的资格，协议及其中的义务对收购方来说是有法律约束力且有效的义务，签署协议或履行义务不会导致违反收购方的组织机构文件（例如组织大纲或公司章程）、法律、法令、判决、法院或政府机构的命令或任何合同、承诺或协议。

这些一般也是收购方会要求出售方出具的保证。在大多数情况下，双方对这些都无争议。实际上，如果收购方是外国实体，出售方可能会要求其提供一份确认以上保证的真实准确性的法律意见书。

另外，出售方可能还会想从收购方那得到这样的保证：据收购方所知不存在任何违反保证的情形，也未打算或提起关于违反保证的索赔。

此外，如果目标公司的股份对价是收购方向出售方发行的股份时，出售方应要求收购方作出的附件中包含同于出售方的类似保证。这会影响到收购方要求出售方出具保证的方式（也就是计算赔偿的依据以及保证限制）。

## 第七节　重复保证（Warranties Repeated）

如果在协议签署之日到交易完结之日还有一段期间，收购方可能会想要确保出售方的保证在签署之日和交易完结之日都一直是真实的，因此会采取某些方法来确保当协议条款已经敲定但股份的所有权尚未转移的这段时间，如果发生违反保证的事项，对索赔金额或者购买股份的价款可以进行调整。

这可能给出售方造成麻烦，出售方可能会主张他实际上是被要求就目标公司未来的情况作出保证。尤其是他可能会主张保证不应该延续至交易完结，尤其是当签署协议和完成股转的间隔是由于收购方需要取得其股东同意或财务原因所造成的。

另外，出售方可能会主张，有些保证可能不会同时在签署协议之日和交易完结之日都真实，例如签署协议时保证的员工名单可能就不会一直保持不变，因为有人会离职；或者出售方会主张他实际保证在签署协议至交易完结的期间都完全符合所有法律。因此，出售方可能会试图主张他有权在交易完结时重新做一次披露。收购方应坚决拒绝，因为这就把风险又转移给收购方，而且意味着收购方直到交易完结的时候才能知道自己会得到什么样的保证。如果收购方愿意接受第二份披露函，则这份披露函应限定为在签署协议至完成股转的期间发生的事项，而不是股权完成前的任意事项。另外，如果在签署协议至完成股转期间出售方对违反保证的情形进行披露，收购方应保留终止协议的权利。

对于上述出售方的观点，收购方可以抗辩：协议签署至完成股转期间如果发生任何变化导致公司价值的大幅减少（也就是给收购方造成损失），那么收购方有权就该违反保证的情形进行索赔才是公平的。你也可以主张：如果允许第二次披露，那也应该允许重新议价——这对出售方来说可不是什么有吸引力的建议。

出售方可能会主张没有必要再重复一次保证，理由是附件里已经有很多积极的和消极的承诺了。收购方可以依赖这些承诺，而且对于违反承诺的情形也不会适用于保证所受的那些限制。但是，因为很多情况并没有被承诺所涵盖，而只是为保证所涵盖，所以收购方应拒绝该主张。

双方议价能力以及协议签署至完成股权的间隔长度在达成风险分配的谈判上十分关键。一切的关键都在风险分配。收购方应该把风险留给出售方承担。

### 第八节　“税收契据”（Tax Deed）

税收契据应由税务机关编制，或者至少经税务机关审查过，并附于SPA初稿中。一般来说，它会以“一揽子”赔偿的方式，就所有在交易完结之前的、未计入会计账目中的与税相关的债务对收购方进行赔偿。

出售方一般都会要求对税收契据进行限制，包括使之仅适用于收购方。这是因为英国曾经的一个案例“Zim Properties Limited v.Procter（1984）58 TC 371”。根据该案的判决，目标公司因关于保证的索赔或依据税收契据所主张的索赔而获得的款项是可征税的，因此，如果赔偿款是付给目标公司，收购方会要求他应得的赔偿应该恢复为扣税前的金额总数。相应地，出售方则会试图不把目标公司作为税收契据的适用对象，就可以减少他的额外支出。

如果出售方成功地让收购方同意将税收契据仅适用于收购方，那么“赔偿”可能更像一种“付款的承诺”，因为收购方自己并不会遭受税务相关的损失，例如税费，而这些正是赔偿的主要内容。即使出售方成功地把公司排除在外，收购方仍应坚持在协议有关税务承诺的部分中加入一条“反计还原”条款（要求其所获得的款项是不含扣税的）。

在过去，税收契据下的责任并不会被清单的披露所限制，如果出售方试图如此规定，收购方应拒绝。但是现在，因为出售方通常不会接受无上限的责任，所以对责任加一个上限已经越来越常见。一般来说，这对收购方也是可以接受的，但还要视具体的交易情况而定。尽管收购方对于依据税收契据提出的索赔金额的上限和下限是有自由决定权的，但通常都不会有这样的限制。

如果存在违反保证的情况，而收购方已经依据税收契据获得赔偿，则收购方通常不得再以违反保证为由再次索赔。这一条通常也会在协议中约定。

如果出售方要求收购方在依据税收契据索赔前，必须先行以违反税收的保证为案由提起诉讼，收购方不应接受该要求。因为税收契据中的责任限制通常不会像SPA中的那么多，并且依据税收契据索赔也不会需要证明损失的存在，而如果提起违反税收保证的索赔时则需要。

## 第七章 损失补偿（INDEMNITIES）

### 第一节 制定本条款的目的

对于尽职调查中发现的问题，出售方通常会要求悉数放到《披露函》中，进而限制其承担“保证”责任。收购方通常会拒绝，这会把风险转嫁给收购方，因为如上文所述，既然收购方明知这个事情，那么他援引保证条款的作用可能会被降低。因此，对收购方来说对这种事项寻求补偿损失是很正常的，因为损失补偿不会因《披露函》所限制，而且会得到与损失同等金额的补偿。

《霍尔斯伯里英国判例法大全》(Halsbury Laws of England)对损失补偿的定义是：“一方对另一方承诺对后者的损失承担补偿义务，这项义务是原始的独立的合同义务，而非附属合同的义务，依据该承诺另一方有权就自己的全部损失获得等额的补偿。”

除制定专门条款要求出售方承担损失补偿责任之外，另一个损失补偿的方法是根据可能产生的责任的估算金额对购买价格进行扣减。出售方一般不愿意采纳这种方法，除非损失无法确定或者无法量化从而限定损失对出售方来说是有好处的。如果出售方主动提议这种方法，收购方可以要求同时采取扣减和“有限的”损失补偿义务。

收购方也应考虑暂扣一部分对价或者将其存入共管账户，以便发生需要损失补偿的情形时可以使用。

## 第二节　保证和损失补偿的区别

保证和损失补偿不同。保证是出售方关于目标公司业务情况所做的某种声明。违反保证时，仅当收购方能证明保证被违反了而且造成了公司或业务价值下跌时，收购方才可以成功索赔。因此，收购方有义务证明违反保证的情形存在，以及可量化的损失存在。而损失补偿是就某种责任对收购方进行补偿的一种承诺。目的是在违反保证的情形发生但收购方不一定能够索赔的情形下，对收购方提供等额的补偿作为救济，或者提供法律未赋予的某种救济。

其他区别：

（1）减少损失。在普通法下，收购方有义务减轻就保证被违反所造成的损失。而损失补偿中没有这种义务。

（2）披露。通过《披露函》披露可以用来作为减轻保证责任的理由，而在损失补偿中则不行（实际上收购方寻求损失补偿的原因常常就是因为违约情形已经在披露函中披露或者在他自己尽职调查的过程中发现了）。

（3）损失的证据：提起保证的诉讼时，收购方有义务证明因保证被违反而造成了损失，也就是说，因违反保证而导致股份的价值减少。另外，与间接性相关的所有问题都适用于保证之诉中。而在损失补偿之诉中，收购方不需要证明股份价值发生了减损就可以获得关于损失的赔偿。

（4）收购方对违反保证的明知：前文提过，根据某些股份购买协议的条款，如果收购方明知存在违反保证的情形，他就不得再因此而提起索赔，因为他没有遭到损失。但是，对违反保证的明知并不会阻止收购方提起损失补偿之诉，这在协议里常常明确规定。

## 第三节　损失补偿的范围

### 一、损失补偿范围应明确

损失补偿条款可以包含在主文件中，也可以以一个单独的损失补偿协议的形式出现。如果在SPA中进行规定，应确保该条款经过充分的考虑，或者SPA以协议的形式签署。需要确保已经把可能导致补偿责任的范围都列清楚了，因为法院可能会用这个条款对收购方发难。

**二、损失补偿范围的限制**

出售方会试图缩小损失补偿的范围。应坚决拒绝将所有保证限制适用于本条，但可以谈判并同意下面这样的表述：

1. 在时间上对损失补偿进行限制。一般来说，只要该期间足够长，能确保引发损失补偿的事项会在这个期间内，这样的限制是可以接受的。

2. 规定责任上限：同样地，只要这个上限合理，也可以接受。如果很难估计责任上限会到多少，则要谨慎对待一个不太高的责任上限数额。总之，尽管可能有损失，在考虑到风险分配后，可能这个责任上限也会是合理的。

3. 最低额规定：出售方通常会想使用最低额规定以避免无关紧要的诉讼。这由收购方从商业角度决定。但如果已经发现了某个确定风险的存在，则应主张自己有权获得全额的赔偿。

4. 损失补偿范围：出售方将尽可能缩小范围。收购方可以接受在某些特定情况下限制出售方的责任，但大的原则是应该争取尽可能宽的范围。

5. 减轻损失：出售方可能会要求收购方减轻损失。收购方应慎重考虑。如果存在损失，收购方应该有权在无须采取任何行动的情况下进行索赔。但这一条又有合理之处，所以应做好让步的准备。

6. 对不可预见的损失不赔偿。从法律上来说，通常对不可预见的损失是不予赔偿的，所以也可以接受。

7. 对第三方索赔进行抗辩的权利，如果出售方同意在存在第三方索赔的情形下，对收购方进行损失补偿，则他们可能会反过来想要获得这种法律程序的控制权。但是，收购方不应完全放弃这样的控制权，原因很多，例如可能会导致其业务中断等。收购方可以让步，同意在未经出售方允许的情况下不在这种程序中认可己方的任何责任或进行和解，或者同意向出售方进行咨询并允许他们及他们的法律顾问在相关程序中发表意见。下文可以作为一个参考：

考虑到出售方根据本条所作出的承诺，收购方于交易完结之日起向出售方承诺：一旦收购方收到来自任何机关的通知，告知收购方因任何【事项】被要求赔偿、被起诉或被提起任何程序，收购方应尽快以书面形式通知出售方。并且，当出售方向收购方提供让他满意的损失赔偿或担保后，在收购方的《保险合同》（如有）允许的范围内，未经出售方事先书面同意（出售方不得不合理的拒绝或迟延发出这种同意），收购方不得就任何该等索赔、诉讼或程序中认可任何债务、和解或试图进行和解。收购方还应允许出售方及其法律顾问（出售方自付费用）向收购方的指定代表和法律顾问就该等索赔、诉讼或程序相关事项进行询问和出具意见，收购方会考虑出售方的意见（前提是这些意见及时作出）但没有义务接受。

如同意上述出售方对法律程序的控制，收购方应尽量通过下文限制该条款的适用：

如果收购方认为不在该等程序中对债务进行认可，或者不和解、不妥协或不支付赔偿金额会损害收购方的利益，或者损害公司或关联方的信誉，则出售方不得依据第【　】条的规定禁止收购方在该等程序中进行认可债务、和解、妥协、赔偿等行为。

未按照第【　】条通知并和出售方商量并不能免除出售方根据本第【　】条的规定向收购方进行损失补偿的义务，只要出售方没有因为收购方未通知和商量的行为而受到损害。

此外，出售方可能想把保证责任限制的适用扩大到损失补偿和任何违反协议的情形。应坚决拒绝。损失补偿会有单独的条款，不应适用一般性责任限制。税收协议也应单独规定。

有时出售方会坚持要求收购方在知道保证被违反后，在短期内提起法律程序，比如6个月或9个月。

示例：

如果一方打算就违反保证的情形提起诉讼，他必须在不迟于【　】之前向每个保证人发出关于该诉讼的书面通知（详细载明违约的性质以及索赔金额），否则不得对保证人就协议项下的违反保证责任提起诉讼；并且如果该方已经提起诉讼，但未能在前述期间内通知保证人，则该诉讼在应发出通知之日起6个月届满时应被视为撤回（如果未在该日期前和解或主动撤回）。

如果收购方不接受这样的限制，他应该把起诉的时效争取得越长越好（例如得知违约情形后12~18个月内，或在常规的保证时效期间届满后再加12个月）。

出售方可能希望通过如下条款避免收购方就同一事项两次索赔，这是合理的：

“收购方或公司就违反本协议所提出的索赔中，或依据税收契据或其他文件提的任何索赔中，都不得因就同一起违约或损失赔偿获得两次赔偿。”

出售方可能希望通过如下条款避免为收购方自己原因造成的后果承担责任，这也是合理的，但：

“当发生违反保证的情形时，如果相关的责任是完全或部分归因于收购方在任何时候自愿做出的或公司在协议签署日之后任何自愿的作为、不作为、交易或安排，则出售方无须承担责任。”

这一条对出售方很重要，因为他想要确保收购方的行为所造成的后果自己不用承担责任。收购方应对本条做相应修改——删除“任何时候”，在“公司”后增加“在正常营业范围外”。另外，“完全或部分”也应删除。收购方可能还想要从责任限制中排除这种责任，即公司和收购方在交易完结前作出的有约束力的承诺所引发的责任，并且在双方作出这种行为、不作为、交易或安排时，无法合理预见到会带来这种责任。

## 第八章 解除权

出售方和收购方均希望自己拥有一定的解除SPA的自由和权利，而又担心对方随意解除协议，并主张赔偿或补偿。因此，解除权条款也是双方在谈判SPA时争议较多的条款之一。

### 一、解除事件

由于出售方的义务更多，相应的解除事件也更多。收购方通常希望规定在发生以下情形时，收购方有权自由选择终止协议、推迟完结交易或继续完成交易，同时还可以保留就违约事项起诉的权利：

1. 出售方违反了“过渡期”义务。

2. 出售方未履行为交易完结应负的义务。

3. 发生了将导致或可能导致保证被违反的情形（保证在交易完结时会被视为再次重复作出）。

4. 存在损失补偿条款的情况下，发生了收购方有权依据损失补偿条款提出索赔的情形。

### 二、违反保证解约

出售方可能会强烈反对上述约定，如上文所述，出售方尤其不希望仅因为其违反宽泛的“保证”条款，收购方就可以解约。有些情况下，严格以“违反保证就可以解约”的约定缺乏合理性，收购方可以同意从中排除那些比较“形式化”的保证，或者在本交易中不太重要的那些保证。或者，可以约定收购方仅在以下情形下拥有解除协议的权利：

“当发生重大违反保证的情形（也就是会对目标公司或股权的价值带来重大损害的事件），或者发生对目标公司业务带来重大不利影响的事件时。”

但“重大不利影响”是一个解释灵活的词，所以有必要对“重大”这个词的含义进行定义。“重大”通常以某一财务门槛（可以和最低金额豁免的门槛有关，也可以无关）为标准，尽管这样可能就无法涵盖那些无法量化违约后果的情况，例如导致或然的诉讼。“未造成‘金钱上的实质性’损失的违约”常常用来形容这种违约情形：考虑到违约情形可能对交易、将来资产、利润或将来利润产生的影响后，收购方购买目标集团的决定会被一定程度上影响的违约情形。

**三、不得解约**

出售方可能主张违约情形的发生不应该给任何一方终止协议的权利，理由是一旦协议已经签署（不是交易完结的条件被满足），任何一方都无权终止协议，而收购方已经可以通过提起违约之诉来获得保护。

对收购方来说基本上不会接受这样的主张，因为他们可能会陷入不得不购买公司的境地，即使这个公司已经遭受了业务上的重创。

**四、出售方也可解约**

出售方可能主张当发生违约情形时，双方都有权终止协议。这意味着出售方有权退出交易，而不用面临关于违反SPA的诉讼。

如果收购方决定同意，也应该试图将出售方终止协议的权利限定为那些出售方控制能力之外的违约情形，也就是说，出售方不能刻意的“制造”一起违约事件然后主张终止SPA。

**五、以《披露函》补救**

如上文所述，出售方可能还会主张，既然“保证”需要在交割时重复做出，他也希望在交割时再发一次披露函，进而限制其可能存在的违反保证的情况。收购方通常不应同意这一点，或者只同意部分“形式性”保证。

**六、终止协议的后果**

要注意，这里的权利是“解除”或“终止”（termination）协议的权利，而不是“撤销”(cancellation)协议的权利。因为有观点认为：如果可以“撤销”，那么协议自始无效，那么对于那些收购方想要保留效力的条款也无法强制执行了。

## 第九章　转让

普通法的基本原则是：除非协议明确禁止或限制，否则一方可以将合同的利益（而非义务）进行转让，而无须其他方同意。

但是，收购方可能想在合同转让上拥有自由选择权，例如它可能想在集团重组的时候转让合同利益，或者想向另外一个收购方转让协议给它带来的利益（尤其是关于保证的利益）。即使在购买股份时收购方还没有重整公司的打算，也最好在协议中对此进行明确规定。

关于这一点可以采用如下表述：

1. 收购方和出售方都可以将各自在协议项下的利益（包括保证的利益）转让给别人，只要他们事先获得另一方的书面同意（一方不得不合理的拒绝或延迟给予同意）。

2. 收购方可以将她在本协议项下的利益转让给收购方集团的其他成员，而无须获得出售方同意。相应地，根据下面的第3条，出售方同意收购方将协议利益（包括保证的利益）转让（全部或部分）给收购方集团的成员而无须取得出售方同意，并且该等成员或者集团公司的业务或股份或资产的全部或部分法定所有人或受益所有人可以行使该利益，如同他们是本协议项下的收购方一样。

3. 如果本协议的全部或部分利益被收购方根据第1条转让给收购方的集团公司的成员，该成员在任何时候可以再次将该等利益转让给另一个成员，而当该等受让人不再是收购方集团的成员时，收购方应在该等受让人还是收购方集团成员的时候，促使利益又转让给收购方或者其他仍然是收购方集团成员的人。

在某些情形下，贷款给收购方用于本次并购的银行可能会要求他有权受让协议权利，并且无须获得出售方同意。

出售方一般来说会接受这样的要求。示例：

“收购方可以通过担保的方式将本协议项下的权利转让给【提供贷款或者其他金融便利给收购方以购买股份的银行和/或其他金融机构】。”

出售方可能想要确保协议的利益转让给第三方后，出售方的责任不会超过转让发生前的责任。

对于此，可以规定如下：

“各方同意：若收购方将本协议的利益全部或部分转让给第三人，出售方于本协议项下的责任不会超过未发生转让的情况下他本需要承担的责任。”

收购方可能希望在“不会超过”的后头增加“也不会少于”的字样。

出售方有时会要求，如果是不需要出售方同意的转让，收购方应当向出售方发送通知。可以接受这个要求。但是，如果出售方主张任何未向出售方通知过的转让无效，收购方应当拒绝。因为，如果转让本身是允许的，但却因一些程序瑕疵就导致无效，这显然不符合收购方的利益。

## 第十章　争议解决

SPA通常选用英美国家、新加坡或香港等第三方国家或地区的法律作为协议的适用法律。在争议解决上也通常会选择国际仲裁机构在上述国家或地区进行仲裁。但跨境并购交易争议的解决及之后仲裁裁决的承认与执行，涉及中国内地、香港、东道国，甚至其他国家（资产所在地）或地区的法律的适用及有关国际公约的适用。因此，需要在充分了解有关事实情况（尤其是资产情况）后，更加细致地加以分析。

仲裁机构方面，应尽量选择加入《联合国承认及执行外国仲裁裁决公约》（以下简称《纽约公约》）的缔约国国内的仲裁机构。如无其他选择，也可以选择香港国际仲裁中心作为仲裁机构。根据中国政府有关的声明，《纽约公约》同样适用于香港特别行政区，因此在香港国际仲裁中心的裁决可以按照《纽约公约》在其他缔约国予以承认与执行，但也要考虑东道国或资产所在国有关涉外仲裁裁决申请承认与执行的法律程序，及根据其法律如何对《纽约公约》项下因为仲裁主体、仲裁程序、仲裁事项、违反东道国公共政策等原因导致该等国家有关司法机构可以拒绝承认与执行的情况予以判断。

一般而言，在出现纠纷的情况下，如争议比较明确且在债权人向财产所在地的司法机关提供相应保证的前提下提出对债务人的财产扣押、冻结或查封的请求。在仲裁时，如果债权人申请财产保全，仲裁庭会将请求转交财产所在地或债务人住所地的法院来处理。收到申请并有管辖权的司法机关一般会根据债权人的请求，对债务人的动产或不动产以查封、冻结、扣押等方式对债务人的财产予以保全，以保证将来执行的效果。如果当地法律需要对此作出事先约定，应事先在SPA中对有关保全措施、程序和对方许可等进行约定。

# 附录一　案例资料

声明：本部分主要将书中评述过的部分案例予以整理归纳，以方便读者参阅。但案例中很多信息均来源于网络和上市公司公告，笔者无意侵犯他人权利，也不能承诺该等案例中所综述内容的真实性和完整性，望读者理解，并仅供参考。

## 案例一　出海新路径——弘毅跨境投资PPTV

【案例详情】

2013年10月1日，弘毅投资在上海自贸区设立基金管理公司——弘毅投资（上海）有限公司。

2013年10月28日，弘毅投资管理的两家英属维京群岛投资控股公司Exalt Spring Limited和Virtue Faith Holdings Limited以及苏宁云商集团股份有限公司（以下简称苏宁云商）作为共同的战略投资方，与Softbank Corporation（日本软银集团）、Softbank China Venture Capital Limited（软银中国资本）、Bluerun Ventures, L.P.（蓝驰创投）、Draper Fisher Jurvetson Fund IX, L.P.（德丰杰投资基金）等主要投资基金以及PPLive Corporation（一家依英属开曼群岛法律设立并存续的有限公司，以下简称PPTV）现有主要管理层股东等签署Share Purchase Agreement（《股权转让协议》）。根据协议约定，战略投资方以4.2亿美元的公司基准估值，受让转让方持有的股权，同时以向未来的管理层发放股权的形式战略投资PPTV，其中弘毅投资出资1.7亿美元，占PPTV总股本的29.9%，苏宁云商出资不超过2.5亿美元，占PPTV总股本的44%，成为PPTV第一大股东。

2013年11月7日，苏宁云商全资子公司香港苏宁电器有限公司（以下简称苏宁公司）在开曼群岛设立全资子公司Great Universe Limited，作为本次交易苏宁公司实施主体。

2013年11月下旬，弘毅投资开始与上海自贸区管理委员会财政和金融服务局以及经济发展局研究，拟通过注册在区内的股权投资管理公司开展境外投资活动事宜，并多次沟通架构设立问题，希望通过在自贸试验区搭建一个跨境投资平台，与其注册在英属维京群岛的投资平台进行对接。

2013年12月中旬，弘毅投资在区内设立基金公司——弘毅创领（上海）股权投资基金合伙企业（有限合伙）作为自贸区跨境投资的投资主体，并开始办理PPTV项目投资备案手续，于2014年春节前取得备案证书。

2013年12月25日，苏宁云商抵押旗下10处房产为自己及子公司Great Universe Limited作担保，向国家开发银行申请11 000万美元并购贷款（按12月23日美元/人民币汇率中间价计为人民币67 277.10万元）。

2013年12月30日，Great Universe Limited与PPTV相关方完成了相关股权转让交割手续并完成向其管理层发放股权。截至2013年12月31日，苏宁公司已通过子公司向转让方支付对价款21 777.62万美元，该对价款以自有资金及向国家开发银行股份有限公司申请的并购贷款支付。剩余对价款依据协议之规定，将在交割后一年内支付完成。

2014年春节过后，弘毅投资在外汇局上海市分局办理了购汇核准，并于2014年2月25日在招商银行办理购汇并汇出境外。本次投资金额为3039万美元（约1.86亿人民币），用于收购注册在英属维京群岛的PPTV项目的控股股东股权。

【支付条款】

由Exalt Spring Limited、Virtue Faith Holdings Limited、Great Universe Limited以现金形式于交割后1年内分期向转让方支付。

【资金来源】

1. 自有现金：弘毅投资1.86亿人民币，苏宁云商1.4亿美元。

2. 银行贷款：国家开发银行1.1亿美元。

【交易步骤和时间节点】

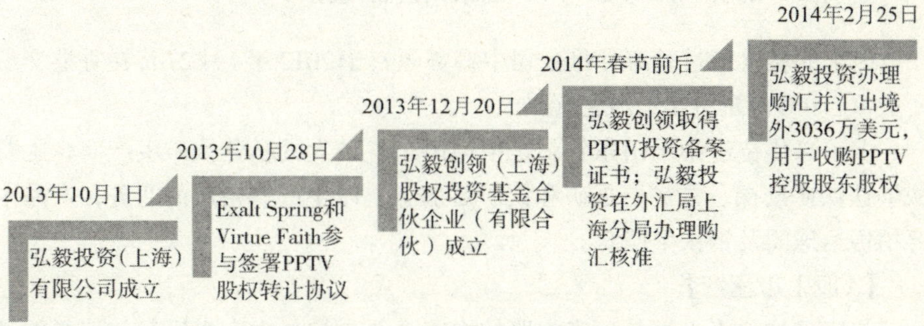


**弘毅投资跨境投资PPTV主要流程图**

【难点和亮点】

以往在跨境投资项目换汇审批期间，PE基金通常被要求递交境外投资项目的整体交易架构、项目投资风险评估报告等资料，审批流程漫长繁琐，偶尔甚至出现商业秘密泄露事件。

《中国（上海）自由贸易试验区总体方案》明确提出扩大投资领域开放，对境外投资开办企业实行以备案制为主的管理方式，支持自贸区内各类投资主体开展多种形式的境外投资；鼓励在区内设立专业从事境外股权投资的项目公司，支持有条件的投资者设立境外投资股权投资母基金。同时，上海政府颁发了自贸区企业境外投资的部分配套规定，如《境外投资项目备案管理办法》、《境外投资开办企业备案管理办法》等。但是，上述制度出台以来，鲜有通过在自贸区设立投资主体并进行境外投资的实际交易。究其原因，没人知道跨境投资项目备案换汇该如何操作。

弘毅投资借助上海自贸区跨境投资平台，在招商银行办理购汇并汇出境外1.86亿元人民币，用于收购注册在英属维京群岛的PPTV项目的控股股东股权。这是上海自贸区私募股权基金对外投资的第一单。随着相关制度的制定和完善，自贸区主管部门就企业跨境投资交易已进入实际操作阶段，审核重点集中于技术层面，行政审批时间大大缩短、交易效率获得大幅提升。自贸区的境外投资制度为包括私募股权投资基金在内的企业的跨境投资提供了更为高效、便捷的新途径。[①]

① 王利民、高云："自贸区跨境投资制度的交易实例"，载http://www.llinkslaw.com/shangchuan/2014512141452.pdf。

## 案例二 破解“10号令”——山东兴盛香港上市

山东兴盛（通过其海外母公司中盛资源）于2012年4月27日在香港交易所上市，IPO筹资资金1.29亿元。

山东兴盛位于中国山东省，是中国山东省最大的私营铁矿生产商，主要从事铁钛矿勘探、铁矿石采矿和铁矿石加工，以生产铁精矿的业务，产品主要销售给球团及钢铁生产商。

【A股上市流产】

与诸多被迫走上海外上市之路的中国企业一样，山东兴盛起初选择的是A股上市。

山东兴盛于2001年12月4日在山东成立，注册资本118万元，由实际控制人李运德及李庚和分别出资100万元和18万元成立，其中李运德持股84.75%，李庚和持股15.25%。

2005年1月4日，山东兴盛通过资本公积和未分配利润转增，将注册资本增至5180万元，增资后股权结构调整为李运德持股90%，李庚和持股10%。

2007年12月，经过老股东的股权转让，山东兴盛股权结构调整为：李运德持股75%，李庚和持股5%，吕玲持股5%，山东翔龙钢铁有限公司持股10%以及赵洪羲持股5%。

2008年1月16日，山东兴盛改制为股份有限公司，股份总数为11250万股，每股面值1元。并计划A股上市。

由于金融危机和A股发行市场的影响，山东兴盛A股上市计划流产。

2010年11月15日，李运德从吕玲、赵洪羲以及山东翔龙钢铁有限公司等新晋股东手中回购了2007年12月转让给他们的股权，山东兴盛股权结构变更为：李运德持股95%，李庚和持股5%。

2010年11月26日，山东兴盛重新变更为有限责任公司。

【寻求境外合作方】

A股上市的挫败并没有影响李运德的上市心愿，其在做出拆除A股架构的同时就开始着手准备香港上市。根据其律师的意见，第一步就是要找到一个跟他没有关联关系的境外战略投资者，突破红筹架构中最关键的一步，解决“关联并购”的问题。

终于李运德遇见了朗伟国。山东兴盛上市招股书中显示，朗伟国大学是在黑龙江读的，之后去加拿大读书，毕业后先后在三家境外公众公司或上市公司工作，2008年之后在境内从事矿产勘探和开发工作，并于2009年在一次商业洽谈会上与李运德相识，并于2010年底做出投资山东兴盛的决定。

山东兴盛上市招股书中较详细的披露了朗伟国与李运德的相识，并强调二者之间的股权转让是参照评估值进行的，主要目的应当是强调此次交易是正常化交易，而不是仅仅为了规避红筹架构中的“关联并购”审批。

【将山东兴盛变为外资企业】

2010年12月1日，李运德、李庚和与朗伟国控制的境外公司SMI签订股权转让协议，李运德以8877743.37美元的价格将山东兴盛20%的股权转让给SMI，李庚和以2219435.59美元的价格将山东兴盛5%的股权转让给SMI。根据当时的评估结果，该部分股权价值74086979.54元人民币，股权转让价格相对合理。2011年1月7日，山东省商务厅批准了这一交易。

上述交易完成后，山东兴盛的股权结构变更为：

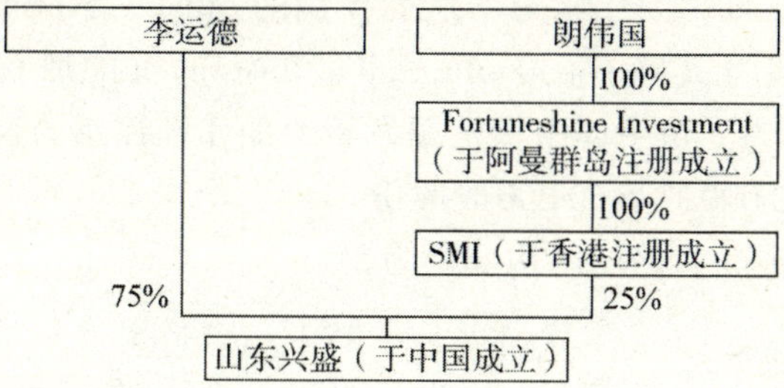


【海外架构的搭建】

2010年11月29日至2011年2月18日，李运德先后通过设立、转让等方式在英属处女群岛、香港和开曼群岛控制了4家公司，其中包括中盛资源（“本公司”），经过重组和整合，境外持股架构搭建为：

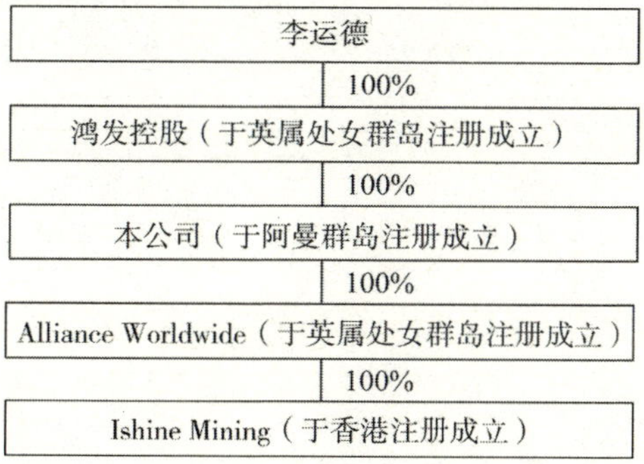


【境内资产“大搬家”】

境外合作方找到了，山东兴盛也变成了合资企业，海外持股架构也搭建完了，之后就要实施核心的操作，就是返程并购境内的山东兴盛，“左手导右手”，将资产整体转移至境外上市主体控制。

2011年2月20日，李运德与其控制的Ishine Mining签订协议，将山东兴盛75%的股权以27 853 200美元出售给Ishine Mining。由于此次转让不适用“10号令”，也未做资产评估，转让价格参考山东兴盛截至2010年12月31日的净资产值326 409 000元而定。2011年3月1日，山东省商务厅批准了这次交易，但直至2011年8月17日，山东兴盛才获得批准证书（一般都同日即可获得，是否存在山东兴盛与地方政府博弈的情况不得而知）。两千七百多万美元的资金一部分来源于境外战略投资者Jiuding Callisto入股中盛资源的认购款1125万美元，[①] 其他资金想必是李运德向境外机构举借的“过桥资金”，价款是分期支付的，直至2011年11月16日结清。

【境外换股】

2011年9月2日，朗伟国与李运德控制的Alliance Worldwide签订股权转让协议，朗伟国将其持有的Fortuneshine Investment的股份转让给Alliance Worldwide，对价为上市主体中盛资源发行给朗伟国控制的Novi Holding及All Five Capital的200 000股和50 000股股份。

上述交易完成后，股权结构变更为：

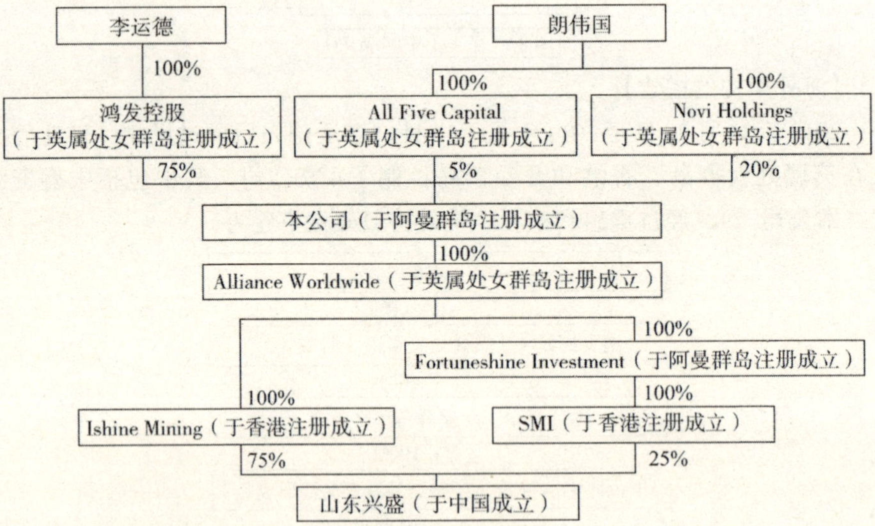


① 2011年10月19日，中盛资源、鸿发控股以及李运德与Jiuding Callisto签订股份认购协议，根据该协议，Jiuding Callisto认购中盛资源111111股股份，认购价格为1125万美元，占股10%。所得款项用于李运德收购山东兴盛75%的股权。协议中有“对赌条款”。

经过上述交易，山东兴盛海外红筹上市架构基本搭建完成。

【小结】

根据《关于外国投资者并购境内企业的规定》（“10号令”）第11条的规定，“境内公司、企业或自然人以其在境外合法设立或控制的公司名义并购与其有关联关系的境内的公司，应报商务部审批。当事人不得以外商投资企业境内投资或其他方式规避前述要求”。由于“关联并购”需要商务部审批（尚无先例），且根据《指引手册》目前商务部只受理境外上市公司发起的关联并购或以境外利润为资金来源的并购，因此，很多红筹上市案例中，当事方均采用一定的架构设计来避免被认定为“10号令”监管的“关联并购”。

根据《外商投资准入管理指引手册》（2008年版）（“《指引手册》”）第五部分第五点（关于并购审批的说明），“关联并购”审批只适用于并购的标的公司只包括内资企业，不包括已设立的外商投资企业，主要监管使内资企业转变成外资企业的并购行为。因此，如果特殊目的公司操控的关联并购中的并购目标公司是已设立的外商投资企业，不论外方是原有股东还是新进投资者，则可以不报商务部进行关联并购审批，也不再要求按照“10号令”第55条的规定“参照”“10号令”，而只需要按照一般外商投资企业并购规定，进行审批和登记注册。

很显然，要利用这一“豁免”条件，就要保证直接参与“关联并购”的被并购方本身是个外资企业（包括外商独资企业或中外合资企业）。如果实际控制人在重组之前已控制境内的外资企业，则相对简单一些。如果之前在控制体系内没有外资企业，则需要另想办法。上述案例为“10号令”之后红筹上市适用“关联并购”豁免条件提供了一个范本。基本做法是引入境外“合作方”或“战略投资者”，并由该合作方收购境内企业股权，将境内企业变更为外商投资企业，然后再实施收购，在完成“返程收购”后，在境外回购对应的全部或部分股权或进行换股（如涉及）。但要注意几个关键问题：

第一，外方合作方与境内实际控制人之间没有“代持”等安排；

第二，外方合作方收购境内企业股权对价应参照资产评估结果，并按要求办理外资并购审批手续；

第三，返程投资环节应向地方商务局如实披露相关的交易和问题；

第四，境外换股或回购股权等交易的对价也要合理。

## 案例三 “上市公司+PE”模式的先行者——天堂硅谷与大康牧业

在设计出“上市公司+PE”模式之后，天堂硅谷业务开始向并购转型。了解到当时养猪行业集中度低，环保、疫病防治等要求形成了一定的准入门槛，猪肉注水等问题使得打造品牌存在空间，而且生猪养殖是国家政策大力扶持的产业，未来市场广阔，于是，天堂硅谷选择了该行业。同时，考虑到退出问题，以及上市公司是行业中相对优秀的企业，为了维持行业地位，有做大做强的需求，天堂硅谷决定和上市公司合作。

天堂硅谷产业整合部和公司研究院开展了半年的生猪产业研究工作后发现，当时养猪行业有几家上市企业，都有合作可能。但是，位于湘西的湖南大康牧业股份有限公司（以下简称大康牧业）地理位置相对较偏，信息和金融人才相对不足，有很强烈的做大做强愿望。另外，大康牧业在种猪养殖细分市场优势明显，是湖南生猪龙头企业，而且曾经进行过很多并购，产业整合经验丰富。于是，二者确立了最终合作关系。

【并购基金的设立与募资】

2011年9月19日，大康牧业公告称，拟与天堂硅谷控股的杭州子公司浙江天堂硅谷股权投资管理集团有限公司（以下简称浙江天堂硅谷）共同发起设立专门从事产业并购服务的合伙企业，通过利用浙江天堂硅谷的资源优势及各种专业金融工具放大大康牧业的投资能力，推动该合伙企业去收购或参股符合大康牧业发展战略需要的上下游企业，以产业整合与并购重组等方式，借助浙江天堂硅谷等专业机构的力量，提高大康牧业实力，巩固其在行业内的龙头地位。11月16日，由浙江天堂硅谷和大康牧业共同设立的长沙天堂硅谷大康股权投资合伙企业（有限合伙）（以下简称长沙天堂大康）完成工商注册登记手续，成为大康牧业并购整合的平台。

根据大康牧业此前通过的《关于与浙江天堂硅谷股权投资管理集团进行产业整合的议案》，长沙天堂大康的出资总额为人民币3亿元，存续期为5年。其中，大康牧业作为长沙天堂大康的有限合伙人（LP）出资人民币3000万元，占长沙天堂大康出资总额的10%；天堂硅谷指定其全资子公司天堂硅谷恒裕创业投资有限公司（以下简称恒裕创投）作为长沙天堂大康的出资人，并由恒裕创投担任长沙天堂大康的普通合伙人（GP），出资人民币3000万元，占长沙天堂大康出资总额的10%。长沙天堂大康其余80%的出资（人民币2.4亿元），由天堂硅谷负责对外募集，并根据项目实际投资进度分期到位。

同时，长沙天堂大康的具体投资管理业务委托天堂硅谷管理。天堂硅谷负责长沙天堂大康的日常经营管理实务，负责投资项目筛选、立项、组织实施、投资后监督管理及投资项目退出等工作。

2012年8月23日，《湖南大康牧业股份有限公司关于参股公司分期向社会公众募集资金的公告》显示，为了提高募集资金的使用效率和加快项目投资进度，长沙天堂大康将原募集规模拆分为两期募集，即由长沙天堂大康负责募集第一期资金，再新设一个合伙企业负责募集第二期资金。由长沙天堂大康负责募集的第一期资金总规模为1.188亿元，由新设立的浙江天堂硅谷大康股权投资合伙企业（有限合伙）（以下简称浙江天堂大康）负责募集的第二期资金募集总规模为1.212亿元，均已募集完毕，且共计3亿元的资金也全部用于项目投资。

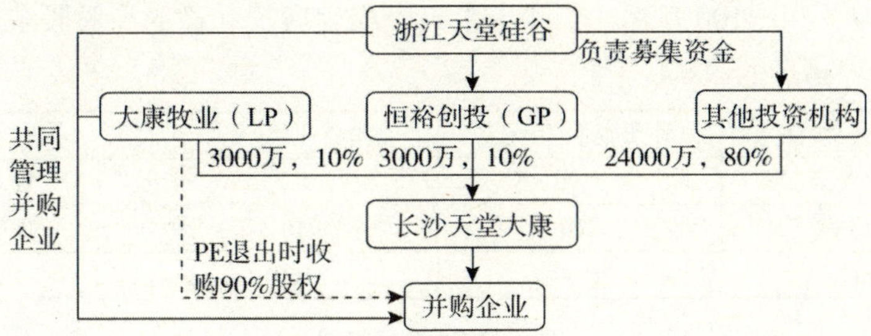


**交易结构图**

【基金与上市公司的框架协议】[①]

大康牧业与天堂硅谷约定，3年内，大康牧业有优先收购项目权利；3年后，并购基金将有自由处置权，可以考虑直接让项目IPO或卖给其他公司。

【并购基金的投资】

长沙天堂大康基金成立后，天堂硅谷和申银万国研究所产业部进行了3个月的企业调研活动，并为大康牧业从采购、销售以及规模化方面做了一个完整的并购战略规划。在长沙天堂大康的管理上，天堂硅谷配备了2~3名固定人员。为了拓宽募资渠道，2012年3月，天堂硅谷专门成立了第三方财富管理中心。

通过自身平台，天堂硅谷全国各地分公司联动寻找并购项目。而作为产业方的大康牧业因为专业性比较强，拥有两次一票否决权。如果从专业角度

① 柳灯："'PE＋上市公司'型并构基金解密：提前锁定退出通道"，载http://finance.sina.com.cn/roll/20140104/052217842723.shtml。

认为这个项目不合适，可以直接否掉。长沙天堂大康在这种运作模式下逐渐寻找合适的并购项目。

## 一、武汉和祥

2012年3月22日，长沙天堂大康与武汉市江夏区乌龙泉和祥养猪场（以下简称和祥养猪场）、徐和平、龚英子签订了《收购框架协议》，正式签约收购武汉和祥畜牧发展有限公司（以下简称武汉和祥）。具体操作为，由和祥养猪场原股东徐和平、龚英子已设立的武汉和祥收购和祥养猪场的全部资产，承接和祥养猪场的全部业务，并根据需要聘请相关工作人员；再由长沙天堂大康和徐和平对武汉和祥增资（长沙天堂大康对武汉和祥增资的同时，龚英子将其持有的武汉和祥全部股权转让给徐和平），出资比例为长沙天堂大康和徐和平分别占90%、10%。增资完成后，武汉和祥的注册资本和实收资本均为人民币4100万元，长沙天堂大康成为武汉和祥的控股股东，从而实现对和祥养猪场的收购。

| 股东姓名及名称 | 注册资本(万元) | 出资比例(%) | 出资方式 |
|---|---|---|---|
| 天堂大康 | 3690 | 90 | 货币 |
| 徐和平 | 410 | 10 | 货币 |
| 合计 | 4100 | 100 | |

**武汉和祥股权结构图**

2012年3月31日，长沙天堂大康与徐和平、龚英子、武汉和祥、大康牧业及浙江天堂硅谷签订了《关于共同管理武汉和祥畜牧发展有限公司的合作协议》，由浙江天堂硅谷和大康牧业共同管理武汉和祥。其中浙江天堂硅谷负责战略规划、行业研究分析、资源整合优化等方面；大康牧业负责经营方案和日常经营管理，并负责建立健全武汉和祥的内部控制管理体系和制度，管理期间为3年，自2012年4月1日开始。在共同管理期间，对武汉和祥的经营情况设定净利润考核指标，即第一个运营年度的净利润考核指标为人民币400万元，以后运营年度净利润考核指标逐年递增15%。如武汉和祥实现净利润考核指标，则大康牧业可向其按该运营年度净利润超过净利润考核指标部分的70%收取管理报酬；如未能实现净利润考核指标，则需向其补偿相当于其运营年度净利润与净利润考核指标之间的差额的现金。

## 二、湖南富华

2012年7月30日，长沙天堂大康与湖南富华生态农业发展有限公司（以下简称湖南富华）的原股东郑启富、周国定、郑耀、黎卓签订了《股权转让协议》和《增资协议》，约定由长沙天堂大康以1元/股的价格收购原股东持有的湖南富华合计90%的股权，共540万元，股权转让完成后，湖南富华股权结构为长沙天堂大康和郑启富分别持股90%和10%。同时，长沙天堂大康和郑启富分别增资2907.90万元和323.10万元。本次增资资金中的501.38万元将用于偿还富华公司的原有债务，2129.62万元将用于富华公司向相关资产方购入经营所需的经营性资产及租赁相关经营用地；剩余600万元将用于富华公司的技术改造、固定资产投入及日常经营运作。另外，长沙天堂大康以湖南富华的名义收购其经营占用的浏阳市富华养猪专业合作社（以下简称富华养猪合作社）的经营性资产。

| 股东姓名及名称 | 出资额(万元) | 出资比例(%) |
| --- | --- | --- |
| 长沙天堂硅谷大康股权投资合伙企业（有限合伙） | 3 447.90 | 90 |
| 郑启富 | 386.10 | 10 |
| 合计 | 3 831.00 | 100 |

**湖南富华股权结构图**

2012年8月10日，长沙天堂大康与湖南富华、郑启富、大康牧业及浙江天堂硅谷签订了《关于共同管理湖南富华生态农业发展有限公司的合作协议》，由浙江天堂硅谷和大康牧业共同管理湖南富华。其中浙江天堂硅谷负责战略规划、行业研究分析、资源整合优化等方面；大康牧业负责经营方案和日常经营管理，并负责建立健全湖南富华的内部控制管理体系和制度，管理时间为3年，自2012年10月1日开始。在共同管理期间，对湖南富华的经营情况设定净利润考核指标，即第一个运营年度的净利润考核指标为人民币200万元，第二个运营年度的净利润考核指标为人民币400万元，以后运营年度净利润考核指标逐年递增15%。如湖南富华实现净利润考核指标，则大康牧业可向其按该运营年度净利润超过净利润考核指标部分的70%收取管理报酬；如未能实现净利润考核指标，则大康牧业需向其补偿相当于其运营年度净利润与净利润考核指标之间的差额的现金。

鉴于公司接手管理上述两个公司后的生产、人员磨合和生猪、饲料价格的波动以及其他因素，2012年12月7日，长沙天堂大康和浙江天堂硅谷以函告的方式，通知大康牧业不需履行上述两家公司第一个运营年度考核净利润的补足义务。

**三、武汉登峰**

2013年7月20日，长沙天堂大康出资3370万元收购武汉登峰海华农业发展有限公司（以下简称武汉登峰）96.29%股权。

| 股东姓名 | 增资前 | | 增资后 | |
|---|---|---|---|---|
| | 出资额 | 出资比例（%） | 出资额 | 出资比例（%） |
| 吴桂生 | 1.80 | 60.00% | 130.00 | 3.71% |
| 田慧青 | 1.20 | 40.00% | 0.00 | — |
| 长沙天堂大康 | — | — | 3370.00 | 96.29% |
| 合计 | 3.00 | 100.00% | 3500.00 | 100.00% |

**武汉登峰股权结构图（单位：万元）**

长沙天堂大康与武汉登峰、吴桂生、田慧青、大康牧业及浙江天堂硅谷签订了《关于共同管理武汉登峰海华农业发展有限公司之合作协议》，由浙江天堂硅谷和大康牧业共同管理登峰海华。其中浙江天堂硅谷负责战略规划、行业研究分析、资源整合优化等方面；大康牧业负责经营方案和日常经营管理，并负责建立健全武汉登峰的内部控制管理体系和制度，管理期间为2年，自2013年7月21日开始。在共同管理期间，对武汉登峰的经营情况设定净利润考核指标，即第一个运营年度的净利润考核指标为人民币120万元，第二个运营年度的净利润考核指标为人民币180万元，以后运营年度净利润考核指标逐年递增15%。如登峰海华实现净利润考核指标，则大康牧业可向登峰海华按该考核运营年度净利润超过净利润考核指标部分的70%收取管理报酬；如未能实现净利润考核指标，则大康牧业需向登峰海华补偿相当于登峰海华考核运营年度净利润与净利润考核指标之差额的现金。

**四、慈溪富农**

2014年2月20日，浙江天堂大康联合长沙天堂大康、高志峰根据《天堂大康与高志峰等原股东及慈溪市惠丰生猪养殖专业合作社关于慈溪市惠丰生猪养殖专业合作社相关资产和业务之收购框架协议》注资1.939亿元投资慈溪市惠丰生猪养殖专业合作社，成立了慈溪市富农生猪养殖有限公司（以下简称慈溪富农），三者持股比例分别为73.99%、18.05%和7.96%。

| 股东姓名 | 出资额 | 持股比例(%) |
|---|---|---|
| 浙江天堂大康 | 3500.00 | 73.99% |
| 长沙天堂大康 | 14 350.00 | 18.05% |
| 高志峰 | 1543.80 | 7.96% |
| 合计 | 19 393.80 | 100.00% |

**慈溪富农股权结构图（单位：万元）**

2014年4月14日，浙江天堂大康与长沙天堂大康、高志峰、慈溪富农、大康牧业及浙江天堂硅谷签订了《关于共同管理慈溪市富农生猪养殖有限公司之合作协议》，由浙江天堂硅谷和大康牧业共同管理慈溪富农。其中浙江天堂硅谷负责战略规划、行业研究分析、资源整合优化等方面；大康牧业负责经营方案和日常经营管理，并负责建立健全慈溪富农的内部控制管理体系和制度，管理期间为2年，自2014年4月16日开始。在共同管理期间，对慈溪富农的经营情况设定净利润考核指标，净利润考核指标按照慈溪富农考核运营年度内经大康牧业和天堂硅谷认可的会计师事务所审定的生猪实际销售加权均价（各考核运营年度内总销售收入除以总销售重量）实行浮动考核指标。若各考核运营年度慈溪富农未能实现上述净利润考核指标，则大康牧业需向慈溪富农补偿相当于慈溪富农考核运营年度净利润与净利润考核指标之差额的现金；若慈溪富农在共同管理期间的前4个月内发生重大疫情，则大康牧业免除承担当年的净利润考核指标，且因重大疫情产生的一切损失均由慈溪富农承担。

完成一系列并购之后的大康牧业营业收入大幅增长。2011年度，实现营业收入4.85亿元，同比增长26.62%；2012年度，营业收入7.05亿元，同比增长45.52%；2013年度，营业收入9.96亿元，同比增长41.28%。而且，大康牧业收购后两年多时间股价涨了一倍多，这也在一定程度上显示出资本市场对该模式的认同。另外，几个项目生产经营状况良好。

【标的资产装入上市公司及PE的退出】

天堂硅谷尚未实质退出。

### 案例四 点燃“上市公司+PE”模式之火——博盈投资案例

【合作背景和交易背景介绍】

柴油发动机是目前世界上产业化应用的各种动力机械中热效率最高、能量利用率最好、最节能的机型，已成为汽车、农用机械、工程机械、船舶、内燃机车、小型航空器、地质和石油钻机、军用、通用设备、移动和备用电站等装备的主要配套动力。

我国发展柴油发动机工业较早，目前已成为柴油发动机生产大国。2010年，全球柴油发动机市场规模已达到4300万台，国内产量超过1500万台，其中车用柴油发动机产量超过400万台，行业中出现了广西玉柴机器集团有限公司和潍柴动力股份有限公司这样的世界级企业。但是，我国柴油发动机产业的整体发展仍然面临许多问题，如在产品构成上不尽合理，农用、重型车用和商用柴油发动机比重较大，乘用车柴油发动机比例极小；某些种类如船用柴油发动机尚无制造能力，主要依赖进口；柴油发动机研发基础比较薄弱，拥有自主知识产权的机型极少，乘用车柴油发动机等关键技术还严重依赖于欧美国家。柴油发动机的整体研发和技术水平落后于国际先进水平10~20年，也落后于国内车用汽油发动机的发展，并且不具备完整的全新柴油发动机产品和关键零部件特别是关系到节能减排、安全和驾乘舒适性的电控产品的开发能力，核心技术如高压泵喷嘴、高压共轨技术等仍受制于国外。因此，我国柴油发动机产业发展急需引进和掌握世界先进的技术和研发能力。

湖北博盈投资股份有限公司（以下简称博盈投资）主营业务为汽车配件制造及销售，主要产品为汽车前后桥总成及齿轮。随着汽车零部件市场竞争的不断加剧，公司主要产品的毛利率水平比较低，仅为11%左右，主营业务的业务规模及盈利能力逐年下滑。2010年4月27日起，公司因2008年、2009年连续两年亏损而被实行退市风险警示；通过加强项目成本管理和质量管理、强化公司管理水平等措施，公司于2010年实现盈利，从而暂时避免了暂停上市，但5.5亿元营业收入仅实现净利润425万元。2011年和2012年1~9月公司实现的净利润分别为370万元和-931万元。2012年全年公司预亏1200万~1500万元。因此，公司现有资产质量及业务盈利能力较低，迫切需要购买或注入具有较高质量和较强盈利前景的优质资产，以切实增强公司的盈利能力和提高公司可持续发展能力，从而使公司具备持续回报全体股东的良好能力。在此背景下，博盈投资管理层在全球范围内积极寻找并购对象。

斯太尔动力（Steyr Motor GmbH）成立于2001年，是一家老牌柴油发动机厂商，其前身是创立于1864年的奥地利大型国有汽车集团斯太尔—戴姆勒—普赫集团（Steyr-Daimler-Puch Group），目前，在高性能低排放柴油机、航空柴油发动机、独立的燃油喷射系统、共轨四气门柴油发动机（三缸、四缸、六缸）、两缸增程柴电混动乘用车领域的技术研发具备世界领先水平，其产品及研发成果遍布世界各地。但是，斯太尔动力基本是按客户需求来制造，主要销售目标是面对专用的小众市场，产量约在每年几千台，2011年为2000台左右，缺乏足够的能力来扩大产能进入大众市场，所以带来的销售收入不够高。作为在细分领域占据优势的中小型企业，因经济危机导致的欧洲银行惜贷使得恰恰处于扩张关键时期的斯太尔动力不得不向外寻求资金和主流大批量市场。

然而，斯太尔动力最开始寻求广阔市场的时候，中国并不在考虑范围内，其CEO曼道夫·鲁道尔当时将目光投向了印度。欧美等国对印度的汽车工业发展持有非常积极的态度，普遍认为印度将在2015年成为全球第三大汽车生产国。但是，机缘巧合，因受斯太尔动力委托寻找合作伙伴的中间人GCI管理咨询公司（GCI Management Consulting GmbH）与香港梧桐资本集团（Phoenix Tree Capital Group，PTC）副总裁兼欧洲公司总经理朱家钢相熟，于是斯太尔动力与中国联系了起来。梧桐资本集团是应港台、欧美及国内民企等多家投资机构邀约成立的财团资本和私募股权基金集约管理平台，主要是联合投资推进有国际先进技术引进潜力和国际先进经营管理模式引进潜力的重大产业项目。之后，在朱家钢的陪同下，曼道夫来到中国考察了多家汽车零配件生产企业后彻底改变了想法。他认为，中国汽车工业在产能和市场方面都具备优势，但是产品技术相对不足，对此，斯太尔动力与中国公司的联姻能够带来决定性的改变。2011年12月5日，在中国企业收购斯太尔动力前夕，梧桐资本集团董事局主席刘长乐与总裁向宏会见了奥地利前工业部长斯泰舍博士率领的斯太尔动力总成考察团一行。经过对市场规模、零部件供应商的成熟程度、技术人才的储备等因素的综合考虑，斯太尔动力最终选择中国企业——博盈投资。

纵观以往中国发动机行业的对外并购案例，大致遵循两种路径：其一，中方向拥有先进技术的国外企业购买一款现成的柴油机，经过四五年的准备实现在中国的批量生产；其二，中方要求欧洲企业根据中国市场特点研发一款发动机，然后由中方批量生产。但不管是哪种路径，都存在一个致命缺点，那就是发动机引入几年后会出现与欧洲技术脱节的状况。[①] 因此，寻求一种更加长久有效的并购方法成为博盈投资的重要课题。

考虑到奥地利政府对并购的一些政策性限制，特别是斯太尔动力一直以来是奥地利军方动力的主要贡献者，由中国大型汽车公司出面，可能会引起奥地利的政治敏感，为并购带来不确定性。因此，博盈投资与天堂硅谷资产管理公司（以下简称天堂硅谷）设计了一个交易结构，即由博盈投资委托天堂硅谷设立一家并购基金做其资本市场的先行者，用以在海外收购斯太尔，之后由博盈投资买入该基金的全部股权，从而以国内PE的身份将博盈投资上市公司跨境并购的交易转换成境内交易，规避海外政策性障碍。

---

① 邵文海："不是简单买个工厂的传统故事——华房方圆解析博盈投资并购斯太尔动力案"，载http://wenku.baidu.com/link?url=wMnpnGsYRXSIrYH7D0ugqK_S7fqWP52m3-uJ6MDE6bsFbWTxdN_z0Vgh4WSg6WRwT_ZwtgP2dh3OAU9Uo_Wbi9UTy23r1uJETVIPMhMuXqq。

【并购基金的设立与募资】

2012年3月20日，武汉梧桐天堂硅谷投资有限公司（以下简称武汉梧桐）成立，公司股东为天津天堂硅谷同盈科技有限公司（以下简称天津桐盈）。武汉梧桐是天津桐盈为收购Steyr Motors而设立的收购主体，除了持有Steyr Motors股权，并作为Steyr Motors的母公司履行正常职责，规划和统筹Steyr Motors的经营业务和国产化生产事宜，武汉梧桐没有实质进行其他经营性业务。

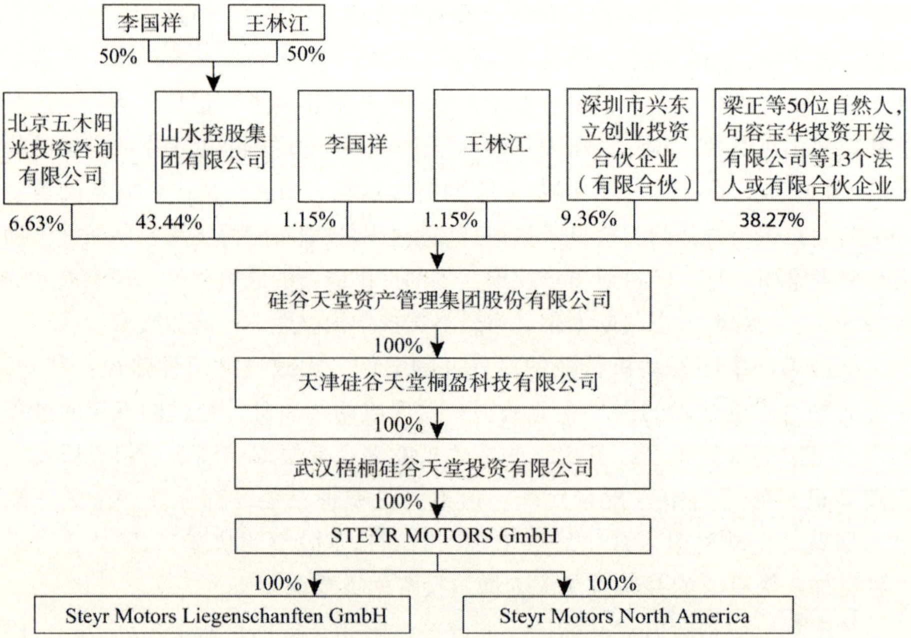


**武汉梧桐并购斯太尔动力交易结构图**

据了解，武汉梧桐背后还有一些产业投资人，而为了隐藏这些投资人的信息以及规避PE为投资人代扣代缴的部分税，选择了通过金谷信托成立的信托计划“通道”，再以单一LP的身份进入武汉梧桐成立的PE基金中。另外，还可以通过新的信托计划对接使投资人提前退出，而且由于没有打通计划，可以突破发改委规定的单个LP出资额不低于1000万元、有限合伙制LP人数不超过200人的限制。[①]

---

① “德隆旧将的新生意：解剖博盈投资定增案”，载http://www.21cbh.com/2013/8-17/0NMzc-zXzc0NDA0NA.html。

【基金与上市公司的框架协议】

据查询，未公告双方事先签订书面协议的情况。

【并购交易细节】

并购前期，武汉梧桐组织专业管理团队从2011年11月开始进行Steyr Motors柴油发动机国产化的尽职调查工作。

2012年4月，武汉梧桐以3245万欧元的价格收购斯太尔动力100%股权，并购内容包括斯太尔拥有的土地、房产及两家全资子公司和主要生产设备及技术专利。以2012年4月30日的欧元汇率计算，当时该股权价值约合2.84亿元人民币。

之后，斯太尔动力母公司武汉梧桐分别与山东鑫亚工业股份有限公司（以下简称山东鑫亚）、成都桐林精密部件集团（以下简称成都桐林）达成委托生产框架性协议，将M14的机体、曲轴等委托成都桐林生产，将M14燃油喷射系统委托山东鑫亚生产，而M14总装与个性化配置工序将在奥地利完成。M14在2013年4月正式投入小批量生产，确保当年完成2万台产量，用于国际市场以M14发动机为主的销售工作。

【标的资产装入上市公司及PE的退出】

2012年11月5日，博盈投资发布非公开发行股票预案称，将以4.77元/股的价格向东营市英达钢结构有限公司（以下简称英达钢构）以及长沙泽瑞创业投资合伙企业（有限合伙，以下简称长沙泽瑞）、长沙泽洺创业投资合伙企业（有限合伙，以下简称长沙泽洺）、宁波贝鑫股权投资合伙企业（有限合伙，以下简称宁波贝鑫）、宁波理瑞股权投资合伙企业（有限合伙，以下简称宁波理瑞）、天津天堂硅谷恒丰股权投资基金合伙企业（有限合伙，以下简称天津恒丰）5家PE基金定向增发314 465 300股股票，募集资金总额约15亿元。其中，英达钢构认购8385.74万股，出资4亿元；长沙泽瑞、长沙泽洺本次将分别认购5241.09万股，各出资2.5亿元；宁波贝鑫、宁波理瑞和天津恒丰分别认购4192.87万股，各出资2亿元。

博盈投资本次非公开发行募集资金的总额为1 499 999 481元，其投向包括收购武汉梧桐100%股权项目、Steyr Motors增资扩产项目、公司技术研发项目和补充流动资金4个项目。收购完成后，武汉梧桐成为公司的全资子公司，Steyr Motors成为公司的全资孙公司。2013年9月27日，经中国证监会发行审核委员会审核，本次非公开发行股票的申请获得无条件通过。2013年11月5日，中国证监会核发《关于核准湖北博盈投资股份有限公司非公开发行股票的批复》（证监许可〔2013〕1409号），核准公司非公开发行不超过314 465 300股新股。

根据2013年12月6日发布的《湖北博盈投资股份有限公司非公开发行股票相关承诺公告》，6家投资机构承诺，自本次发行股份上市之日（2013年12月10日）起36个月内予以锁定，不得转让或上市流通。而且，定向增发后，5家PE机构仅作为博盈投资的财务投资者，无条件、不可撤销地放弃所持博盈投资股所对应的提案权、表决权，不向博盈投资推荐董事、高级管理人员人选。因此，参与增发后占15.21%股份的英达钢结构有限公司成为博盈投资的第一大股东，主要资产变为武汉梧桐的100%股权，也就是斯太尔动力100%股权。但英达钢构作出承诺，其在2013年度、2014年度、2015年度，每年实现的经审计扣非经常性损益后的净利润分别不低于人民币2.3亿元、3.4亿元和6.1亿元。若实际未达到上述净利润承诺数，英达钢构将按承诺利润数与实际盈利之间的差额对博盈投资进行补偿；如果博盈投资在2013年才完成本次非公开发行，英达钢构将对上述业绩补偿期限进行顺延。

值得注意的是，天津恒丰的合伙人为天津天堂硅谷股权投资基金管理有限公司（以下简称天津天堂硅谷）和天堂硅谷。其中，天津天堂硅谷为普通合伙人（GP），出资数额为10万元，认缴比例10%；天堂硅谷为有限合伙人（LP），出资数额为90万元，认缴比例90%。同时，天堂硅谷持有天津天堂硅谷100%的股权，而天堂硅谷同时持有天津桐盈100%的股权，而后者持有标的公司武汉梧桐100%的股权。因此，天津恒丰与本次收购的标的公司属于同一实际控制人天堂硅谷所有。因此，天堂硅谷在整个过程中完成了基金退出与进入两个动作。一方面在短期内坐享76%的溢价并顺利退出，取得了出售斯塔尔动力升值的2.16亿元；另一方面又以2亿元获得博盈投资增发后7.61%的公司股份，截至2014年6月20日，该部分股份市值达到5.75亿元。

【小结】

对于博盈投资而言，通过国内PE跨境并购不仅可以规避境外政策限制，还规避了国内重大资产重组政策限制。天堂硅谷并购斯太尔动力之后，立即将该资产注入上市公司博盈投资，从实质上看是斯太尔动力实现了借壳上市。但操作过程中，天堂硅谷以现金2亿元认购股份，仅占募资总额的13.33%，且本次用于并购标的公司的资金仅占募资总额的33.33%。因此，天堂硅谷实际认购标的公司股权项目的资金为募集资金总额的4.44%。博盈投资本次购买的标的公司100%股权的价值为5亿元，大部分来源于其他认购人的现金。同时，天堂硅谷与标的公司的股东非同一主体，因此不构成重大资产重组，不适用《管理办法》第42条“特定对象以现金或者资产认购上市公司非公开发行的股份后，上市公司用同一次非公开发行所募集的资金向该特定对象购买资产的，视同上市公司发行股份购买资产”规定之情形。

对于天堂硅谷而言，此次并购最大的亮点在于获利退出的低风险性。一般情况下PE投资IPO项目，如果企业最终不能上市，类似拟发行股东回购股份的对赌协议都将是一纸空文。相比之下，天堂硅谷此次实际上是受托于博盈投资，将资产包装后直接卖给上市公司，收回投资并获利的期限不过几个月，并且几乎包赚不赔。天堂硅谷利用5亿变现资金中的2亿资金参与上市公司定向增发，获得了进一步分享上市公司未来收益的机会。此外，英达钢构的盈利补偿承诺更是消除了对于并购斯太尔动力能否给博盈投资的投资者带来高回报的担心。[①]

### 案例五　上市公司股东出资设基金——京新药业案例

【并购基金设立目的】

浙江京新药业股份有限公司（以下简称京新药业）是一家集研、产、销于一体的医药上市公司。为了降低因并购整合可能存在的风险，京新药业拟由浙江天堂硅谷股权投资管理集团有限公司（以下简称天堂硅谷）和浙江元金投资有限公司（以下简称元金投资）共同设立合伙企业，通过利用天堂硅谷的资源优势及其各种专业金融工具放大京新药业的投资能力，推动新设并购基金去收购或参股符合京新药业实现战略发展的具有资源、渠道、品牌等优势的相关项目，以产业整合与并购重组等方式，借助天堂硅谷等专业机构的力量，使京新药业实力壮大、形象提升。

【并购基金的设立与募资】

2013年1月31日，京新药业发布《关于拟与并购基金合作进行产业整合的公告》。根据各方约定，天堂硅谷和元金投资共同发起设立专门服务于京新药业产业整合的并购基金，基金总规模不超过10亿元人民币。其中，元金投资为有限合伙人（LP），出资并购基金规模的10%～20%；天堂硅谷

① 邵文海：“不是简单买个工厂的传统故事——华房方圆解析博盈投资并购斯太尔动力案”，载http://wenku.baidu.com/link?url=wMnpnGsYRXSIrYH7D0ugqK_S7fqWP52m3-uJ6MDE6bsFbWTxdN_z0Vgh4WSg6WRwT_ZwtgP2dh3OAU9Uo_Wbi9UTy23r1uJETVIPMhMuXqq。

和社会投资者出资占并购基金规模的80%～90%，其中，天堂硅谷指定其全资子公司浙江天堂硅谷恒通创业投资有限公司（以下简称恒通创投）作为普通合伙人（GP）出资500万元，剩余部分由天堂硅谷负责向社会投资者募集。

首期由天堂硅谷和元金投资发起设立浙江天堂硅谷元金创业投资合伙企业（有限合伙）（以下简称天堂元金），规模为1亿元，存续期为4年。其中，恒通创投和元金投资分别出资500万元和1000万元。

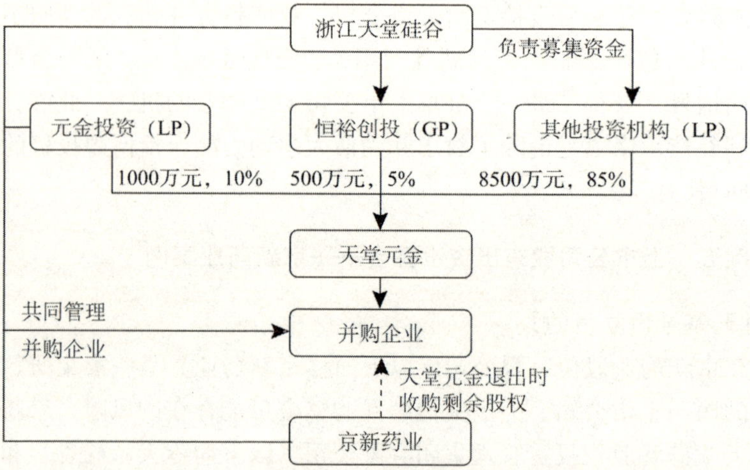


天堂元金交易结构图

并购基金的具体投资管理业务委托天堂硅谷管理，由天堂硅谷任管理人。天堂硅谷负责其日常经营管理事务，由京新药业、元金投资协助天堂硅谷进行投资项目的筛选、立项、组织实施及投资后的监督、管理及投资项目退出等工作。对所投资的并购对象，由天堂硅谷和京新药业及元金投资共同管理，天堂硅谷主要负责并购对象战略规划、行业研究分析、资源整合优化等方面；京新药业和元金投资主要负责并购对象经营方案制定和并购对象的日常经营和管理，并负责建立健全并购对象内部控制管理体系和制度。

并购基金成立专门投资与退出决策委员会，负责对其项目投资与退出事项做出决策。该决策委员会由7名委员组成，其中天堂硅谷委派4人，京新药业或元金投资委派3人。并购基金另设监事长一人，由京新药业委派，负责对拟投项目是否符合有关投资方向的约定内容进行审查，并享有一票否决权：即对不符合的拟投项目，监事长有权决定该项目不提交投资与退出决策委员会审议。

【基金与上市公司的框架协议】

根据约定，天堂元金作为京新药业产业整合的平台，专门服务于京新药业。天堂元金、天堂硅谷承诺在约定的期限内，除各方另有约定的外，不得向除京新药业以外的任何第三方转让所投资的并购对象；京新药业亦承诺在达到约定的条件后依照法律、法规和公司章程规定的程序收购并购对象。

【并购基金的投资】

考虑到京新药业无法为被收购企业提供太多研发资源，合作方排除早期项目，而是投资于相对成熟的项目。作为广东省中药产业20强企业，广东益和堂制药有限公司（以下简称益和堂）大部分品种竞争格局良好，极具发展潜力。

2013年10月8日，天堂元金与益和堂原股东方乐尧、刘健雄签订了《关于广东益和堂制药有限公司全部股权之收购协议》，天堂元金以1.2亿元收购益和堂100%股权。因为元金投资格外看好该项目，其作为普通LP又出资40%；相当于元金投资一共出资50%。[①]

在天堂元金完成对益和堂收购后，由天堂硅谷和京新药业及京新控股（原元金投资）共同管理，天堂硅谷主要负责益和堂战略规划、行业研究分析、资源整合优化等方面；京新药业和京新控股主要负责益和堂经营方案制定和益和堂的日常经营和管理，并负责建立健全益和堂内部控制管理体系和制度。益和堂将加强营销和技改，并向沙溪镇政府申请购地增资扩产，围绕特色中药独家品种和大健康产业的方向发展。同时，作为上市公司，京新药业通过天堂元金收购益和堂将进一步丰富其公司的现有产品线，从而形成化学药和中成药两翼齐飞的格局。经过一段时间培育管理，在益和堂达到各方约定的并购条件时，京新药业将对益和堂进行收购。

并购所产生的协同效应，最主要体现在销售环节和采购环节。只要被收购企业有好的品种，然后置入京新药业的销售渠道中，立刻就能看到收入的上涨。以前益和堂的开工率不足1/3，现在都是加班加点开工，效益极大提升。

---

① 潘沩、曹瑜琦："PE圈中医疗健康：硅谷天堂、高特佳等的并购逻辑"，载http://pe.pedaily.cn/201403/20140301361212_all.shtml。

## 案例六　PE举牌上市公司——精伦电子案例

【合作背景和交易背景介绍】

成立于1994年的精伦电子股份有限公司（以下简称精伦电子）是“武汉·中国光谷”国家级高新技术企业，致力于各类电子智能终端的研发、设计与生产。产品涵盖通信、电力、传媒、三网融合、工业缝纫制造、公共安全等多个领域，是国内电子智能领域的领先企业。2014年1月1日，精伦电子推出“别致云盒”，打造智慧家庭云服务平台。2014年4月，精伦电子与无锡电信签署《聪慧家庭“天翼·新颖云盒”立异项目运营合作备忘录》，配合打制家庭天翼云办事平台，为用户提供IPTV + OTT增值服务，定位于做电信运营商助手和区域性小龙头。

在三网合一的背景下，精伦电子已有并购相关产业链内企业的计划。2013年7月，精伦电子停牌筹划重大资产重组，但通过调研与论证，拟筹划的重组方案与公司既定目标有差距，存在较大风险和不确定性，因而一个月后该事项最终终止，并承诺3个月内不再筹划重大资产重组事项。

天津天堂硅谷恒通股权投资基金合伙企业（有限合伙，以下简称硅谷恒通）是天堂硅谷资产管理集团股份有限公司（以下简称天堂硅谷）和天津天堂硅谷股权投资基金管理有限公司合伙成立的投资机构，在股权投资方面以行业为导向，重点关注TMT、现代农业、生物医疗以及先进制造业四大行业中各阶段的优质企业，纵贯全产业链，深度挖掘投资机会。

精伦电子在渠道及内容环节有赖于通过资本运作等手段实现突破，而这正是天堂硅谷的优势。天堂硅谷对精伦电子通过“别致云盒”集合数字电视、IPTV、网络电视及互联网于一体，整合DVB、IPTV与OTT业务的转型战略及发展思路的认可，看好公司长期发展，并希望以自身专业能力，为提升公司价值与精伦电子在发展战略、业务拓展及资本运作上进行合作。于是，2012年12月，天堂硅谷通过调研开始与精伦电子接触；观察1年后，通过二级市场采取增持行动。

【举牌入股】

2014年3月14日开始，硅谷恒通以6.0 ~ 6.25元/股的价格从二级市场上买入精伦电子90.87万股股票，随后又分别在3月17 ~ 21日、3月27日、3月31日等多个交易日增持精伦电子股份，合计持有精伦电子1201.54万股，占股份总额的4.88%。4月9日，硅谷恒通再次增持28.66万股。此次权益变动完成后，硅谷恒通合计持有精伦电子股份1230.2万股A股（均为无限售流通股），占精伦电子总股本的5.000017%，首次达到并超过精伦电子总股本的5%，突破举牌线成为公司第三大股东。之后，精伦电子股价持续上涨。

硅谷恒通买卖精伦电子股票时间表

| 时间 | 买入 | | 卖出 | |
|---|---|---|---|---|
| | 股标数量（股） | 价格区间（元/股） | 股标数量（股） | 价格区间（元/股） |
| 2014年3月14日 | 908737 | 6.0~6.25 | | |
| 2014年3月17日 | 481200 | 6.10~6.30 | | |
| 2014年3月18日 | 250000 | 6.10~6.20 | | |
| 2014年3月19日 | 400806 | 6.03~6.20 | | |
| 2014年3月20日 | 674700 | 6.00~6.23 | | |
| 2014年3月21日 | 78600 | 5.90~6.10 | | |
| 2014年3月27日 | 60400 | 6.22~6.43 | | |
| 2014年3月31日 | 7910000 | 6.00~6.10 | | |
| 2014年4月9日 | 286600 | 7.01~7.15 | | |

同时，硅谷恒通不排除在未来12个月内继续增持精伦电子股份的可能。作为精伦电子的战略投资者，硅谷恒通与精伦电子的合作将会集中在并购方向，围绕公司主业进行上下游或者横向的资源进行整合。

【各方观点】

天堂硅谷认为，精伦电子作为公司的第一个“举牌”项目，是其践行“做负责任的小股东”的投资理念，首次尝试以“举牌”方式成为上市公司的战略投资人。天堂硅谷希望作为友善型、帮助型的并购基金与上市公司及上市公司实际控制人、管理层展开合作，通过发挥自身的专业能力，帮助上市公司改变价值、提升价值、创造价值。天堂硅谷通过“善意举牌”，不是为了谋求上市公司控制权，而是通过用手投票的方式，与上市公司建立良性互动的战略合作关系，利用PE的优势促成与公司在战略、业务及资本层面的一些合作，陪伴并帮助上市公司共同成长。天堂硅谷希望以专业的投资能力和资源整合能力，成为更多上市公司“负责任的小股东”，帮助它们改变价值、提升价值、创造价值，同时改善国内资本市场上市公司质量，促进中国实体经济转型升级。[①]

而在更多的投资者看来，股权极为分散、市值较低的精伦电子倒是一个不错的壳资源。作为当下百度、小米等互联网巨头争相进入的领域，智能盒

① “集团首个‘举牌’项目正式公告：战略增持精伦电子”，载http://www.ggttvc.com/view_news.php?id=276。

子已经是热门题材。而对于有着优质壳资源的精伦电子，无论是并购或是卖壳，天堂硅谷的退出有了双重保障。[①]

### 案例七　上市公司做GP——合兴包装与中兴融创合作案例

【合作背景和交易背景介绍】

厦门合兴包装印刷股份有限公司（以下简称合兴包装）是一家集纸板、纸箱及缓冲包装材料等包装制品设计、制造、服务为一体的大型综合包装企业，是该行业领域的龙头企业。

中新融创资本管理有限公司（以下简称中新融创）是从事金融投资和资产管理的专业机构，投资范围涉及上市公司定向增发、二级市场投资、PE和并购。

为在更大范围内寻求对合兴包装有重要意义的并购标的，借助专业投资机构放大公司投资能力，加快公司发展整合的步伐，同时分享快速发展的并购投资市场的回报，进一步提高公司在全国的市场占有率和品牌辐射力，合兴包装将与中新融创合作进行企业并购。

【并购基金的设立与募资】

2014年6月30日，合兴包装发布公告称，其全资子公司新疆裕荣股权投资管理有限公司（以下简称裕荣投资）已与中新融创签署《合作框架协议》，拟在包装领域及其上下游进行合作（不涉及风险投资）。各方将按照协议约定的方式设立一家有限责任公司形式的并购基金管理公司，并以管理公司作为管理人发起设立和管理基金，主要从事股权收购业务的并购基金，实现各方利益的最大化。

管理公司注册资本为人民币200万元，由裕荣投资和中新融创以现金方式出资。基金暂定名为“产业并购基金（有限合伙）”，募集规模为人民币4亿元，存续期间2年，首期募集2亿元，裕荣投资拟用自有资金4000万元人民币认购首期20%份额。

基金将根据《合伙企业法》以有限合伙企业之组织形式设立，由管理公司担任普通合伙人（GP）及执行事务合伙人。管理公司对基金事务享有充分的管理和控制权，有权根据基金的合伙协议决策、执行基金的投资、业务开

① “天堂硅谷举牌精伦电子背后：意在未来进行并购”，载http://www.p5w.net/stock/news/gsxw/201405/t20140527_614054.htm。

展及日常管理事务，有权代表基金对外签署法律文件。管理公司每年收取基金总认缴出资额的2%作为管理费，管理费每季度提取一次。管理公司在基金中的权限由各合伙人根据《合伙企业法》在基金的合伙协议中具体约定。

基金将引入结构化资产管理计划作为有限合伙人（LP）认缴基金出资。资产管理计划份额将分为优先级及劣后级，份额比例为80%：20%；其中，由裕荣投资作为次级委托人认购劣后级份额，由中新融创募集推介的外部投资人作为优先级委托人认购优先级份额。

基金通过股权收购、资产收购和增资等收购方式，控股质地优良、盈利能力强、发展前景良好的标的企业/资产。基金将在并购标的整合成功、培育成熟后通过转让、出售等方式实现投资退出。若并购标的符合合兴包装的战略方向及并购条件时，合兴包装对并购标的有优先收购权，其将依照法律、法规以及合兴包装章程规定的程序收购基金所持有的并购标的。

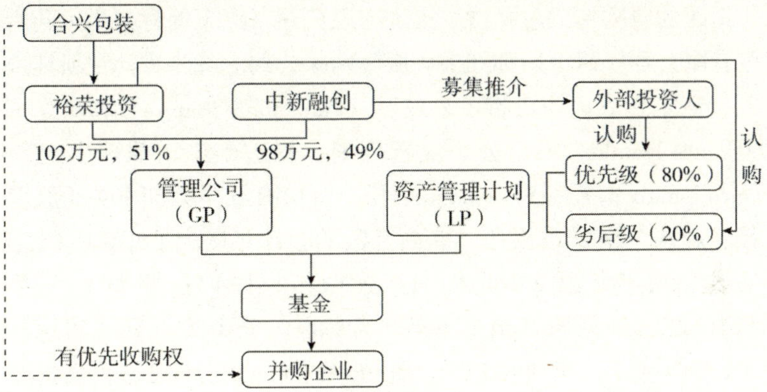


**交易结构图**

【小结】

本基金属于上市公司子公司与基金合作共同设立并购基金的模式。

下游行业较高的集中度将会推动瓦楞包装行业的整合，合兴包装多年来一贯秉承大客户、集团化战略，在全国的布局规模已经具备较强的先发优势，并购基金的设立有助于合兴包装加快整合步伐。①

本次的产业并购基金服务公司产业整合，将对所有投资项目的筛选、立项、组织实施及投资后的监督、管理的全过程提出规范化意见，在达到一定

① “合兴包装：成立并购基金，加快整合步伐”，载http://companies.caixin.com/2014-07-03/100698900.html。

的盈利能力和规范程度后由公司按照相关证券法规和程序收购储备项目。这种设计有利于控制或隔离并购过程中产生的各类不确定性风险，建立风险消解的缓冲机制，有效降低或规避上市公司直接并购产生的信息不对称风险，更好地保护公司及股东的利益。

### 案例八 “大鱼吃小鱼”——四川雅化收购红牛公司案例

【案例背景】

雅化集团是雅安市唯一一家上市公司，也是国内民爆行业的龙头企业。而新西兰红牛公司（不是“红牛”饮料）算是新西兰当地的小企业，但在民爆行业也有一定的地位。雅化集团收购红牛公司更多意义在于“借船出海”，将业务延伸至海外。虽然经历了“4.20”芦山地震，但雅化集团“借船出海”终获成功。

雅化集团的收购标的包括红牛火药有限公司（以下简称红牛火药）和红牛矿业服务有限公司（以下简称红牛矿服）两家公司。红牛火药注册地址在新西兰奥克兰，法定代表人为皮特·夏皮罗（Peter John Shapiro）和麦克·亨德森（Michael James Henderson），公司经营范围：爆破施工，炸药生产。股权结构：Shapiro Family信托和St. Arnaud信托，各持有红牛火药50%的股份。经营状况：截至新西兰国2013财年（新西兰国的会计年度为上年4月1日至次年3月31日，2013财年指2012年4月1日至2013年3月31日，下同），红牛火药的总资产为16 432 171新西兰元，净资产为8 894 775新西兰元，实现营业收入10 831 201新西兰元，净利润1 088 530新西兰元，EBITDA（税息折旧及摊销前利润）为2 743 600新西兰元（以上财务数据未经审计）。红牛矿服注册地址在新西兰奥克兰，法定代表人为皮特·夏皮罗（Peter John Shapiro）和麦克·亨德森（Michael James Henderson），经营范围：爆破施工，炸药生产。股权结构：Shapiro Family 信托 和 St. Arnaud 信托，各持有红牛矿服50%的股份。经营状况：截至新西兰国2013财年，红牛矿服的总资产为11 460 298新西兰元，净资产为2 208 651新西兰元，实现营业收入6 882 185新西兰元，净利润-96 186新西兰元（该公司2013财年亏损主要原因是受项目初期阶段大量一次性投资费用影响所致），EBITDA（税息折旧及摊销前利润）为834 400新西兰元（以上财务数据未经审计）。

【交易细节】

2013年4月26日，四川雅化实业集团股份有限公司（以下简称雅化集团）与金奥博公司就投资控股红牛火药及红牛矿服事宜签订了框架协议，公司及金奥博公司拟通过认购红牛火药及红牛矿服新股和受让现有部分股份的形式控股该两家公司。

本次股权交易对方 Peter John Shapiro 与 Michael James Henderson 是红牛火药及红牛矿服的实际共同控制者及现有董事。他们分别通过Shapiro Family 信托及St. Arnaud信托按照50：50的比例来持股并共同控制红牛火药和红牛矿服。Peter John Shapiro 代表 Shapiro Family 信托的受托人 Rodney William Cooke、Peter John Shapiro 和 Shirley Shapiro，及 Michael James Henderson 代表 St Arnaud信托的受托人Christine Robyn Henderson、Michael James Henderson和St Arnaud信托有限公司与公司及金奥博公司签署了框架协议。该信托是根据新西兰法律设立的合法信托。

根据框架协议的约定，雅化集团及金奥博公司拟受让Shapiro家族信托及St Arnaud信托在红牛火药和红牛矿服的部分股权（下文中，雅化集团和金奥博公司将合称"收购方"，Shapiro家族信托及St Arnaud信托将被合称为"出售方"，出售方和收购方合称"各方"，单称"一方"），同时认购红牛火药和红牛矿服新发行的股份。经过股权重组后，收购方持有红牛火药和红牛矿服各80%的股份，其中雅化集团持有70%的股份。收购方根据自己意愿可以设立一到两个子公司来完成本交易。

框架协议的主要条款如下：

1. 新股份的收购

在签署《股权转让协议》的同时，红牛火药和红牛矿服应发行新股份并由收购方认购全部新增股份。

2. 原股份的收购

红牛火药和红牛矿服已分别发行的原股份（即在《股份转让协议》完成日前的股份），由收购方受让红牛火药的110 186股，其中雅化集团受让97 289股；受让红牛矿服的138 991股，其中雅化集团受让108 487股。

3. 股权重组价款

以目标企业经初步审计评估的价值为基础，经双方协商一致确认。具体支付方式以正式交易文件确定为准。

4. 交易生效的先决条件

本协议于签署之日起生效，但各方不负有实质履行本交易的义务。各方在完成相关约定，并取得各自必需的公司授权与批准以及两国主管部门的批准后签署正式交易文件，正式具体交易文件预计在2013年6月30日或之前签订。如果直至2013年6月30日仍没有签订，各方可以在2013年6月30日或之后终止本交易。

5. 管理

（1）红牛火药和红牛矿服应由其董事会管理。红牛火药和红牛矿服的董事会均包括五名董事，其中雅化集团委派两名董事，金奥博公司委派一名董事，另两名董事由出售方委任但两名董事只拥有一个投票权。

（2）红牛火药和红牛矿服董事会主席均由收购方委派。

（3）董事会适用简单多数原则对相关事项进行表决，董事会主席有决定票。

为有效实施对新西兰红牛公司的并购，公司在香港设立的全资子公司——雅化国际投资发展有限公司（以下简称雅化香港公司）作为收购新西兰红牛公司的实施主体。注册资本仅为10万港元（约人民币8万元）。

公司董事会于2013年6月9日审议批准了该投资事项。

2013年6月13日，公司公告了资产评估报告。

股东大会于2013年6月28日审议批准了该投资事项。

2013年7月16日，本次股权交易各方在四川雅安正式签署了《股份收购协议》。

协议的主要内容如下：

收购方：雅化国际投资发展有限公司（以下简称雅化），是四川雅化实业集团股份有限公司依据香港法律设立的一家全资子公司；及金奥博国际有限公司（以下简称金奥博），是深圳市金奥博科技有限公司依据香港法律设立的一家全资子公司（上述两公司均是为完成本次并购而各自新设立的全资子公司，合并简称“收购方”）。

新股份出售方：红牛火药，一家依据新西兰法律注册的公司，注册地址为新西兰奥克兰市1061 Penrose，6 Walls Road；红牛矿服，一家依据新西兰法律注册的公司，注册地址为新西兰奥克兰市1061 Penrose，6 Walls Road。

（“红牛火药”和“红牛矿服”合称“红牛公司”）。

原股份出售方：Peter John Shapiro、Shirley Shapiro 和 Rodney William Cooke，作为Shapiro家族信托（该信托是根据新西兰法律设立的合法信托）的受托人，并作为红牛火药和红牛矿服的原股东；和Michael James Henderson、Christine Robyn Henderson和St Arnaud信托有限公司，作为St Arnaud信托（该信托是根据新西兰法律设立的合法信托）的受托人，并作为红牛火药和红牛矿服的原股东。

**一、收购的股份**

（一）新股份

由收购方出资认购红牛火药新发49 069股新股，其中雅化受让42 059股；认购红牛矿服新发3 305 043股新股，其中雅化认购2 905 043股。

（二）原股份

由收购方受让红牛火药的110 186股原股份，其中雅化集团受让97 289股；受让红牛矿服的138 992股，其中雅化集团受让108 488股。

收购上述股份后，雅化将分别持有红牛火药和红牛矿服各70%的股份、金奥博分别持有红牛火药和红牛矿服各10%的股份。

**二、股份对价**

雅化持有红牛火药70%的股份需支付19 205 676新西兰元，折合人民币99 829 183.28元［汇率按评估基准日2013年3月31日的新西兰元兑人民币汇率中间价5.1979：1计算，实际交割时可能会因汇率变化而有所不同（下同）］；持有红牛矿服70%的股份需支付6 344 284新西兰元，折合人民币32 976 953.80元。金奥博按其收购10%的股份计算，本次投资金额约为3 650 013新西兰元，折合人民币18 972 403元。

**三、购买价款支付**

1. 新股份交割时付款：在交割时，新股份的总价款应根据上述之总价款和股份数由收购方向红牛火药和红牛矿服支付。

2. 原股份交割时付款：在交割时，按原股份购买价款的95%由收购方支付给原股份出售方；在交割日后60个工作日内，若收购方无索赔事项，则向原股份出售方支付保留款项。

**四、承诺事项**

1. 过渡期内［指评估基准日（2013年3月31日）至资产交割日（交易各方进行资产交割的时间）的期间］，除非收购方事先书面同意，出售方保证并将确保红牛火药和红牛矿服生产经营正常开展、资产保值增资。

2. 交割日前，出售方将不采取任何与本协议条款相违背的，或与交割本协议项下的交易相违背的任何行动。

3. 交割日前，出售方不得与收购方以外的任何第三方就红牛火药和红牛矿服股份或资产的出售或处理事宜进行磋商或洽谈。

4. 交割后，为了及时发现任何所反映信息不同的财务变化（如有）以及为准备交割账目，出售方可以指定会计师对红牛火药和红牛矿服的财务进行审计。

**五、资产交割**

1. 在交割时，出售方按照收购方可接受的条款向收购方转交股份证明文件、银行业务授权文件、资产权属证明文件、技术资料等相关法律或档案资料。

2. 收购方按协议约定的支付条件支付相应的款项。

**六、赔偿**

1. 在不影响出售方在本协议项下的其他赔偿义务的前提下，一旦被要求，原股份的出售方将赔偿收购方、红牛火药和红牛矿服，并使他们免予直接或间接因本协议约定事项引起或遭受或可能造成的全部损失。

2. 在不影响出售方在本协议项下的其他赔偿义务的前提下，若出售方违反本协议项下的相关约定而导致无法交割且收购方因该等违约有效终止本协议，一旦被要求，出售方将不可撤销的同意支付2 000 000新西兰元给收购方作为赔偿金额。

**七、协议终止**

在交割时或交割前，因一方违反其在此协议下的任何义务，另一方可终止本协议并起诉对方请求损害赔偿，或起诉对方请求特定履行。

根据相关规定，本次投资行为还需中国和新西兰政府相关部门审批，待审批通过后交易各方即可办理资产交割手续。此后，交易各方全面办理完成了中国和新西兰政府相关部门审批等前置条件以及交割前的各项工作。

2013年9月27日，雅化集团公告称，通过内保外贷申请并购贷款。

2013年12月3日，交易各方在新西兰奥克兰市进行了资产交割，双方律师审阅了协议中所规定的交割法律文件和事项，办理了资产交割相关手续，公司取得了股权确认书，至此，雅化集团实质持有红牛火药和红牛矿服各70%的股份。

2013年12月4日，新西兰红牛公司召开了新公司的首次股东会，审议通过了公司新的章程，选举产生了新一届董事会，董事会选举了董事长、常务董事和董事会秘书，聘任了公司总经理以及会计事务所、审计事务所、律师事务所，审议通过了新公司会计政策、基本管理制度及2014年生产经营计划。雅化集团作为控股股东，全面接手了红牛公司的运行管理。

据了解，截至目前，红牛公司的生产经营活动有序开展，各项经济指标持续增长，具体经营情况请投资者关注公司发布的相关公告。

【小结】

本案例属于典型的“大鱼吃小鱼”案例，雅化集团只用一亿左右的资金完成收购。因为不涉及重大资产重组、发行股份、反垄断、强制要约、国家安全审查等审批内容，整个交易耗时8个月左右，如果不涉及“内保外贷”，程序可能会更流畅。

本案例中，金奥博公司作为雅化集团的合作方，协助寻找并购标的并参加商业谈判，在交易中起到了重要的作用。

本案例中，对于协议内容披露的较为详细。

## 案例九 “蛇吞象”——金亚科技收购哈佛国际案例

【案例背景】

Harvard International plc（哈佛国际）目标公司前身为成立于1963年的Harris Overseas Ltd.，主营消费电子品。1982年，目标公司收购Alba Radio后更名为Harvard International Limited。1987年，目标公司在伦敦证券交易所Main Market（主板）上市，名称为Alba plc。2008年12月，目标公司将Alba与Bush品牌出售（保留其在澳洲运营的权利），并于2009年4月更名为Harvard International plc。2009年，目标公司因出售医疗设备分部和其他闲置资产后规模进一步缩小，为减少工作量和成本，于2009年10月29日转入伦敦证券交易所AIM市场交易。该公司主要从事消费电子产品的经销，主要产品包括：数字电视机顶盒、数字电视录像机、数字电视机、数字收音机，以及苹果iPod、iPhone和iPad产品的附件。目标公司产品主要从中国等亚洲国家进口，主要市场则在英国和澳大利亚，销售渠道为零售商以及数字化转换实施者。2011财年英国和澳大利亚收入分别占总收入的78.3%和21.6%（欧洲其他市场0.1%）。

哈佛国际是英国主要的机顶盒经销商之一，以自主品牌Goodmans及View21经销数字电视机顶盒及数字电视录像机，并代理iLuv品牌为iPod、iPhone和iPad提供全系列的附件。与英国众多大型电器零售商保持着长期的合作关系，主要客户为：Argos、Eaga、Asda、Euro Aerials、Dixons、Sainsbury和Tesco。其中：Argos是英国最大的非食品类零售商，Dixons是英国最大的电器零售商，Tesco是英国最大的连锁便利店。根据世界最大的市场研究机构之一GFK Group的数据：从销售量上计算，2010年3月至2011年3月，目标公司机顶盒（STB）在英国市场份额为40%，数字电视录像机

（DTR）在英国市场份额为9%。它在澳大利亚通过Bush、Grundig品牌经销数字电视机顶盒、数字电视录像机、数字电视机、数字收音机和其他个人消费电子产品。在澳大利亚拥有的良好销售渠道和客户基础，主要客户为：Harvey Norman、Big W、Dick Smith Electronics、RVW和Skybridge。其中：Harvey Norman是澳大利亚最大电子产品零售商，Big W是澳大利亚最大的折扣店之一。根据世界最大的市场研究机构之一的GFK Group的数据：从销售量上计算，2010年3月至2011年3月，包括Bush和Grundig两个品牌，目标公司高清机顶盒（HDSTB）。

本次收购提供标的公司和一般财务顾问服务的是北京东方高圣投资顾问有限公司（以下简称东方高圣），而该公司操盘人是并购市场颇有名气的陈明键。

【交易细节】

金亚科技与北京东方高圣于2011年2月28日签订《财务顾问协议》，该协议约定东方高圣自该协议签订日起担任金亚科技投资顾问,协助金亚科技实施对外投资、收购事宜。根据金亚科技及东方高圣出具的声明，其在本次收购中负责为金亚科技寻找目标公司、进行价格谈判及项目过程中的沟通与协调。

2011年7月29日，公司向深圳证券交易所（以下简称深交所）提交停牌申请，公司股票于2011年8月1日起停牌。

2011年8月4日，公司召开第二届董事会2011年第八次会议，审议通过了《关于公司筹划重大资产重组事项的议案》。

2011年9月19日，注册设立金亚科技（香港）有限公司（以下简称香港金亚）。

2011年9月28日，金亚科技、香港金亚与哈佛国际签订了《协议书》，约定香港金亚通过要约收购的方式，以0.45英镑/股(约合人民币4.47元/股)的现金对价收购目标公司的全部股份。

根据金亚科技与哈佛国际签订协议书，哈佛国际在协议书中承诺如下：

（1）哈佛国际依据英国法律合法注册，有效存续，不存在出资不实的情形；哈佛国际及其子公司不涉及破产程序。

（2）截至2011年3月31日，哈佛国际的净资产为1 960万英镑。

（3）自2011年3月31日之后，哈佛国际未宣告会发放股利。

（4）哈佛国际普通股发行数为51 275 685股。

（5）哈佛国际与本次收购相关的财务与法律顾问等费用将会在要约结束

前支付，但不会使其净资产降至1950万英镑以下。

（6）哈佛国际绝大部分未行权的期权因行权价格高于45便士/股而预计不会行权，金亚科技收购因行权而新增额外股权的净现金成本不会超过2万英镑。

（7）哈佛国际设有员工福利信托，此信托资产不属于哈佛国际名下，因此，未出现在其资产负债表的净资产中，也不会对哈佛国际的净资产造成影响。

（8）除非是执行现有的员工认股权及既有的员工股权奖励，哈佛国际不会于本协议至要约人发布任何要约期间内发行新股、给予新的员工认股权、权证或股权奖励。

（9）在本协议至要约人发布任何要约期间，哈佛国际董事的聘任条件与董事会成员组成不变。

（10）收购完成时，哈佛国际持有1 500万英镑的现金余额。

2011年9月28日，公司与哈佛国际签署了《分手费契约》，根据该契约约定，如果金亚科技在2012年3月30日（伦敦时间下午1点）之前没有发出每股不低于45便士的正式要约，金亚科技将需要支付50万英镑的分手费给目标公司。公司于2012年3月29日收到中国证监会《关于核准成都金亚科技股份有限公司重大资产重组方案的批复》(证监许可〔2012〕406号文)，核准公司进行本次收购（但未能在《分手费契约》约定截止日前发出正式要约)。经协商，哈佛国际随后豁免了公司违约责任。2011年11月9日，公司、哈佛国际和江苏省国际信托有限责任公司签订了《第三方资金托管协议》，并于同日将50万英镑分手费支付至江苏省国际信托有限责任公司账户。伦敦时间2012年4月13日，哈佛国际召开董事会讨论通过了推荐本次要约收购的事项，香港金亚于2012年4月27日发出正式要约。江苏省国际信托有限责任公司已于2012年5月7日将50万英镑分手费(含息)退还至公司账户。

2011年9月29日，公司召开了第二届董事会2011年第十次会议，审议通过《成都金亚科技股份有限公司重大资产购买预案》，同日向深交所提交复牌申请。

2011年10月10日，哈佛国际发布意向性收购（2.4号）公告,并在该公告中声明：若金亚科技发出正式要约，其董事会将会全体一致的推荐。

2011年10月11日，公司股票复牌。

2011年11月8日，公司召开第二届董事会2011年第十二次会议，审议通过了《成都金亚科技股份有限公司重大资购买报告书》及其摘要。

2011年11月24日，公司召开2011年第二次临时股东大会，审议通过了《关于公司重大资产购买方案的议案》和《关于〈成都金亚科技股份有限公司重大资产购买报告书（草案）〉及其摘要的议案》。

金亚科技于2011年12月1日，获得中国进出口银行成都分行的贷款意向书（〔2011〕进出银蓉意向1-016号）。根据该贷款意向书，若本次收购获得必要的国家有权审批机关批准且符合中国进出口银行信贷条件，其可考虑提供融资安排。该贷款意向书有效期为180天。该融资的条款和条件尚未最终确定。

2012年1月10日，金亚科技收到《四川省发展和改革委员会关于核准成都金亚科技股份有限公司收购英国目标公司股份有限公司股权项目的批复》（川发改外〔2012〕20号）。四川省发改委认为本次交易符合国家和四川省关于境外投资的相关法规和政策，同意该项目。项目核准文件自印发之日起1年内有效。

2012年2月6日，金亚科技获得《四川省商务厅关于同意成都金亚科技股份有限公司对金亚科技（香港）有限公司增资及再投资收购项目的批复》（川商审批〔2012〕29号），同意金亚科技对香港金亚增资4300万美元，增资后香港金亚的投资总额由700万美元增加至5000万美元。2012年2月7日，金亚科技获得国家商务部颁发的《企业境外投资证书》(证书编号：5100201200011)，根据该证书金亚科技投资总额增加为5000万美元。

2012年2月9日,国家外汇管理局四川省分局将金亚科技《境外直接投资外汇登记证》可供汇出境外投资资金额度变更为5000万美元。

2012年3月27日，中国证监会出具了《关于核准成都金亚科技股份有限公司重大资产重组方案的批复》（证监许可〔2012〕406号），核准金亚科技由全资子公司香港金亚通过要约收购的方式，以0.45英镑/股(约合人民币4.47元/股)的现金对价收购目标公司的全部股份。

2012年4月13日，哈佛国际发出确定性要约公告。

哈佛国际原董事会中有6位成员，其中2位执行董事、4位非执行董事。2012年4月13日，哈佛国际四位非执行董事Bridget Blow（非执行董事长）、Geoff Brady、Anthony Shearer和Daniel Harris全部提交辞呈，并于2012年5月31日正式卸任。随后，经公司总经理办公室讨论决定，委任公司董事长周旭辉先生和股东代表王亚瑜先生为哈佛国际非执行董事。哈佛国际原执行董事兼首席执行官Michael Ashley和执行董事兼财务总监Robert Jan Thompson则继续留任。

2012年4月27日，香港金亚寄出正式收购要约。

2012年5月22日，公司与中国进出口银行签署贷款金额为人民币1.58亿元的《借款合同》（合同编号：2060001062012110701），用于本次重大资产购买部分现金对价。公司控股股东、实际控制人周旭辉先生质押其持有的部分公司股票为本次银行贷款提供担保。

2012年5月31日，接受本次要约的股东所代表的股份数达到97.75%。

2012年6月8日，香港金亚启动强制收购程序（根据英国公司法，收购股份达到90%以上时，收购方可启动强制收购程序，强制收购期为6周）。

2012年7月3日，哈佛国际从伦敦证券交易所AIM市场退市。

2012年7月20日，强制收购期满，尚有持股哈佛国际0.8%股份的股东未接受要约，股份强制过户至香港金亚名下。

2012年7月23日，哈佛国际在当地注册局办理相关变更手续，领取新的公司登记证，本次收购完成。

2012年3月底至4月中旬，公司先后将收购款项分三笔转入本次收购的英国财务顾问（Seymour Pierce）账户。从2012年6月1日开始，英国财务顾问逐步向接受要约的股东支付相关款项。截至2012年7月20日，尚有代表0.8%股份的股东未接受要约，未接受收购要约的股份已强制过户至香港金亚名下。

2012年7月23日，哈佛国际已在当地注册局办理相关变更手续，领取新的公司登记证，变更后成为香港金亚全资子公司，本次收购正式完成。

【小结】

2011年，金亚科技高调宣布将斥资2.29亿元收购英国老牌企业哈佛国际100%股权。由于哈佛国际2011财年(2010年4月1日至2011年3月31日)营业收入6120万英镑（约合人民币6.08亿元），而金亚科技2010年度营业收入2.12亿元，仅为收购标的的三分之一，因此这项收购是不折不扣的“蛇吞象”。①

由于本交易涉及重大资产重组、要约收购等程序，本交易历时1年左右。

在收购完成之前，目标公司受上市监管及商业保密限制不能提供详细财

① “金亚科技蛇吞象式收购自酿苦果　哈佛国际亏损拖累业绩”，载http://finance.ifeng.com/stock/ssgs/20130311/7756530.shtml。

务资料，无法由中国境内具有证券从业资格的会计师对目标公司最近3年及一期的财务报表按照中国注册会计师审计准则进行审计,且本次收购的目标公司为在伦敦证券交易所AIM市场上市公司，由收购方公布盈利预测可能会引起目标公司的股价波动，并影响目标公司现有股东出售其股份的意愿，增加本次收购成功的不确定性，因此本次收购未进行盈利预测。

由于本次收购的目标公司在英国注册，系国外独立法人实体，与金亚科技不存在股权关系，且金亚科技目前尚未完成对目标公司的收购，难以获得目标公司按照中国企业会计准则编制的详细财务资料进行审计，因而无法提供按照金亚科技适用的中国企业会计准则编制的目标公司财务报告及其相关审计报告。根据哈佛国际编制用会计政策与中国会计准则的差异比较结果，金亚科技管理层得到的初步结论为：并未发现会对哈佛国际如采用中国会计准则编制的财务报表所确定的净利润或净资产产生重大影响的准则差异。金亚科技将在目标公司股权正式交割后尽快完成并向投资者披露按照中国企业会计准则和金亚科技会计政策编制的目标公司财务报告和审计报告。

由于目标公司为伦敦证券交易所AIM市场上市公司，本次收购的交易价格不以法定评估报告为依据，因此本次收购未进行资产评估。收购价格的确定因素包括目标公司净资产、品牌和渠道价值以及收购完成后的协同效应等。

证监会审核过程中，曾询问是否可以在东道国资本市场监管部门审查后再出证监会审查结果，但根据英国律师事务所Brown Rudnick LLP出具的法律意见：根据并购守则13.1号文之规定，2.7号公告（正式要约公告）一般不得附带条件或前提，可以附带的条件或前提仅限于欧洲竞争委员会或欧盟委员会的反垄断调查，而通常不适用于国外监管机关的审批。因而金亚科技或其子公司在发出正式要约之前须获得中国证监会等相关监管机构审批。

本交易完成后，金亚科技业绩一直受收购标的的拖累，因此，本交易收购过程中在尽职调查和财务分析方面可能有些欠缺。

# 附录二　参考文献


① 王世渝著：《中国重组 一个中国投资银行家的亲历与思考》中国民主法制出版社2013年版。

② 深圳证券交易所创业企业培训中心编：《上市公司并购重组问答》，中国财政经济出版社版。

③ 程凤朝著：《中国上市公司并购重组实务与探索》，中国人民大学出版社2013年版。

④ 李寿双、苏龙飞、朱锐著：《红筹博弈——10号文时代的民企境外上市》，中国政法大学出版社2012年版。

⑤ 夏青、左永刚、傅苏颖等："中国上市公司海外并购路线图"，载《证券日报》2012年11月29日，http://www.ccstock.cn/finance/hongguanjingji/2012-11-29/A991209_4.html。

⑥ "美国外国投资委员会审查特点"，载《上海证券报》2013年5月3日，http://finance.sina.com.cn/stock/t/20130503/020915334970.shtml。

⑦ "注会'肩挑两担'可为海外并购保驾护航"，载《财会信报》2014年7月1日，http://www.lncpa.org.cn/index.php?m=content&c=index&a=show&catid=87&id=3918。

⑧ 张莉："PE/VC深度介入并购重组"，载《中国证券报》2013年11月6日，http://www.21cbh.com/2013/11-6/2MNDk3XzkwNzI2MA.html。

⑨ 陈植："弘毅详解自贸区跨境股权投资首单：PE资金出海绿色通道"，载《21世纪经济报道》2014年3月29日。

⑩“夹层基金帮忙招揽险资 IPO 加快有望为 PE‘加分’”，载《中国证券报》2014 年 5 月 30 日，http://stock.eastmoney.com/news/1448，20140530388922440.html。

**图书在版编目(CIP)数据**

海外并购基金操作实务与图解 / 王以锦编著. —北京：法律出版社,2015.1(2017.10 重印)
(北大法律硕士实务丛书)
ISBN 978 -7 -5118 -7296 -8

Ⅰ.①海… Ⅱ.①王… Ⅲ.①跨国兼并—企业法—研究 Ⅳ.①D912.294

中国版本图书馆 CIP 数据核字(2015)第 287934 号

**海外并购基金操作实务与图解**
**HAIWAI BINGGOU JIJIN CAOZUO SHIWU YU TUJIE**

王以锦 编著

责任编辑 郑 导
装帧设计 马 帅

**出版** 法律出版社
**总发行** 中国法律图书有限公司
**经销** 新华书店
**印刷** 固安华明印业有限公司
**责任印制** 张建伟

**编辑统筹** 独立项目策划部
**开本** 710 毫米×1000 毫米 1/16
**印张** 15.25
**字数** 210 千
**版本** 2015 年 4 月第 1 版
**印次** 2017 年 10 月第 2 次印刷

法律出版社/北京市丰台区莲花池西里 7 号(100073)
网址/www.lawpress.com.cn
投稿邮箱/info@lawpress.com.cn
举报维权邮箱/jbwq@lawpress.com.cn
销售热线/010 -63939792
咨询电话/010 -63939796

中国法律图书有限公司/北京市丰台区莲花池西里 7 号(100073)
全国各地中法图分、子公司销售电话：
统一销售客服/400 -660 -6393
第一法律书店/010 -63939781/9782
西安分公司/029 -85330678
重庆分公司/023 -67453036
上海分公司/021 -62071639/1636
深圳分公司/0755 -83072995

**书号**：ISBN 978 -7 -5118 -7296 -8
**定价**：48.00 元